管理应用型财会专业人才培养系列教材

企业内部控制

（第二版）

王廷章　主编

贵州商学院 2018 年院级一流专业（重点）审计学（项目编号：2018YYLZY02）阶段性研究成果

科学出版社

北　京

内 容 简 介

已颁布实施的企业内部控制规范体系包括一项基本规范和三种指引。本书在编写过程中紧扣企业内部控制规范体系，主要研究和阐述企业内部控制基本规范和评价，以及审计指引的基本原理与应用，并进一步分析和解释相关规范在理论与实务方面的可操作性，坚持规范解释与理论分析并重，深入浅出，突出操作构架内容设计和案例分析，重点阐述关键点的控制。本书注重案例引入，内容新颖，突出实务分析，强化分析解决问题的能力。

本书可以作为会计学、财务管理、审计学、工商管理、经济学等管理类专业的教材，也可以作为会计专业硕士、审计专业硕士、资产评估专业硕士、工商管理硕士等的教材或参考资料，还可以作为高职院校相关专业选修课程的教材及企业相关人员培训的教材或资料。

图书在版编目（CIP）数据

企业内部控制 / 王廷章主编. —2 版. —北京：科学出版社，2021.3
管理应用型财会专业人才培养系列教材
ISBN 978-7-03-067471-5

Ⅰ. ①内… Ⅱ. ①王… Ⅲ. ①企业内部管理-高等学校-教材 Ⅳ. ①F272.3

中国版本图书馆 CIP 数据核字（2020）第 257901 号

责任编辑：王京苏 / 责任校对：王丹妮
责任印制：赵　博 / 封面设计：蓝正设计

科学出版社 出版
北京东黄城根北街 16 号
邮政编码：100717
http://www.sciencep.com

中煤（北京）印务有限公司印刷
科学出版社发行　各地新华书店经销
*

2016 年 12 月第 一 版　开本：720×1000　1/16
2021 年 3 月第 二 版　印张：14 1/2
2025 年 7 月第九次印刷　字数：340 000

定价：48.00 元
（如有印装质量问题，我社负责调换）

前　言

　　企业内部控制规范体系的出台，是继实施与国际接轨的企业会计准则和审计准则之后，在会计审计领域推出的又一与国际接轨的重大改革。实施内部控制制度不仅是企业外部的要求，也是企业管理部门作为受托人必须履行的受托责任。

　　2008年5月22日，财政部、中国证券监督管理委员会（以下简称证监会）、审计署、中国银行业监督管理委员会（以下简称银监会）、中国保险监督管理委员会（以下简称保监会）联合印发了《企业内部控制基本规范》；2010年4月15日，五部委又联合发布了《关于印发企业内部控制配套指引的通知》，该配套指引包括《企业内部控制应用指引》（18项）、《企业内部控制评价指引》和《企业内部控制审计指引》，要求自2011年1月1日起首先在境内外同时上市的公司施行，自2012年1月1日起扩大到在上海证券交易所、深圳证券交易所主板上市的公司施行；在此基础上择机在中小板和创业板上市公司施行；同时鼓励非上市大中型企业提前执行。

　　本书紧扣我国企业内部控制基本规范和三种指引，主要研究和阐述企业内部控制基本规范和评价，以及审计指引的基本原理与应用，并进一步分析与解释企业内部控制相关规范及风险点控制在理论与实务方面的可操作性。本书每章附有复习思考题，供读者同步学习使用。本书提供教学课件及习题答案，如有需要可联系出版社索取。

　　企业内部控制规范体系具有重要的学术价值和实践意义，为企业内部控制的理论研究和实务工作指明了方向。本书根据我国企业内部控制规范体系的构成、内容及核心思想，以及企业内部控制包括的要素，结合编者多年的教学经验编写。由于编者水平有限，书中不足之处在所难免，敬请读者批评指正。

编　者
2021年1月

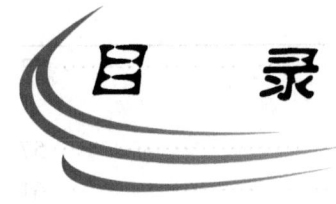

目 录

第一章 总论 ·· 1

第一节 内部控制概述 ··· 2
第二节 企业内部控制的假设、分类及作用 ·· 5
第三节 企业内部控制基本规范 ··· 9
第四节 企业内部控制指引 ·· 14

第二章 企业内部控制设计 ··· 18

第一节 企业内部控制设计的原则和程序 ·· 18
第二节 企业内部控制的措施 ·· 21
第三节 企业内部控制设计的方法 ·· 25
第四节 企业内部控制中有关各方的职责与作用 ·· 26

第三章 企业内部环境 ·· 31

第一节 企业内部环境概述 ·· 32
第二节 公司治理结构 ·· 34
第三节 内部机构及权责分配 ·· 39
第四节 内部审计 ·· 41
第五节 人力资源政策 ·· 46
第六节 企业文化 ·· 51

第四章 资金活动内部控制 ……57

第一节　筹资活动内部控制 ……57
第二节　投资活动内部控制 ……61
第三节　资金营运活动内部控制 ……64
第四节　资产管理内部控制 ……67
第五节　合同管理内部控制 ……78

第五章 企业经济业务内部控制 ……94

第一节　采购业务内部控制 ……94
第二节　销售业务内部控制 ……102
第三节　研发业务内部控制 ……111

第六章 企业其他经济业务内部控制 ……123

第一节　担保业务内部控制 ……123
第二节　业务外包内部控制 ……132
第三节　工程项目内部控制 ……149
第四节　全面预算内部控制 ……167

第七章 财务报告及信息系统内部控制 ……183

第一节　财务报告内部控制 ……184
第二节　内部信息传递内部控制 ……188
第三节　信息系统内部控制 ……191

第八章 企业内部控制评价 ……197

第一节　企业内部控制评价概述 ……198
第二节　企业内部控制缺陷的认定 ……204
第三节　企业内部控制评价报告 ……206

第九章 企业内部控制审计 ································· 213

第一节　企业内部控制审计概述 ································· 214
第二节　企业内部控制审计的范围与目标 ························· 215
第三节　企业内部控制审计报告 ································· 216

参考文献 ··· 223

第一章

总 论

【学习目标】
1. 掌握内部控制的基本概念、目标、原则、实施体系和要素。
2. 掌握企业内部控制基本规范的主要内容。
3. 掌握企业内部控制指引。
4. 了解企业内部控制的产生与发展。
5. 掌握内部控制的作用。

【导入案例】

"安然事件"的启示

无论是成功的企业还是失败的企业,都可以相信:成功的企业、内部控制有效的企业,其"秘诀"是共同的;而失败的企业,尽管各有各的原因,但有一点也是共同的,那就是内部控制失效。对任何企业来说,再完美的制度,如果得不到严格执行,就是一种摆设。例如,安然公司是美国最大的能源公司,曾是美国企业500强,排名第七位。2001年12月,安然公司突然向纽约破产法院申请破产保护,导致安达信会计师事务所倒闭;其首席执行官及首席财务官被美国联邦法院提起刑事诉讼。

"安然事件"的部分原因包括以下几方面:一是公司只重视短期业绩;二是公司管理层不重视或不推动内部控制制度;三是董事会及审计委员会对管理层采取不干预政策,缺乏对管理层的有效监管;四是管理者受到的奖励直接与公司的股价挂钩。

第一节　内部控制概述

一、内部控制的产生与发展

内部控制是在内部牵制的基础上，由企业管理人员在经营管理实践中创造，并经审计人员理论总结而逐步完善的自我监督和自行调整体系。

在公元前 3 000 多年以前，内部控制的思想已经在人们的日常经济生活中得到了运用。内部控制的发展经历了漫长的历史过程，其在产生和发展的过程中，经历了内部牵制、内部控制制度、内部控制结构、内部控制框架、风险管理和 COSO（The Committee of Sponsoring Organizations of the Treadway Commission，美国全国反虚假财务报告委员会下属的发起人委员会）内部控制新框架六个阶段。

（一）内部牵制阶段

早在美索不达米亚文化时期就存在着内部牵制的实践活动。后来的古埃及、古罗马和我国的西周，在财货管理方面都建立了内部牵制制度。15 世纪末，复式记账方法在意大利出现，该方法要求一笔交易活动同时在两个簿记中记录，标志着内部牵制制度渐趋成熟。

18 世纪产业革命以后，企业规模迅速扩大。公司制企业开始出现，特别是公司内部稽核制度因收效显著而被各大企业纷纷效仿。20 世纪初期，资本主义经济迅速发展，股份制公司的规模迅速扩大，生产资料所有权与经营权逐渐分离。企业组织形式、规模的发展和利益格局的变化，促使利益相关方探索制约和检查企业生产经营活动的方法，从而进一步完善了企业内部牵制制度。

在内部牵制阶段，内部控制活动主要是查错防弊，防止记录差错和财物被侵吞，主要方法是账户核对和职务分工。

（二）内部控制制度阶段

20 世纪 40 年代至 70 年代初，在内部牵制制度的基础上产生了内部控制制度的概念。1936 年，美国会计师协会在其发布的《注册会计师对财务报表的审查》文告中，首次正式使用"内部控制"专业术语。1949 年，美国注册会计师协会审计程序委员会在发表的一份题为《内部控制、协调系统诸要素及其对管理部门和注册会计师的重要性》的专题报告中，首次正式提出了内部控制的定义："内部控制包括组织机构的设计和公司内部采取的所有相互协调的方法和措施。这些方法和措施都用于保护公司的财产，检查会计信息的准确性，提高经营效率，推动公司坚持执行既定的管理政策。"

1958 年，美国注册会计师协会审计程序委员会发布的《审计程序公告第 29 号》将内部控制划分为会计控制和管理控制两大类。会计控制包括组织规划和涉及保护资产与财务记录可靠性的程序和记录；管理控制包括组织规划及与管理部门业务授权决策过程有关的程序和记录。

1972 年，美国注册会计师协会审计程序委员会在《审计准则公告第 1 号》中，重新阐述了内部管理控制和内部会计控制的定义："内部管理控制包括（但不限于）与组织规划及管理当局进行经济业务授权的决策过程有关的程序和记录。这种授权是与实现组织目标这个责任相联系的管理功能，并且是建立交易的会计控制的起点。会计控制包括（但不限于）与组织规划及与保护财产安全和财务报表可靠性有关的程序和记录。"

（三）内部控制结构阶段

20 世纪 80 年代，内部控制理论从一般含义向具体内容深化。1980 年，美国注册会计师协会发布了外部独立审计师对内部控制进行评价报告的准则。1982 年，美国注册会计师协会发布公告，该公告包含了一个修订过的指南，该指南要求外部独立审计师在财务报表审计中研究和评价内部控制。1988 年，美国注册会计师协会发布《审计准则公告第 55 号》，该公告首次以"内部控制结构"取代原有的"内部控制"，并提出"企业的内部控制结构包括为提供取得企业特定目标的合理保证而建立的各种政策和程序"。该公告认为，内部控制结构由控制环境、会计制度、控制程序三个要素组成，并将内部控制视为这三个要素组成的有机整体。

（四）内部控制框架阶段

20 世纪 90 年代，随着企业治理结构的完善及电子化信息技术的发展，为了适应新的经济和组织形式并运用新的管理思想，内部控制结构发展为内部控制框架。

1992 年 9 月，由美国注册会计师协会、美国会计学会、财务经理人协会、内部审计师协会和管理会计师协会联合成立的 COSO 发布了《内部控制——整体框架》的研究报告，制定了内部控制制度的统一框架。该报告于 1994 年进行了增补，扩大了内部控制的涵盖范围，增加了与保障资产安全有关的控制，将内部控制要素概括为五个方面，即控制环境、监督、风险评估、信息与沟通、控制活动，强调了内部控制的整体性、全面性和以人为本的思想。

（五）风险管理阶段

2003 年，COSO 发布了《企业风险管理框架（草稿）》；2004 年 9 月，COSO 正式公布了该报告的最终稿《企业风险管理——整体框架》。COSO 提出，企业风险管理是企业的董事会、管理层和其他员工共同参与的一个过程，应用于企业的战略制定、企业的各个部门和各项经营活动，用于确认可能影响企业的潜在事项并在其风险偏好范围内管理风险，为企业目标的实现提供合理的保证。根据管理者经营方式的划分，企业风险管理包括八个相互关联的组成要素：内部环境、目标设定、事件识别、评估风险、应对风险、控制活动、信息与沟通、监督。

（六）COSO 内部控制新框架阶段

2013 年 5 月 14 日，COSO 正式发布了《内部控制——整体框架》，并于 2014 年 12 月 15 日替代了 1992 年的内部控制框架。COSO 更新其原内部控制框架的目的之一是反映商业和运营环境的变化。

COSO 新的内部控制框架共包括四部分：①内容摘要，对新的内部控制框架进行高度总结，包括内部控制的定义、目标、原则，以及内部控制的有效性和局限性等，使用对象为首席执行官和其他高级管理层、董事会成员和监管者；②框架内容和附录，包括内部控制的组成部分及有关的原则和关注点，并为各级管理层在设计、实施内部控制和有效性方面提供指导；③评估内部控制系统有效性的解释性工具，为管理层在应用框架特别是评估有效性方面提供模板和行动方案；④外部财务报告的内部控制方案和示例摘要，在企业准备外部财务报告的过程中为应用框架中的要素和原则提供实际的方案和示例。

二、内部控制的学科属性

内部控制是否能成为一门独立的学科，尚没有明确定论。目前，国内外的研究文献和研究报告大多从制度建设角度将其视为财产保护、会计信息可靠性和企业经营效率提高的应用性管理制度。但自美国"安然事件"发生以后，全世界的企业开始认识到内部控制的重要性。美国颁布了《萨班斯-奥克斯利法案》（以下简称 SOX 法案），我国财政部也颁布了《内部会计控制规范——基本规范（试行）》等一系列内部控制法规。内部控制制度更趋于成熟，发展成为一门学科是迟早之事。目前来看，内部控制学与管理学、组织行为学、财务管理学、生产管理学等均属于管理学。

三、内部控制的重要性

英国著名历史学家阿诺尔德·约瑟·汤因比（1889—1975）曾经说过："一个国家乃至一个民族，其衰亡是从内部开始的，外部力量不过是其衰亡前的最后一击。"这句话恰如其分地解释了内部控制的重要性。

2001 年，美国安然公司内部失控导致破产，对国际上所有企业运作提出了一个巨大挑战，企业明白了一个道理：企业能否生存，资金、市场不起决定性的作用，关键在于企业是否守法，不按照市场经济的游戏规则办事，企业本领再大也会灭亡。企业要想在激烈的市场竞争中生存和发展，没有良好的内部控制是不行的。因为外力击垮企业很难，企业的失败往往是从内部衰亡开始的；再则，从内部控制所解决的问题看，它能保证企业财产安全完整，保证企业会计信息可靠，能提高企业运营效率。这些都是企业经营管理中的关键问题。

内部控制规范是一个完备的体系，包括基本规范和指引两个层次，其中指引又分为应用指引、评价指引和审计指引。整个内部控制规范体系以基本规范为统领，以应用指引、评价指引和审计指引等配套办法为补充，以法制为推动，以企业为实施主体，以政府监管和社会评价为保障，以各方面积极参与为促进，共同构成企业内部控制的标准及实施体系。

四、内部控制的定义

内部控制是由企业董事会、监事会、经理层和全体员工实施的，旨在实现控制目标的过程。

第二节 企业内部控制的假设、分类及作用

一、企业内部控制的假设

企业内部控制的假设是对企业内部控制的实体、时间、空间环境等所做的合理设定，具体包括控制实体假设、可控性假设、内部牵制假设。

（一）控制实体假设

控制实体是指企业内部控制为之服务的特定单位或部门，可以是企事业单位，也可以是单位内部某个部门。

企业内部控制假设是对内部控制活动的空间范围所做的限定，要求内部控制以特定单位或部门的人、财、物及其在经营过程中所形成的一系列组合关系和组合形式进行控制。

（二）可控性假设

可控性假设是指只有控制实体能够控制的对象才能够被纳入企业内部控制体系。各项内部控制制度都是在可控性假设的基础上建立起来的。可控性假设为企业内部控制系统有效地发挥作用规定了前提，直接影响企业内部控制要素的确定，也为企业内部控制活动适用性原则和有效性原则的制定奠定了基础。

（三）内部牵制假设

内部牵制假设是指不相容职务的恰当分离。内部牵制是内部控制的核心。

二、企业内部控制的分类

（一）按企业组织架构分类

企业内部控制按企业组织架构分为治理控制、管理控制和作业控制。

1. 治理控制

治理控制是指通过对所有权的适当配置，建立合适的委托代理关系，保证企业投资者和其他利益相关者的利益能够得到有效维护。治理控制是企业内部控制的第一层次。

治理控制主要是战略和风险控制，侧重于战略目标的制定，是决定组织目标和达到这些目标的过程，是形成企业战略的过程，主要是董事会和高层管理人员的职责。

风险控制是创造企业价值的源泉，在这一过程中，企业需要进行事项识别和风险评估，并采取相应的风险应对策略。

2. 管理控制

管理控制是指企业经营层的职责，是管理者影响组织其他成员以落实组织战略的过程。管理控制是企业内部控制的第二层次。

3. 作业控制

作业控制是指企业各种具体岗位的职责，侧重于某项具体业务或者某项具体任务的完成。作业控制是企业内部控制的第三层次，是基层的控制。

（二）按控制对象分类

企业内部控制按控制对象分为人事控制、财务控制、会计控制、生产控制、材料采购控制、营销控制和质量控制。

1. 人事控制

人事控制是指通过对人员的录用、调动、晋升、培训、解聘、辞退等形式来保证企业目标的实现和对企业利益的维护。

2. 财务控制

财务控制是指对企业的财务资源及其利用状态进行的控制。财务控制的内容包括资本结构控制、债权债务控制、财务风险控制、存货控制、现金流控制、成本费用控制和利润控制。

财务控制的目的是保证企业经营的安全性、效率性和营利性。财务控制的手段包括编制和执行预算。

3. 会计控制

会计控制是指对企业会计信息系统的控制。会计控制的目的是保证企业会计信息的真实、完整。

4. 生产控制

生产控制是对企业产品制造过程的控制。生产控制的目的是保证企业生产部门按时、按质、按量地加工出合格产品，并保证生产的均衡性和配套性。

生产控制的内容包括生产工艺和流程安排，投产批量决策，人员、设备、物资调度，等等。

5. 材料采购控制

材料采购控制是指对企业供应环节的员工行为和物流的控制。材料采购控制的目的是保证生产材料的质量、数量和时效，降低采购成本。

6. 营销控制

营销控制是指对企业销售环节的员工行为和物流的控制。营销控制的目的是保证提供客户所需的产品，扩大市场份额，获取营业利润。

营销控制的内容包括客户资源控制和销售渠道控制。

7. 质量控制

质量控制又称全面质量控制，是指从企业产品的研制开发设计环节开始，通过对产品设计、工艺设计、设备安排、人员培训、原材料供应、制造加工和售后服务全过程的质量预防与检验，保证企业产品的质量。

（三）按控制依据分类

企业内部控制按控制依据分为制度控制和预算控制。

1. 制度控制

制度控制是指通过制定企业内部控制制度和有关规章，并以此为依据约束企业和各责任中心财务收支的一种控制形式。制度控制具有规范性、自律性和防护性的特征。

2. 预算控制

预算控制是指以全面预算为依据，对预算主体的财务收支活动进行监管、协调的一种形式。预算控制具有目标性、约束性和激励性的特征。

（四）按控制进程和时序分类

企业内部控制按控制进程和时序分为事前控制、事中控制和事后控制。

1. 事前控制

事前控制又称原因控制，是指企业为防止财务资源在质量上发生偏差，在行为发生之前实施的控制。

事前控制的内容包括成本计划、标准制定、预算编制、规章制度的制定与颁布等。

2. 事中控制

事中控制又称过程控制，是指对企业收支活动过程中发生的行为进行的控制。事中控制的内容包括偏差揭示、差异分析和采取措施等。

3. 事后控制

事后控制又称结果控制，是指对企业财务收支活动的结果进行的考核及相应的奖惩。事后控制侧重于分析原因、考核评价和落实奖惩，为管理层提供制订未来计划的标准依据。

（五）按控制范围分类

企业内部控制按控制范围分为战略控制和经营控制。

1. 战略控制

战略控制是指对企业经营范围、经营架构、激励制度、重要人事调动和长期投资进行的控制。战略控制具有全局性、长期性的特点。

2. 经营控制

经营控制是指对企业日常经营行为进行的控制。经营控制具有局部性、短期性的特点。

三、企业内部控制的作用

《企业内部控制基本规范》对内部控制的定义是，由企业董事会、监事会、经理层和全体员工实施的、旨在实现控制目标的过程。

内部控制主要是指内部管理控制和内部会计控制，内部控制系统有助于企业达到自身规定的经营目标。随着市场经济体制的建立与完善，内部控制的作用不断扩展，其作用主要包括以下方面。

（一）有效抵御风险，实现持续、健康发展

防范风险最为有效的方法是建立一个健全而有效的内部控制制度，内部控制具有一个强有力的运行机制，为企业抵御风险，实现健康、持续发展提供了合理保证。内部控制作为一种制度安排，可以将各种资源有机地联系在一起，为企业创造价值。

（二）保护企业财产的安全、完整

财产物资是企业从事生产经营活动的物质基础。内部控制可以通过适当的方法对货币资金的收入、支出、结余，以及各项财产物资的采购、验收、保管、领用、销售等活

动进行控制，防止贪污、盗窃、滥用、毁坏等不法行为，保证财产物资的安全、完整。

（三）提高会计信息质量

会计信息是指对企业利益相关者进行管理及经营决策有用的会计资料。从内部会计控制的层次内容来看，会计资料的真实、完整主要是单位负责人、会计部门人员的基本内部控制职责，会计资料进一步成为会计信息，主要是股东、股东会、董事会等的内部控制职责。

（四）保证生产和经营活动的顺利进行

内部控制系统通过确定职责分工，严格各种手续、制度和工艺流程。审批程序、检查监督手段等可以有效地控制企业的生产和经营活动顺利进行，防止出现偏差，可以纠正失误和弊端，保证实现企业的经营目标。

（五）为审计工作提供良好基础

审计监督必须以真实、可靠的会计信息为依据，检查错误，揭示弊端，评价经济责任和经济效益。只有具备了完善的内部控制制度，才能保证会计信息的准确及资料的真实，并为审计工作提供良好的基础。因此，良好的内部控制系统可以有效地防止各项资源的浪费和错弊的发生，提高生产、经营和管理效率，降低企业成本费用，提高企业经济效益。

第三节 企业内部控制基本规范

一、企业内部控制基本规范的演进

随着资本市场在我国迅速发展，相伴而来的企业治理和信息披露等，成为困扰政府和企业利益相关者的问题。

1999年修订的《中华人民共和国会计法》第一次以法律的形式对建立和健全内部控制提出原则要求："各单位应当建立、健全本单位内部会计监督制度。"财政部从2001年开始印发了《内部会计控制规范——基本规范（试行）》（2001年）和《内部会计控制规范——货币资金（试行）》（2001年）、《内部会计控制规范——采购与付款（试行）》（2002年）、《内部会计控制规范——销售与收款（试行）》（2002年）、《内部会计控制规范——工程项目（试行）》（2003年）、《内部会计控制规范——担保（试行）》（2004年）、《内部会计控制规范——对外投资（试行）》（2004年）七个具体控制规范，以及《内部会计控制规范——固定资产（征求意见稿）》《内部会计控制规范——存货（征求意见稿）》《内部会计控制规范——筹资（征求意见稿）》《内部会计控制规范——成本费用（征求意见稿）》《内部会计控制规范——预算（征求意见稿）》等控制规范的征求意见稿。

为促进商业银行建立和健全内部控制体系，防止金融风险，保障银行体系安全稳健运行，中国人民银行于 2002 年 9 月 7 日发布了《商业银行内部控制指引》。2004 年 12 月，银监会发布《商业银行内部控制评价试行办法》，旨在通过规范和加强对商业银行内部控制的评价，督促其进一步建立内部控制体系，健全内部控制机制，为全面风险管理体系的建立奠定基础，保证商业银行安全稳健运行。

2003 年 12 月，审计署发布《审计机关内部控制测评准则》，提出"建立健全内部控制并保证其有效实施是被审计单位的责任，审计人员的责任是对内部控制的健全性和有效性进行评价"。

2005 年 11 月，国务院批转了证监会《关于提高上市公司质量的意见》，明确提出上市公司要严格按照《中华人民共和国公司法》（以下简称《公司法》）、外商投资相关法律法规和现代企业制度的要求，完善股东大会、董事会、监事会制度，形成权力机构、决策机构、监督机构与经理层之间权责分明、各司其职、有效制衡、科学决策、协调运作的法人治理结构。上市公司要加强内部控制制度建设，强化内部管理，对内部控制制度的完整性、合理性及其实施的有效性进行定期检查和评估，同时要通过外部审计对公司的内部控制制度以及公司的自我评估报告进行核实评价，并披露相关信息。通过自查和外部审计，及时发现内部控制制度的薄弱环节，认真整改，堵塞漏洞，有效提高风险防范能力。

2006 年，上海证券交易所发布了《上海证券交易所上市公司内部控制指引》，明确要求在上海证券交易所上市的公司应当按照法律、行政法规、部门规章以及上海证券交易所股票上市规则的规定建立健全内部控制制度，保证内部控制制度的完整性、合理性及实施的有效性，以提高公司经营的效果与效率，增强公司信息披露的可靠性，确保公司行为合法合规。公司董事会应在年度报告披露的同时，披露年度内部控制自我评估报告，并披露会计师事务所对内部控制自我评估报告的核实评价意见。同年，深圳证券交易所也发布了《深圳证券交易所上市公司内部控制指引》。

2006 年 6 月，国务院国有资产监督管理委员会（以下简称国务院国资委）出台了《中央企业全面风险管理指引》，旨在指导中央企业开展全面风险管理工作，增强企业竞争力，提高投资回报，促进企业持续、健康、稳定发展。

2007 年 3 月，证监会出台《关于开展加强上市公司治理专项活动有关事项的通知》；同年，证监会发布《关于做好上市公司 2007 年年度报告及相关工作的通知》，强调上市公司应进一步明确独立董事职责，充分发挥审计委员会的监督作用，维护审计的独立性。

2007 年 7 月，银监会重新修订了《商业银行内部控制指引》，目的是促进商业银行建立和健全内部控制，防范金融风险，保障银行体系安全稳健运行。

2006 年 7 月 15 日，财政部、国务院国资委、证监会、审计署、银监会和保监会联合发起成立了企业内部控制标准委员会，同时设立了由 86 名专家组成的内部控制咨询委员会，并组织开展了一系列内部控制的科研课题，为构建我国内部控制标准体系提供了组织、技术和理论支持。2007 年 3 月 2 日，财政部发布了《企业内部控制规范——基本规范》和 17 个具体规范（征求意见稿），面向咨询专家和社会公众广泛征求意见。2008 年 5 月 22 日，财政部等五部委联合发布了我国首部《企业内部控制基本规范》，于 2009

年7月1日起首先在上市公司范围内实施,并鼓励非上市的大中型企业执行。这是我国继实施与国际接轨的企业会计准则和审计准则之后,在会计审计领域推出的又一与国际接轨的重大改革,也使我国企业内部控制规范化工作跨入新的发展阶段。

2010年4月15日,财政部、证监会、审计署、银监会、保监会等五部委发布了《关于印发企业内部控制配套指引的通知》,进一步明确了股东大会、董事会、监事会、经理层和企业内部各层级机构设置、职责权限、人员编制、工作程序和相关要求的制度安排,旨在促进企业实现发展战略,优化治理结构、管理体制和运行机制,建立现代企业制度。

二、制定企业内部控制基本规范的目的

制定企业内部控制基本规范的目的,是加强和规范企业内部控制,提高企业经营管理水平和风险防范能力,促进企业可持续发展,维护社会主义市场经济和公众利益。

制定企业内部控制应用指引的目的,是促进企业实现发展战略,优化治理结构、管理体制和运行机制,建立现代企业制度。

三、企业内部控制的目标

《企业内部控制基本规范》将内部控制定义为:"由企业董事会、监事会、经理层和全体员工实施的、旨在实现控制目标的过程。"

《企业内部控制基本规范》将内部控制的目标归纳为五个方面。

(一)合理保证企业经营管理合法合规

合理保证企业经营管理合法合规的目标,是指内部控制要合理保证企业在国家法律法规允许的范围内开展经营活动,严禁违法经营。

(二)合理保证企业资产安全

合理保证企业资产安全的目标,是指防止资产流失。保护企业资产的安全和完整,是企业开展经营活动的物质前提。

(三)合理保证企业财务报告及相关信息真实完整

合理保证企业财务报告及相关信息真实完整的目标,是指内部控制要合理保证企业提供真实可靠的财务信息及其他相关信息。

(四)提高经营效率和效果

提高经营效率和效果的目标,是内部控制要达到的最直接也是最根本的目标。企业存在的根本目的在于获利,而企业能否获利往往直接取决于经营效率和效果如何。

（五）促进企业实现发展战略

促进企业实现发展战略是企业内部控制的最高目标，也是终极目标。战略目标是企业管理层为实现企业价值最大化的根本目标而针对环境做出的一种反应和选择。

四、企业内部控制的原则

企业建立与实施内部控制，应当遵循下列原则。

（一）全面性原则

企业内部控制应当贯穿决策、执行和监督全过程，覆盖企业及其所属单位的各种业务和事项。

（二）重要性原则

企业内部控制应当在全面控制的基础上，关注重要业务事项和高风险领域。

（三）制衡性原则

企业内部控制应当在治理结构、机构设置及权责分配、业务流程等方面相互制约、相互监督，同时兼顾运营效率。

（四）适应性原则

企业内部控制应当与企业经营规模、业务范围、竞争状况和风险水平等相适应，并随着情况的变化及时加以调整。

（五）成本效益原则

企业内部控制应当权衡实施成本与预期效益，以适当的成本实现有效控制。

五、企业内部控制的实施体系

《企业内部控制基本规范》提出了建立与实施内部控制应当遵循的五项原则，即全面性原则、重要性原则、制衡性原则、适应性原则和成本效益原则，同时规定了内部控制的实施体系。

（一）以法制为推动

《企业内部控制基本规范》强调要研究制定内部控制的规范体系，国务院有关部门也可以根据法律法规、基本规范及其配套办法制定有关政策性文件，明确贯彻实施基本规范的具体要求。

（二）以企业实施为主体

企业应当根据有关法律法规、基本规范及其配套办法，制定企业的内部控制制度并组织实施。企业在组织实施内部控制制度时，应当充分利用信息技术手段，并建立内部控制实施的激励约束机制，将各责任单位和全体员工实施内部控制的情况纳入绩效考评体系。

（三）以政府监管和社会评价为保障

为推动企业有效实施内部控制规范，政府有关部门应对企业建立与实施内部控制的情况进行监督检查，会计师事务所应对企业内部控制的有效性进行审计，并出具内部控制审计报告。

六、企业内部控制的要素

企业建立与实施有效的内部控制，应当包括下列五要素。

（一）内部环境

内部环境是企业实施内部控制的基础，一般包括治理结构、机构设置及权责分配、内部审计、人力资源政策、企业文化等。

（二）风险评估

风险评估是企业及时识别、系统分析经营活动中与实现内部控制目标相关的风险，合理确定风险应对策略。

（三）控制活动

控制活动是企业根据风险评估结果，采取相应的控制措施，将风险控制在可承受度之内。

（四）信息与沟通

信息与沟通是企业及时、准确地收集、传递与内部控制相关的信息，确保信息在企业内部、企业与外部之间进行有效沟通。

（五）内部监督

内部监督是企业对内部控制建立与实施情况进行监督检查，评价内部控制的有效性，在发现内部控制缺陷后，企业应及时加以改进。

第四节　企业内部控制指引

企业内部控制指引包括应用指引、评价指引和审计指引。应用指引是对企业按照内部控制原则和内部控制五要素建立、健全企业内部控制所提供的指引，在配套指引乃至整个内部控制规范体系中占据主体地位；评价指引是为企业管理层对企业内部控制有效性进行自我评价提供的指引；审计指引是注册会计师事务所执行内部控制审计业务的指引。三者相互独立，又相互联系，构成一个有机整体。

一、企业内部控制应用指引

企业内部控制应用指引旨在促进企业实现发展战略，优化治理结构、管理体制和运行机制，建立现代企业制度。

（一）企业内部控制应用指引从项目构成来看，包括三类

1. 财务报表直接或间接体现的项目

财务报表直接或间接体现的项目是对财务报表与信息披露的内在要求。例如，资金、采购、存货、销售、工程项目、固定资产、无形资产、长期股权投资、筹资、成本费用、担保、财务报告编制与披露、衍生工具、企业合并、关联交易等。

2. 对财务报表、财务管理有重大影响的项目

例如，全面预算、合同、业务外包、对子公司控制等。

3. 为生成财务报表提供人力和技术支撑的项目

例如，人力资源、信息系统、内部报告等。

（二）企业内部控制应用指引从涵盖业务和事项来看，包括三类

企业内部控制应用指引涵盖了企业资金流、人力资源流和信息流等各项业务和事项，具体分为三类。

1. 内部环境类指引

内部环境类指引是企业实施内部控制的基础，支配着企业全体员工的内部控制意识，影响着全体员工实施控制活动和履行控制责任的态度、认识和行为。内部环境类指引包括组织架构、发展战略、人力资源、企业文化和社会责任五个指引。

2. 控制活动类指引

控制活动类指引是企业在改进和完善内部控制的同时，还应对各项具体业务活动实

施相应的控制。控制活动类指引包括资金活动、采购业务、资产管理、销售业务、研发、工程项目、担保业务、业务外包和财务报告九个指引。

3. 控制手段类指引

控制手段类指引偏重"工具"性质，涉及企业整体业务或管理。控制手段类指引包括全面预算、合同管理、内部信息传递和信息系统四个指引。

二、企业内部控制评价指引

企业内部控制评价指引旨在促进企业全面评价内部控制的设计与运行情况，规范内部控制评价程序和评价报告，揭示和防范风险。

企业内部控制评价指引的主要内容包括内部控制评价的原则、内部控制评价的内容、内部控制评价的程序和方法、内部控制缺陷的认定和内部控制评价报告等。根据企业内部控制评价指引，企业应当对与实施整体内部控制目标相关的内部环境、风险评估、控制活动、信息与沟通、内部监督等内部控制五要素进行全面、系统、有针对性的评价。应用信息系统加强内部控制的企业，应当对信息系统的有效性进行评价，包括信息系统一般控制评价和系统应用控制评价。

企业对内部控制评价过程中发现的问题，应当从定量和定性等方面进行衡量，判断是否构成内部控制缺陷，并对内部控制缺陷进行分析。内部控制缺陷一般可分为设计缺陷和运行缺陷。根据内部控制缺陷影响整体控制目标实现的严重程度，可将内部控制缺陷分为一般缺陷、重要缺陷和重大缺陷（也称实质性缺陷）。

企业结合年末控制缺陷的整改结果，编制年度内部控制评价报告，作为进一步完善内部控制、提高经营管理水平和风险防范能力的重要依据。企业对于内部控制评价报告中列示的问题，应当采取适当措施进行改进，并追究相关人员的责任。企业管理层和董事会应当根据评价结论对相关单位、部门或人员实施适当的奖励和惩戒。

三、企业内部控制审计指引

企业内部控制审计指引旨在规范注册会计师执行企业内部控制审计业务，明确工作要求，保证执业质量。根据企业内部控制审计指引，接受企业委托从事内部控制审计的会计师事务所，应当根据企业内部控制基本规范及其配套办法和相关执业准则，对企业内部控制的有效性进行审计，出具审计报告。会计师事务所及其签字的从业人员应当对发表的内部控制审计意见负责。注册会计师在制订鉴证计划时，应当评价有关事项对企业财务报表和内部控制是否具有重要影响，以及对注册会计师审计的影响。

内部控制审计，是会计师事务所接受委托，对特定基准日内部控制设计与运行的有效性进行审计。建立、健全和有效实施内部控制，评价内部控制的有效性是企业董事会的责任。按照企业内部控制审计指引的要求，在实施审计工作的基础上对内部控制的有效性发表审计意见，是注册会计师的责任。

> **复习思考题**

一、单项选择题

1. 将企业内部控制分为制度控制和预算控制的依据是（   ）。
   A. 企业组织架构 B. 内部控制对象
   C. 控制依据 D. 控制进程和时序
2. 将企业内部控制分为事前控制、事中控制和事后控制的依据是（   ）。
   A. 内部控制对象 B. 企业组织架构
   C. 控制依据 D. 控制进程和时序
3. 内部控制的演变经历了若干阶段，第一个阶段是（   ）。
   A. 内部牵制阶段 B. 内部制度阶段
   C. 内部控制结构阶段 D. 内部控制框架阶段
4. 在古罗马，会计账簿实施的"双人记账制"属于典型的（   ）。
   A. 内部控制 B. 生产控制
   C. 管理控制 D. 预算控制
5. 企业内部控制成熟期为（   ）。
   A. 内部控制阶段 B. 内部会计控制阶段
   C. 内部管理控制阶段 D. 内部控制整体架构阶段
6. COSO 企业风险管理框架的最高层次目标是（   ）。
   A. 战略目标 B. 经营目标
   C. 财务报告目标 D. 合法性目标
7. 内部控制包括一整套制度和一系列行为及相应实施的各种管理活动，它是一个（   ）。
   A. 结果 B. 过程
   C. 手段 D. 方法
8. 根据企业组织架构的理解，管理控制是内部控制的（   ）。
   A. 第一目标 B. 第二目标
   C. 第一层次 D. 第二层次
9. 与预算控制比较，更具有规范性、自律性和防护性的特征，带有更多的强制性的是（   ）。
   A. 管理管制 B. 制度控制
   C. 作业控制 D. 内部控制
10. 控制活动是指保证管理目标得以实现而建立的（   ）。
    A. 政策 B. 程序
    C. 措施 D. 政策和程序

二、多项选择题

1. 企业内部控制的主体是（   ）。

A. 董事会 B. 管理层
C. 各级员工 D. 以上都不是
2. 以下人员中，对实施内部控制负有责任的有（　　）。
A. 董事会 B. 管理层
C. 风险管理人员 D. 内部审计人员
3. 企业内部控制的原则包括（　　）。
A. 全面性原则 B. 重要性原则
C. 制衡性原则 D. 适应性原则
4. 根据企业组织构架，企业内部控制可以分为（　　）。
A. 治理控制 B. 事前控制
C. 管理控制 D. 作业控制
5. 企业内部控制应用指引分为三类，包括（　　）。
A. 内部环境类指引 B. 控制活动类指引
C. 控制手段类指引 D. 控制范围类指引

三、判断题
1. 企业内部控制规范是一个完备的体系，包括基本规范和指引两个层次。（　　）
2. 企业内部控制按控制对象分为人事控制、财务控制、会计控制、生产控制、材料采购控制、营销控制和质量控制。（　　）
3. 企业内部控制指引包括应用指引、评价指引和审计指引。（　　）
4. 企业内部控制按控制范围分为战略控制和战术控制。（　　）
5. 控制实体是指内部控制为之服务的特定单位或部门，可以是企事业单位，也可以是单位内部某个部门。（　　）

▶案例分析题

张四经营一家公司，公司经营效益很好，并且有一定的资金积累。最近他觉得房地产行业赚钱，于是投资开办了一家房地产公司，但楼盖到一半时，突然发现资金不足。原因是每一项费用都超出计划，而银行发现该房地产公司停工，也不再提供贷款，原来的贷款又已经到期，张四无计可施。

要求：
（1）试分析这些问题发生的原因是什么。
（2）试分析这些问题产生的根源是什么。

第二章

企业内部控制设计

【学习目标】
1. 掌握企业内部控制设计的原则和程序。
2. 掌握企业内部控制的措施。
3. 掌握企业内部控制设计的方法。
4. 掌握企业内部控制中有关各方的职责与作用。

【导入案例】

"中航油事件"的启示

中国航油(新加坡)股份有限公司(以下简称中航油)是在新加坡上市的航空燃料供应商,净资产曾超过 1 亿美元,总资产将近 30 亿元。曾有国内同行论断,"收购新加坡石油二成股权,中航油剑指石油巨头","收购新加坡国家石油公司 20.6%股权,中航油曲线挑战三大石油集团"。但中航油因石油衍生品交易出现巨亏,被迫向新加坡最高法院申请破产保护。

"中航油事件"的启示:一是内部控制机制形同虚设;二是集团公司无法控制下属的"人"权;三是风险管理制度无法抵抗风险。

第一节 企业内部控制设计的原则和程序

一、企业内部控制设计的原则

企业内部控制设计最基本的原则就是从实际出发,实事求是、因企制宜、兼顾灵活,使企业效益最大化。此外,还应遵循以下原则。

(一)全面性原则

企业在设计自身内部控制体系时,应与内部控制的目标保持一致,最大限度地遵循全面性原则的要求,在内部控制的层次上,应涵盖企业董事会、管理层和全体员工;在对象上,应当渗透到决策、执行、监督、反馈等各个环节,避免内部控制出现空白和漏洞,使内部控制与企业业务流程相互融合,保证全员参与。根据企业自身特点,建立适合企业自身发展的内部控制体系,并随着企业成长和发展适时调整内部控制体系。

(二)相互牵制原则

一项完整的经济业务,如果是经过两个以上又相互制约的环节对其进行监督和检查,其出现错弊现象的概率就很低。从横向关系来说,完成某个环节的工作需有来自彼此独立的两个部门或人员的协调运作、相互监督、相互制约、相互证明;从纵向关系来说,完成某项工作需经过互不隶属的两个或两个以上的岗位和环节,以使下级受上级监督,上级受下级牵制。

(三)岗位责任制原则

内部控制设计是与企业的管理模式紧密联系的,企业按照其推行的管理模式废立工作岗位,并赋予其职责、权利,规定相应的操作和处理程序。

(四)成本效益原则

企业在内部控制设计时,一定要考虑投入和产出效益之比。一般来讲,只需要对那些在业务处理过程中发挥作用大、影响范围广的关键控制点进行控制。对那些只在局部发挥作用、影响特定范围的一般关键控制点,其设立的数量需根据实际情况科学设立,易于操作。

(五)系统网络原则

各项控制点应在企业管理模式的控制之下,设立要齐全且点点相近、环环相扣,不能脱节。各项控制点的设立必须考虑到内部环境、控制活动对其的影响。内部环境的控制活动构成了企业的氛围,主要包括员工的诚实性和道德观、岗位匹配能力、组织结构、管理模式和经营风格及人力资源政策等,无论哪一个控制点出现问题,其对内部控制的实施都会带来极大的负面影响,适时调整不适合的控制点,以保证整个网络下的控制点连成一片,协调、顺畅地发挥作用。

二、企业内部控制设计的程序

企业内部控制设计应该按照内部控制的构成要素进行,通过对内部控制要素的整合和系统化地开展有效的控制措施，从而实现内部控制的目标。

企业内部控制设计的程序主要有以下四方面。

（一）了解和评估内部环境

内部环境是指对内部控制的效果起到促进或削弱作用的因素。企业在内部控制设计时，应当先对内部条件和外部环境进行研究和分析。各个企业的内部控制虽然有相同的原则和相近的内容，但是由于各个企业对这些原则的使用和对内容的融合不同，还是存在差异的，在设计过程当中，要具体根据企业经营活动的情况来具体设计控制制度。

例如，企业的经营性质、企业的组织形式不同，决定了各种资源的使用过程和业务流程不同，个体企业的内部控制设计更加关注人员行为的约束，而股份有限公司等的内部控制设计要结合公司治理结构进行。

（二）建立内部控制结构

企业在建立内部控制时，要注意各个控制环节，并注意各个控制环节和组织结构的联系，发挥各个组成部分的协同效应，同时要求内部控制制度能够有效监督经营活动过程，预防和发现风险并及时纠正。企业在内部控制设计时，要坚持整体和局部、宏观和微观相结合。首先，建立内部控制的组织结构；其次，针对每个业务部门的机构设置情况进行分析，合理划分企业的组织结构，防止机构之间的职能重叠，以避免资源的重复使用和浪费。

（三）确定各个业务循环的流程

1. 明确各个业务流程的起点和终点

在持续经营下，企业的各个业务都是不断循环的过程，要弄清业务流程的循环过程，就要先找到业务流程的起点，并按照业务流转的特点，设计整个流程。

2. 找到业务流程之间的联系

企业的经营活动需要建立的控制制度之间是有广泛联系的，可以通过协同控制措施，降低内部控制成本和提高控制效率。业务流程之间的联系可以划分为不同类型，有的是逻辑联系，有的是财务资金联系，还有的是管理联系，等等。

（四）找到关键风险控制点

内部控制的设计要受到经济性质原则的制约，不可能做到面面俱到，因此，只有抓住关键的控制环节，才能建立有效的内部控制制度。关键风险控制点是指业务流程和企业经营活动中容易产生风险的环节。要想找到关键风险控制点，首先要对各个流程进行风险评估，再对经营风险排序后确定。

第二节　企业内部控制的措施

《企业内部控制基本规范》第二十八条明确了企业应当结合风险评估结果，通过手工控制与自动控制、预防性控制与发现性控制相结合的方法，运用相应的控制措施，将风险控制在可承受度之内。

企业内部控制的措施通常包括风险控制、授权审批控制、不相容职务分离控制、会计系统控制、预算控制、财产保护控制、运营分析控制、绩效考评控制、内部报告控制、人力资源控制等。

一、风险控制

风险控制要求企业树立风险意识，针对各个风险控制点建立有效的风险管理系统。通过风险预警、风险识别、风险分析、风险报告等措施，对财务风险和经营风险进行全面防范和控制。

企业在市场经济环境中，不可避免地会遇到各种风险。企业风险评估主要内容包括：①筹资风险评估，如企业财务结构的确定、筹资结构的安排、筹资币种金额及期限的制定、筹资成本的估算和筹资的偿还计划等，都应事先评估、事中监督、事后考核。②投资风险评估。企业对各种债权投资和股权投资都要做可行性研究并根据项目和金额大小确定审批权限，对投资过程中可能出现的负面因素应制订应对预案。③信用风险评估。企业应制定客户信用评估指标体系，确定信用授予标准，规定客户信用审批程序，进行信用实施中的实时跟踪。信用活动规模大的企业，可建立独立信用部门，管理信用活动、控制信用风险。④合同风险评估。企业应建立合同起草、审批、签订、履行监督和违约时采取应对措施的控制制度，必要时可聘请律师参与。风险控制是企业的一项基础性和经常性的工作，企业必要时可设置风险评估部门或岗位，专门负责有关风险的识别、规避和控制。

二、授权审批控制

授权审批控制要求企业根据常规授权和特别授权的规定，明确各岗位办理业务和事项的权限范围、审批程序和相应责任。企业应当编制常规授权的权限指引，规范特别授权的范围、权限、程序和责任，严格控制特别授权。

特别授权是指企业在特殊情况、特定条件下进行的授权。企业各级管理人员应当在授权范围内行使职权和承担责任。企业对于重大的业务和事项，应当实行集体决策审批或者联签制度，任何个人不得单独进行决策或者擅自改变集体决策。

授权控制的范围通常包括：①企业所有人员不经合法授权，不能行使相应权力；不经合法授权，任何人不能审批；有权授权的人应在规定的权限范围内行事，不得越权授权。②企业的所有业务不经授权审批不能执行。③企业业务一经授权必须予以执行。

授权按照其形式可分为常规授权和特别授权。常规授权是企业经营管理活动中按照既定的职责和程序进行的授权。特别授权是对非经常经济行为进行专门研究后做出的授权。与常规授权不同，特别授权的对象是某些例外的经济业务，只涉及特定的经济业务处理的具体条件及有关具体人员。

三、不相容职务分离控制

不相容职务是指那些如果由一人担任既可能发生错误和舞弊行为，又可能掩盖其错误和舞弊行为的职务。不相容职务一般包括授权批准与业务经办、业务经办与会计记录、会计记录与财产保管、业务经办与稽核检查、授权批准与监督检查等。具体地说：①授权进行某项经济业务和执行该项业务的职务要分离；②执行某些经济业务和审核这些经济业务的职务要分离；③执行某项经济业务和记录该项业务的职务要分离；④保管某些财产物资和对其进行记录的职务要分离；⑤保管某些财产物资和使用这些财产物资的职务要分离；⑥执行某项经济业务与监督该项业务的职务要分离。

不相容职务分离控制要求企业全面、系统地分析、梳理业务流程中涉及的不相容职务，实施相应的分离措施，形成各司其职、各负其责、相互制约的工作合同机制。对于不相容职务，如果不实行分离的措施，就容易发生错误和舞弊等行为。

不相容职务的核心是"内部牵制"，因此，企业在设计、建立内部控制制度时，首先应确定哪些岗位和职务是不相容的；其次，要明确规定各个机构和岗位的职责权限，使不相容岗位和职务之间能够相互监督、相互制约，形成有效的制衡机制。

四、会计系统控制

会计系统控制要求企业严格执行国家统一的会计制度，制定适合本单位的会计制度，加强会计基础工作，明确会计凭证、会计账簿和财务会计报告的处理程序，保证会计资料真实、完整。建立和完善会计档案保管和会计工作交接办法，实行会计人员岗位责任制，充分发挥会计的监督职能。

会计系统控制主要是通过对会计主体所发生的各项能用货币计量的经济业务进行记录、归集、分类、编报等进行的控制。会计系统控制主要包括：①建立、健全内部会计管理规范和监督制度，且要充分体现明确、相互制约、及时进行内部审计的要求。②统一会计政策。尽管国家制定了统一的会计制度，但其中某些会计政策是可选的，因此，企业从内部管理要求出发，必须统一执行确定的会计政策，以便统一核算汇总分析和考核。③统一会计科目。在实行国家统一一级会计科目的基础上，企业应根据经营管理需要，统一设定明细科目，特别是集团性企业更有必要统一下级企业的会计明细科目，以便统一口径、统一核算。④明确会计凭证、会计账簿和财务会计报告的处理程序与方法，遵循会计制度规定的核算原则，使会计核算真正实现为国家宏观经济调控和管理提供信息，为企业内部经营管理提供信息，为企业外部各有关方面了解其财务状况和经营成果提供情报信息的目标。

五、预算控制

预算控制要求企业实施全面预算管理制度，明确各责任单位在预算管理中的职责和权限，规范预算的编制、审定、下达和执行程序，强化预算约束。企业经过预算控制，使经营目标转化为各个部门、各个岗位，以至个人具体的行为目标，作为各责任单位的约束条件，能够从根本上保证企业经营目标的实现。

全面预算是企业财务管理的重要组成部分，它是为达到企业既定目标而编制的经营、资本、财务等年度收支总体计划，从某种意义上讲，全面预算也是对企业经济业务规划的授权批准。

全面预算控制应抓好以下环节：①预算体系的建立，包括预算项目、标准和程序；②预算的编制和审定；③预算指标的下达及相关责任人或部门的落实；④预算执行的授权；⑤预算执行过程的监控；⑥预算差异的分析与调整；⑦预算业绩的考核。

全面预算是集体性工作，需要企业各部门人员的相互合作。为此，有条件的企业应设立预算委员会，由其组织领导企业的全面预算工作，确保预算的执行。

六、财产保护控制

财产保护控制要求企业限制未经授权的人员对财产的直接接触，采取定期盘点、财产记录、账实核对、财产保险等措施，确保各种财产的安全完整。财产保护控制包括：①限制直接接触。主要是指严格限制无关人员对实物资产的直接接触，只有经过授权批准的人员才能够接触资产。限制直接接触的对象包括现金、其他易变现资产与存货。②定期盘点。建立资产定期盘点制度，并保证盘点时资产的安全性。通常可采用先盘点实物，再核对账册来防止盘盈资产流失的可能性，对盘点中出现的差异应进行调查，对盘亏资产应分析原因、查明责任、完善相关制度。③记录保护。应对企业各种文件资料（尤其是资产、财务、会计等资料）妥善保管，避免记录受损、被盗、被毁。对某些重要资料应留有备份记录，以便在遭受意外损失或毁坏时能恢复，这在当前的计算机处理工作条件下尤为重要。④财产保险。通过对资产投保（如火灾险、盗窃险、责任险等）增加实物受损补偿机会，从而保护实物的安全。⑤财产记录监控。企业要建立资产个体档案，应及时、全面地记录资产的增减变动。加强财产所有权证的管理，改革现有低值易耗品等核销模式，减少备查簿的形式，使其价值纳入财务报表体系内，从而保证账实的一致性。

七、运营分析控制

运营分析控制要求企业建立运营情况分析制度,经理层应当综合运用生产、购销、投资、筹资、财务等方面的信息,通过因素分析、对比分析、趋势分析等方法,定期开展运营情况分析,以发现存在的问题,及时查明原因并加以改进。

八、绩效考评控制

绩效考评控制要求企业建立和实施绩效考评制度,科学设置考评指标体系,对企业内部各责任单位和全体员工的业绩进行定期考核和客观评价,将考评结果作为确定员工薪酬及职务晋升、评优、降级、调岗、辞退等的依据。

九、内部报告控制

内部报告控制要求企业建立和完善内部报告制度,全面反映经济活动情况,及时提供业务活动中的重要信息,增强内部管理的时效性和针对性。为满足内部管理的时效性和针对性,企业应当建立内部报告体系,全面反映经济活动,及时提供业务活动中的重要信息。

内部报告体系的建立应反映部门的经营管理责任,符合例外管理的要求,报告形式和内容应简明易懂,并应统筹规划,避免重复。内部报告要根据管理层次设计报告频率和内容详简。通常,高层管理者报告时间间隔时间长,内容从重、从简;反之,报告时间间隔短,内容从全、从详。

常用的内部报告包括:①资金分析报告,包括资金日报、借还款进度表、贷款担保抵押表、银行账户及印鉴管理表等;②经营分析报告;③费用分析报告;④资产分析报告;⑤投资分析报告;⑥财务分析报告;等等。

十、人力资源控制

对于作为经济运行的微观基础的企业而言,人力资源要素的数量和质量状况,以及人力资源具有的忠诚度、向心力和创造力,是企业兴旺发达的活力和强大的推动力之所在。因此,如何充分调动企业人力资源的积极性、主动性、创造性,发挥人力资源的潜能,已成为企业管理的中心任务。

人力资源控制应包括:①建立严格的招聘程序,保证应聘人员符合招聘要求;②制定员工工作规范,用以引导、考核员工行为;③定期对员工进行培训,帮助其提高业务素质,以更好地完成规定的任务;④加强考核奖惩力度,应定期对职工进行业绩考核,奖惩分明；⑤对重要岗位员工（如销售、采购、出纳）应建立职业信用保险机制，如签订信用承诺书，保荐人推荐或办理商业信用保险；⑥工作岗位轮换，可以定期或不定期地进行工作岗位轮换，通过轮换不仅可以及时发现存在的错误和舞弊情况，也可以挖掘职工的潜在能力；⑦提高工资与福利待遇，加强员工之间的沟通，增强凝聚力。

第三节 企业内部控制设计的方法

企业内部控制设计的方法是指内部控制设计工作的方法，是解决如何设计内部控制的问题。科学合理的方法对内部控制设计工作的顺利进行及保证设计质量具有重要作用。内部控制设计的方法因企业规模大小、业务复杂程度的不同而不同，也因设计人员习惯的不同而不同，可以说没有固定不变的方法。以下是几种比较常用的内部控制设计的方法。

一、访谈法

内部控制设计需要了解企业的实际情况，需要清楚企业内部控制设计的诉求，这都需要对高级管理人员及其相关人员进行多方面的访谈。访谈法在内部控制设计工作中被广泛应用。有针对性地设计访谈提纲，并对访谈结果进行深入细致的汇总分析是运用这一方法的关键。

二、调查表法

调查表法就是编制内部控制设计调查表，对企业内部控制现状及业务管理活动进行调查了解。编制内部控制设计调查表关键是针对需要调查了解的控制系统及控制点，设计拟调查的内容条款。调查内容的提出，要紧紧围绕内部控制系统中各个控制点、关键控制点及其控制措施，一定要具体、有针对性。

设计调查的内容一般可分三步进行：一是确定被审计单位内部控制系统的调查目标；二是根据调查目标，确定所要调查的控制点、关键控制点及其控制措施；三是根据控制点、关键控制点及其控制措施拟定具有针对性的调查内容。

内部控制设计调查表的格式通常有封闭式和开放式两种，其要素包括调查单位、调查项目、调查时间、调查内容、调查答案、被审计单位和审计调查人等。

三、流程图法

流程图法是利用图解形式描述各经营环节业务处理程序的一种图式，在内部控制设计中被广泛应用。

内部控制流程图的编制步骤：①选定流程图符号。流程图符号是流程图的语言，由一系列几何图形符号组成。目前，我国还没有全国统一的流程图符号，世界各国的流程图符号也不一致。②确定流程图主线。流程图通常以控制流程为主线，并涉及分支流程走向。③确定流程图重点。流程图应重点反映控制点、关键控制点及其控制措施，并显示各种不相容职务的分离。④编制流程图说明。鉴于在流程图中难以显示各控制点、关键控制点的控制措施，可另行编制文字说明表，以方便对流程图的理解。

四、系统分析法

系统分析法是把系统论的现代理论、技术、手段运用于内部控制设计的一种方法。内部控制设计是一项系统工程，设计时既要注重横向联系，把握好总体和局部的关系，又要关注纵向层次，处理好内部控制的层级关系。

内部控制设计过程中采用的具体方法还有很多，应注重定性和定量方法的结合。定性分析法在内部控制设计中被普遍采用，但主观随意性大。定量分析法可以为内部控制设计提供可靠的数据，提高内部控制设计的科学性和可操作性，但工作烦琐，且有的影响因素不能量化。因此，在内部控制设计时，应将定性分析和定量分析恰当地结合起来，以定性分析为基础进行定量分析，使定量分析服务于定性分析。

第四节 企业内部控制中有关各方的职责与作用

一、董事会

董事会是公司的常设权力机构，向股东会负责，实行集体领导，是股份公司的权力机构和领导管理、经营决策机构，是股东会闭会期间行使股东会职权的权力机构，对外是公司进行经济活动的全权代表，对内是公司的组织、管理的领导机构。董事一般由公司的股东担任，也有一些国家允许有管理专长的专家担任董事，以利于提高管理水平。

董事会在内部控制中的重要职责表现如下：科学选择恰当的管理层并对其进行监督；清晰了解管理层实施的风险管理和内部控制的范围；知道并同意公司风险承受能力；及时知悉最大的风险及管理层是否恰当地予以应对。董事会负责公司内部控制的建立、健全和有效实施。

二、审计委员会

审计委员会是董事会设立的专门工作机构,主要负责公司内部审计和外部审计的沟通、监督和核查工作。审计委员会的主要职责包括:提议聘请或更换外部审计机构;监督公司的内部审计制度及其实施;审核公司的财务信息及其披露;审查公司的内部控制制度;负责内部审计与外部审计之间的沟通;负责调查、处理系统内部各种涉及经济问题的检举信件。

审计委员会的主要目标是督促公司提供有效的财务报告,并控制、识别与管理对公司财务状况带来风险的因素。公司面临的风险涉及竞争、环境、财务、法律、运营、监管、战略与技术等方面。审计委员会本身无法监管这些风险,应该由各方(包括董事会及其他委员会)合作应对这些风险。

审计委员会负责人应当具备相应的独立性、良好的职业操守和专业胜任能力。

三、管理层

管理层直接对一个公司的经营管理活动负责。总经理在内部控制中承担重要责任。管理层的职责包括:为高级管理人员提供领导和指引;定期与主要职能部门(营销、生产、采购、财务、人力资源等部门)的高级管理人员进行会谈,以便对他们的职责,包括他们如何管理风险进行检查。管理层负责组织、领导公司内部控制的日常进行。

四、风险管理部门

风险管理部门及其人员的职责包括:建立风险管理决策;确定各业务单元对于风险管理的权利和义务;提高整个公司的风险管理能力;指导风险管理与其他经营计划和管理活动的整合;建立一套通用的风险管理语言;帮助管理人员制定风险管理报告规程;向董事会或管理层等报告公司风险管理进展和暴露的问题。

五、财务部门

公司的财务活动应当贯穿公司经营管理的全过程。财务部门负责人在制定目标、确定战略、分析风险和做出管理决策时应扮演一个关键的角色。管理层应当赋予财务部门及其负责人参与决策的权力,并支持其关注经营管理的更广范畴。局限财务负责人的关注领域和知悉范围,会削弱、制约单位的管理能力。

六、内部审计部门

内部审计部门及其人员在评价内部控制的有效性,以及提出改进建议方面起着关键作用。公司应当授予内部审计部门适当的权力,以确保其审计职责的履行;对内部审计部门负责人的任免应当慎重;内部审计部门负责人与董事会及审计委员会应保持畅通的沟通;应当赋予内部审计部门追查异常情况的权力和提出处理、处罚建议的权力。

七、单位员工

所有员工都在实现内部控制中承担相应职责并发挥积极作用。管理层应当重视公司员工的作用,并为员工反映诉求提供信息通道。

▶复习思考题

一、单项选择题

1. 不相容职务的核心是( )。
   A. 内部控制　　　　　　B. 内部牵制
   C. 会计控制　　　　　　D. 制度控制

2. 对内部控制的效果起到促进或削弱作用的因素是( )。
   A. 内部环境　　　　　　B. 法律制度
   C. 内部控制　　　　　　D. 客观情况

3. ( )要求企业限制未经授权的人员对财产的直接接触,采取定期盘点、财产记录、账实核对、财产保险等措施,确保各种财产的安全完整。
   A. 会计系统控制　　　　B. 财产保护控制
   C. 授权审批控制　　　　D. 风险控制

4. 通过产品市场、资本市场、经理人市场等诸多外部制约产生作用的是( )。
   A. 外部市场　　　　　　B. 内部治理
   C. 管理层次内部控制　　D. 作业层次内部控制

5. 主要解决资本所有者与经营管理者之间代理问题的是( )。
   A. 公司治理　　　　　　B. 内部控制
   C. 风险管理　　　　　　D. 人力资源管理

6. 主要解决高层管理者与中层管理者、员工之间代理问题的是( )。
   A. 人力资源管理　　　　B. 内部控制
   C. 风险管理　　　　　　D. 公司治理

7. 授权采购人员在一定范围内购买常用材料,属于( )。
   A. 一般授权　　　　　　B. 特殊授权
   C. 代理授权　　　　　　D. 职务授权

8. 内部环境是企业实施内部控制的基础，以下属于内部环境范围的是（　　）。
   A. 风险识别　　　　　　　　B. 企业文化
   C. 不相容职务分离控制　　　D. 信息共享
9. 在内部控制五要素之间的关系中，处于承上启下、沟通内外的关键地位的要素是（　　）。
   A. 内部环境　　　　　　　　B. 内部监督
   C. 控制活动　　　　　　　　D. 信息与沟通
10. 在下列内部控制要素中，被称为对内部控制的控制，是实现内部控制的重要保证的是（　　）。
    A. 内部环境　　　　　　　　B. 内部监督
    C. 控制活动　　　　　　　　D. 风险评估

二、多项选择题
1. 企业内部控制设计的原则有（　　）。
   A. 全面性原则　　　　　　　B. 相互牵制原则
   C. 岗位责任原则　　　　　　D. 成本效益原则
2. 企业内部控制设计的程序有（　　）。
   A. 了解和评估内部环境　　　B. 建立内部控制结构
   C. 确定各个业务循环的流程　D. 找到关键风险控制点
3. 企业内部控制的措施通常包括（　　）。
   A. 风险控制　　　　　　　　B. 授权审批
   C. 不相容职务分离控制　　　D. 预算控制
4. 内部控制设计的方法有（　　）。
   A. 访谈法　　　　　　　　　B. 调查表法
   C. 流程图法　　　　　　　　D. 系统分析法
5. 《企业内部控制基本规范》第四十四条规定，内部监督分为（　　）。
   A. 日常监督　　　　　　　　B. 专项监督
   C. 内部审计　　　　　　　　D. 内部控制评价

三、判断题
1. 管理层是公司的常设权力机构，向股东会负责，实行集体领导，是股份公司的权力机构和领导管理、经营决策机构。（　　）
2. 管理层应当重视公司员工的作用，并为员工反映诉求提供信息通道。（　　）
3. 不相容职务一般包括授权批准与业务经办、业务经办与会计记录、会计记录与财产保管、业务经办与稽核检查、授权批准与监督检查等。（　　）
4. 审计委员会的主要目标是督促公司提供有效的财务报告，并控制、识别与管理对公司财务状况带来风险的因素。（　　）
5. 企业应当结合风险评估结果，采用手工控制与自动控制、预防性控制与发现性控制相结合的方法，运用相应的控制措施，将风险控制在可承受度之内。（　　）

▶案例分析题

某国有大型企业集团某日召开高层会议,主要议题是如何完善企业内部环境。主要人员的观点如下。

(1)董事长认为,内部控制非常重要,内部控制制度要绝对保证资产安全、经济效率提高、经营合法合规,但企业的资源有限,对于内部控制不可能做到面面俱到,尤其是企业文化建设带来明显的效益,可以不考虑内部控制方面的投入;企业的规模较小,效益也不是很好,应减少一些社会捐助。

(2)总经理认为,应当由董事会和执行委员会定期组织有经验的管理层人员对内部控制进行审计,并对内部控制的有效性发表审计意见。

(3)负责人事的副总经理认为,企业应建立高端人才的培养计划,因低端人才流动性较大,为减少开支,企业可不对低端人才进行培训。

(4)总会计师认为,会计信息对企业非常重要。对于财务报告的控制,不应当考虑控制成本,只要是以保证信息及时、详细、真实、合法为目的的控制,企业均应当采用。

(5)内部控制总监认为,总经理应当每年组织一次对内部控制有效性的评价,并出具评价报告,评价报告主要是对内部控制设计的有效性进行评价;内部控制评价不应当考虑全面性,而应当体现重要性,评价报告经董事长最终审定后对外披露。

要求:

从内部环境建设相关内容出发,对该企业高层会议中的观点进行评判并说明理由。

第三章

企业内部环境

【学习目标】
1. 了解内部环境的基本概念；了解内部环境的主要构成因素。
2. 掌握有关公司治理结构的含义和内容。
3. 掌握企业内部机构的设置、权责分工及相互制衡。
4. 掌握内部审计机构的职能和作用。
5. 掌握企业人力资源政策及企业文化建设的内容。

【导入案例】

沃尔玛的企业文化建设

沃尔玛非常尊重员工，首先，其在管理上实行一套全新的管理理念——公仆领导。沃尔玛认为，顾客永远是对的，也永远是被放在第一位的，而员工作为与顾客直接打交道的人，其精神状态、服务态度和行为方式至关重要。因此，沃尔玛没有上下级之分，领导的工作就是指导、关心、支援、服务员工，营造一个上下平等的氛围，真正地做到为员工服务。其次，沃尔玛会有一系列的精神激励举措，如对优秀的管理售货员授予"山姆·沃尔顿企业家"的称号；商店的橱窗中悬挂先进员工的照片；经理人员的纽扣都有"我们关心我们的员工"字样；在每年的股东会上公司都会大张旗鼓地举行颁奖活动，向优秀员工颁发各类奖项；等等。由此可见，内部环境构成一个组织的氛围，对企业内部控制的建立和实施具有重要的意义。

资料来源：庄宜佩. 2012. 沃尔玛企业文化分析及其对中国企业文化构建的启示. 浙江工业大学硕士学位论文.

第一节 企业内部环境概述

企业的内部控制都在特定的内部环境中实施，和特定的内部环境相适应。内部控制系统功能发挥的过程就是内部控制系统与内部环境相互作用的过程，内部环境不但直接影响内部控制的建立，还直接决定内部控制实施的效果，影响内部控制目标的实现。因此，要加强和完善内部控制，应先优化内部环境。

一、内部环境的内涵

内部环境又称控制环境，是指对内部控制政策、程序的制定、执行产生影响的各种因素的总和。内部环境的状况决定了内部控制其他要素的实现程度，对内部控制功能的发挥起主导性作用。因此，内部环境在内部控制诸要素之间居基础性地位。

1958年10月，美国注册会计师协会审计准则委员会在"内部控制结构"中首次提出"内部环境"的概念，以"内部控制结构"代替"内部控制"，提出内部控制结构的三要素：内部环境、会计系统和控制程序，并将内部环境定义为"对特定控制政策和程序的建立、加强和有效实施有重大影响的一组因素的统称"，其中，最关键因素是与有效的控制政策、程序的制定与实施密切相关的管理层和董事会对控制的态度。至此，内部环境才逐渐得到人们的重视。

1992年，COSO在《内部控制——整体框架》中把内部环境称为控制环境，指出内部环境包括诚信和道德价值观、对员工胜任工作的能力要求、董事会和审计委员会、管理层的经营理念和经营风格、企业的组织结构、企业内部权力与责任配置、人力资源的政策和实务等因素，并认为内部环境是内部控制最基础的要素，影响着企业的经营活动。

2004年，COSO发布的《企业风险管理——整体框架》认为，内部环境决定着企业的基调，影响着企业员工的控制意识。内部环境主要包括企业的风险管理理念，企业的风险容量，董事会的监督，企业员工的诚信与道德价值观、胜任能力、权责的配置，以及员工的组织开发方法等因素。

2008年，我国正式出台了《企业内部控制基本规范》，将内部环境表述如下：内部环境是企业实施内部控制的基础，一般包括治理结构、机构设置及权责配置、内部审计、人力资源政策、企业文化等。

二、内部环境的主要内容

（一）治理结构

治理结构是指股东会、董事会、经理层与监事会四者之间相互制衡的关系，它由两部分组成：一是外部治理结构，它通过外部市场（包括资本市场、产品市场、经理市场等）的竞争形成对企业的间接控制；二是内部治理结构，它由股东会、董事会、监事会、经理层构成。

企业的内部治理结构形成和决定了企业的内部控制机制，现代企业需要通过治理结构对所有者、董事、经理之间的责、权、利分配和制衡做出制度安排。这种制度安排决定了在企业利益相关者中由谁来实施控制、如何实施控制，风险和收益如何分配，等等。由此可见，作为管理层为履行其管理职责而建立的一系列规则、政策和组织实施程序的内部控制机制与治理结构是密不可分的。

（二）职权配置

科学合理的职权配置，有助于在企业经营活动中形成各负其责、各司其职的工作机制，发挥企业内部各级管理人员和员工在经营活动中的主动性和积极性，保证各项控制措施得以落实，为内部控制的有效实施创造良好的条件。

职权配置主要包括三方面内容。一是要求企业制定相应的议事规则，明确决策、执行、监督等方面的职责权限，形成科学有效的职责分工和制衡机制。这一要求主要是解决股东会、董事会、监事会等机构的职责权限的配置问题。二是要求企业结合业务特点和内部控制要求设置内部机构，明确职责权限，将权利与责任落实到各责任单位。这一要求主要是解决企业管理层下设内部机构的职责权限的配置问题。三是要求企业编制内部管理手册，通过内部管理手册使全体员工掌握内部机构设置、岗位职责、业务流程等情况，明确权责分配，正确行使职权。

（三）内部审计

内部审计的日常工作是监督内部控制的运行。为了确保相应的管理制度措施与程序得到全面准确的执行，企业必须进行监督。内部审计在企业中并不直接参与相关的经济活动，处于相对独立的地位，但又时时处在各项管理活动中，对企业内部的各项业务比较熟悉，对发生的事件比较了解，是实行内部监督的最好选择。财政部发布的《内部会计控制规范——基本规范（试行）》规定："单位应当重视内部会计控制的监督检查工作，由专门机构或者指定专门人员具体负责内部会计控制执行情况的监督检查，确保内部会计控制的贯彻实施。"尽管该规范没有明确提出由谁来实施监督检查，但从理论或实践来看，由内部审计部门和内部审计人员担任此职责是较合适的。

（四）人力资源政策

人是企业内部环境中最活跃的一个控制因素，科学的人力资源政策对内部控制至关重要。人力资源政策是招聘和保留有能力的人员，以使企业计划得以执行、目标得以实现的重要政策，表明一个企业聘用、使用员工的基本态度，同时也在某种程度上反映企业员工的基本状况。企业的人力资源政策至少应当包括：①员工的聘用、培训、辞退与辞职；②员工的薪酬、考核、晋升与奖惩；③关键岗位员工的强制休假制度和定期岗位轮换制度；④掌握国家秘密或重要商业秘密的员工离岗的限制性规定；⑤有关人力资源管理的其他政策。

（五）发展战略

发展战略是企业在对现实状况和未来趋势进行综合分析和科学预测的基础上，制定并实施的中长期发展目标与战略规划。

企业制定和实施发展战略具有重要意义。发展战略可以为企业找准市场定位，是企业执行层行动的指南。《企业内部控制基本规范》明确指出：内部控制的目标是合理保证企业经营管理合法合规、资产安全、财务报告及相关信息真实完整，提高经营效率和效果，促进企业实现发展战略。

（六）企业文化

文化是一个相当宽泛的概念，反映着人对社会物质世界的基本态度，先进的文化有利于环境和谐和可持续发展。企业必须要有自己的企业文化。随着知识经济社会的到来，企业文化对企业内部控制有着直接影响，并且影响越来越大。著名经济学家于光远先生站在战略高度精辟指出，"国家富强在于经济，经济繁荣在于企业，企业兴旺在于管理，管理的关键在于文化"，可见企业文化对于企业发展壮大的关键作用。美国兰德公司的研究表明，世界500强之所以强，固然受多种因素的影响，但关键是因为其以文化力制胜。这是不可否认的事实。企业只有将企业文化实施到位，才有利于内部环境的健康发展，从而才有利于内部控制的有效实施。

第二节 公司治理结构

一、公司治理结构的定义

公司治理结构又称法人治理结构、公司治理系统、公司治理机制，是指对公司进行管理和控制的体系，是由所有者、董事会和高级执行人员（即高级经理人员）三者组成的组织结构。简单地说，公司治理结构就是处理公司各种契约关系的一种制度。公司治理的目标是降低管理成本，使所有者不干预公司的日常经营，同时又保证经理层能以股东的利益和公司的利润最大化为目标。

治理结构的内涵是多角度、多层次的，但其共性的实质是配置责、权、利的合同关系，也称法人治理结构，有狭义和广义之分。狭义的治理结构是指在所有权和经营权分离的条件下，投资者与公司之间的利益分配和控制关系，与公司董事会的功能、结构、股东的权力等方面有关的制度安排，形成公司治理的内部监控系统，界定公司与其所有者之间的关系。广义的治理结构则可理解为关于公司组织方式、控制机制、利益分配的所有法律、机构、文化和制度安排，包括公司治理的内外部监控系统，界定公司与所有者及其他所有利益相关者（雇员、顾客、供应商等）之间的关系。

二、公司治理结构的功能

（一）权力配置功能

权力配置功能是对剩余索取权、剩余控制权、决策权、受益权、监督权等权力的配置。权力配置功能包括两方面内容：一是所有权同公司治理结构的权力配置。公司治理结构是在既定所有权前提下安排的，所有权形式不同，公司治理结构的权力配置也不相同。例如，在股权集中的情况下，公司治理结构中的所有权决定控制权；相反，如果在股权高度分散的情况下，所有权与控制权往往呈分离状态。二是公司内部剩余控制权的配置。在公司治理结构中，股东、董事和经理拥有剩余控制权，股东拥有最终控制权，董事和经理分享实际剩余控制权。

（二）权力制衡功能

权力制衡功能是指明确划分股东会、董事会、监事会及经理层各自的权力（股东的所有权、董事会的经营决策权、监事会的监督权和经理层的执行管理权）、责任和利益，形成四者之间的权力制衡关系，确保公司制度的有效运行。制衡功能体现在纵向制衡和横向制衡两个方面，前者从公司产权归属定位，形成自上而下的纵向制衡，后者是监事会对董事会和经理层的制衡。

（三）激励与约束功能

激励与约束都能形成公司运行的推动力。有效的激励能够产生动力或积极性，能够焕发出代理人的创新精神。激励机制应该具有激励相容的功效，优秀的公司治理结构应该使股东和经理人之间具有激励相容的功效，或者是接近激励相容的功效。激励机制包括物质激励和精神激励两个方面。

约束功能是通过公司治理结构中提供的监督与惩罚机制及合约关系对代理人行为产生的一种约束力。它主要是防止代理人的偷懒行为和道德风险行为，同时对代理人的渎职行为进行惩罚和制裁，以保证代理人为实现委托人的利益目标而努力工作。对代理人的约束主要包括三方面：一是对所有权的约束；二是对监督机制的约束；三是对渎职行为的惩罚。

（四）协调功能

协调功能是指公司治理结构能够协调股东及其他利益相关者之间的利益关系，从而使公司上下齐心协力为实现公司的经营目标而努力。协调功能主要是股东通过其所拥有的股权在股东会上行使选举权和表决权来进行的。协调功能在前述三个功能中都有一定程度的体现。

三、公司治理结构的模式

不同的国家，由于经济、政治、法律制度和哲学、文化、信仰等历史传统及其他条件的不同，尤其是适应外在环境和挑战的不同，在构建具体的公司治理结构或模式时各有特点，其间股东、经营者及其监督者的角色定位存在一定差异，反映不同的治理理念。根据公司内部分权与制衡模式的不同，各国的现代公司治理结构主要分为以下两种模式。

（一）单层制模式

以美国为代表的单层制公司治理结构模式是以董事会控制与监督为主导的制度。美国公司治理结构的最大特点是股东会下只设董事会，不设监事会，董事会既是业务执行机构又是监督机构。董事会聘任经理，由经理负责公司经营业务的执行，经理对董事会负责并接受董事会监督。

美国公司内部监督模式实行的是董事会内设独立董事监督模式，即董事会主要由独立董事组成，负有业务决策权和公司业务监督权，董事会对内部执行董事和经营层的监督，是由占董事会人数多数的独立董事及全部或主要由独立董事组成的审计、提名、薪酬等专业委员会来负责实施的，其功能相当于双层制公司治理模式下的监事会。这样就在董事会内部实现了独立董事监督职能与经营董事经营职能的有效分离。

独立董事监督职能是在董事会内部成立一系列全部或主要由独立董事组成的专业委员会的集体运作下实现的。通常在董事会下面成立的委员会有提名委员会、审计委员会和薪酬委员会等，委员会的主席由独立董事担任。提名委员会主要职责包括两方面：一是选择并提名合适的董事、经理和其他高级管理人员的人选；二是评价现任董事的工作绩效以决定其是否有资格继续留任。审计委员会是公司内部负责处理有关公司财务、会计和审计事项的专门机构，具体职责包括选任公司审计师、确定审计范围、评审审计结果和监督公司内部会计核算程序等。薪酬委员会的职责主要在于规范高级管理人员的薪酬制定和核准，以及对公司股权计划的审计和批准，对首席执行官业绩进行评价，对董事和高级管理人员的薪酬水平进行评估并确认最佳薪酬组合，等等，它承担着建立具有竞争性的公司激励机制的职能。

（二）双层制模式

1. 垂直式双层制

以德国为代表的双层制公司治理结构模式，也称垂直式双层制监事会监督模式。德国公司由股东会、监督董事会（监事会）和经营董事会（董事会）组成，三者为上下级关系，即股东会之下设监事会，监事会向股东会负责并报告工作。监事会之下设董事会，董事会向监事会负责并汇报工作。德国公司内部监督制度实行的是垂直式双层制监事会监督模式。德国公司垂直式双层制监事会监督模式的最大特点是，监事会是董事会的上位机关，它与董事会之间的关系不仅是监督与被监督的关系，而且是领导与被领导的关系。

根据《德国股份公司法》第84条、第111条、第112条等规定，监事会的主要职权如下：①公司董事任免权及董事报酬决定权；②公司业务和财务的广泛监督权；③公司特定业务实施同意权；④召集、召开股东会的权利；⑤对董事会成员在诉讼上或诉讼外代表公司权等。德国公司监督机制的另外一个显著特点是强调职工参与。德国公司法认为公司是劳动与资本之间的一种伙伴关系，因而监事会应由资本要素所有者与劳动要素所有者的代表共同组成，从而为劳动与资本共同治理公司奠定了基础。在德国公司监事会中，根据公司规模及职工人数的多寡，职工代表可占到三分之一或二分之一的席位，职工监事与股东监事享有同等的权限。

2. 水平式双层制

日本公司实行的是不同于德国垂直式双层制监事会监督模式的水平式双层制监事会监督模式，即监事会（或监察人）与董事会是平行机构，而不是上下级关系。董事会同时负有公司经营决策与监督职责，董事会成员几乎全部由具有经理身份的内部董事组成，而监察人则由公司地位较低的职员或任期已满的常务和专务董事充任，他们虽由股东会选任，但都是公司总经理的下属，故监察人制度徒有虚名。同时，日本公司治理实行主银行制度，银行的特殊地位使得公司在资金的来源方面对股东的依赖程度也较低，股东的地位低下，故对通过监察人监督经营者的兴趣也不大。因此，日本监事会制度也是有名无实。

虽然日本为此对其公司法进行多次修改，并于1993年引入独立监察人制度，但由于受水平式双层制公司治理结构制约，效果并不理想。2002年5月，日本国会通过了对日本商法进行大规模修改的《日本商法特例法》，正式立法在大型股份公司中实行公司内部监督模式的任选制，即是保留传统的监察人制度还是建立独立董事制度，由公司自由选择。如果公司选择原有监事会制度，则应有一名监事为独立监事，独立监事应独立于公司经营层，到2005年以后，公司监事会中独立监事人数必须超过半数。

四、公司治理结构的原则

（一）保护股东权利原则

保护股东权利原则是公司治理结构中最重要的原则。股东权利即股权，是股东基于向公司投资而享有的对公司的各种权利。股东之所以向公司出资，取得股东资格，是因为其最基本的目的是通过股东权利实现相应的经济利益。公司治理结构也是建立在尊重股东权利和股东自治的基础上的。

公司法对股东权利进行了概括性规定，最主要的股东权利是资产受益、参与重大决策和选择管理者的权利。主要的股东权利是财产权，即资产受益的权利，包括红利分配请求权、剩余财产分配请求权、转让出资股份的权利和优先认购股份的权利。此外，股东因出资而成为公司成员，股东权利还包含对公司内部事务的管理权，主要是参与重大决策和选择管理者的权利。

（二）股东平等原则

股东平等原则，是指公司在基于股东资格而发生的法律关系中，不得在股东间实行不合理的不平等待遇，并应按股东所持有的股份性质和数额实行平等待遇的原则。

股东平等原则具体包括如下内容：第一，所有股东的法律人格是平等的，基于股东身份所享有的权利性质和类型是相同的；第二，所有股东对自己投入公司的资产享有平等的收益期待权，法律应保护股东的收益期待权；第三，在公司的实际运作中，股东权利的行使在状态上是有差异的，但是这种差异可以依据股东自愿增减其所持股份而发生变化；第四，控股股东不能通过任何特殊途径获取股份收益以外的额外利益，也不能以任何方式单独弥补自己股份收益的损失。

五、利益相关者在公司治理结构中的作用

公司的竞争力和最终的成功是集体力量的结果，体现了各类资源所做的贡献，包括投资者、雇员、债权人和供应商等利益相关者。利益相关者参与公司治理具有重要的意义，主要表现在以下方面。

第一，有利于公司追求长期目标，实现各利益相关者的长期利益。股东的有限责任和股票的高度流通性使得股东在公司经营出现危机时可以选择"用脚投票"，规避公司经营的风险；股东还可以通过投资的多元化来分散投资风险。

第二，有助于完善公司内部的监督制衡机制，降低代理成本。在大型股份有限公司中，股东通常无法有效地约束公司的经营者。然而，作为公司利益相关者的职工和主债权人（银行）在监督经营者方面有着天然的信息优势，只要给予其利益刺激和相应的权利，就可以在公司内部形成有力的监督制衡机制，防范经营者的道德风险，降低代理成本。

第三，可以培养公司与利益相关者之间长期稳定的信任合作关系，从而降低交易成本。公司的长期经营和长远发展需要各方持久合作，合作可以降低交易成本。

六、信息披露和透明度

公司治理结构框架应当保证及时准确地披露与公司有关的任何重大问题，包括财务状况、经营状况、所有权状况和公司治理状况的信息等。强有力的披露制度有助于吸引资金，维持对资金市场的信心；有助于公众了解公司的组织结构和经营活动及公司在环境问题、商业道德、与社会关系方面的政策和绩效。

公司应当披露的重大信息有财务状况、经营成果、公司目标、股份所有权和投票权、管理者的报酬、风险因素、公司政策及其他重要问题。

七、董事会的责任

董事会处于公司治理结构的上层建筑地位，是公司自我制约的主要执行者。它是连接股东会和经理层的桥梁，在公司治理结构中处于核心地位。董事会主要负责监督、管理公司业绩，使股东得到足够的回报，同时也要防止利益冲突，平衡对公司的各种要求；尊重并公正地处理其他利益相关者的利益；最大限度地维护公司和股东的利益，平等地对待所有股东；考虑其他利益相关者的利益，能够做到独立于经理层的独立判断。

第三节 内部机构及权责分配

一、内部机构的定义

内部机构是企业内部机构层面的组织架构。它是指企业根据业务发展需要，分别设置不同层次的管理人员及由各专业人员组成的管理团队，针对各项业务功能行使决策、计划、执行、监督、评价的权利并承担相应的义务，从而为业务顺利开展进而实现企业发展战略提供组织机构的支撑平台。

企业应当根据发展战略、业务需要和控制要求，选择适合企业的内部机构类型。

二、内部机构设置的目的

内部机构设置的目的就是要通过创构柔性灵活的组织结构，动态地反映外在环境变化的要求，并且能够在组织演化成长的过程中有效积聚新的组织资源要素，同时协调好组织中部门与部门之间、员工与任务之间的关系，使员工明确自己在组织中应有的权利和应担负的责任，有效地保证组织活动的开展，最终保证组织目标的实现。

三、内部机构设置的原则

（一）依据法律法规

企业应当根据国家有关法律法规和企业章程，建立规范的公司治理结构和议事规则，明确决策、执行、监督等方面的职责权限，形成科学有效的职责分工和制衡机制。

（二）战略适配原则

组织结构随企业战略目标而定，战略目标决定组织结构，组织结构是实现企业战略目标的有机载体和工具。符合企业战略目标的组织结构更容易形成企业特有的文化，更容易推动企业的高速发展。同时，企业的战略目标会随着外部环境等影响因素的变化而变化，这就要求组织结构必须根据企业战略目标的变化进行及时的调整，做到组织结构与业务发展相适应，任职者与岗位相适应。

因此，在企业明确中长期发展战略的前提下，需要相应地对组织结构做出中长期规划和设计，使组织结构具有一定的拓展空间，在保证组织结构具有相对稳定性和适应性的同时，做到组织结构与战略目标高度适配。

（三）管理控制原则

实现有效的管理控制，重要的一点就是在机构设计中，必须做到有效管理幅度与合理管理层次相结合。在企业规模一定的情况下，管理幅度与管理层次成反比。

管理幅度，是指一名管理者能够直接领导、指挥和监督的下属人数。管理幅度越大，人际关系越复杂。管理幅度与人际关系数量呈指数函数关系，即下属数量按等差级数增加，则人际关系数量按几何级数增加。因此，即使管理者的能力再强，由于其能力和精力所限，其管理幅度也是有限的。但有效管理幅度不存在一种普遍适用的标准，一般而言，高层管理者的管理幅度以 3~6 人较为适宜，中层管理者的管理幅度以 5~9 人较为适宜，基层管理者的管理幅度可以限定为 7~15 人。

（四）稳定性与适应性相结合原则

一方面，企业的内部机构应该保持一定的稳定性。企业的内部机构是保证企业正常运行的重要机制，其变动将引起人员、分工、职责、协调等各个方面的调整，对企业内人员的情绪、工作习惯、工作效率都会产生影响，需要企业内人员有一段时间的适应期。因此，相应的内部机构设置的稳定性是组织运行稳定的需要。

另一方面，企业应保持一定的适应性。适应性是指组织的各部门、各员工都可以根据组织内外部环境的变化进行灵活的调整和变动，内部机构应该保持一定的适应性以减少组织变革所产生的震荡。因此，企业管理层的责任就是把内部机构的稳定性与适应性恰当地结合起来，使企业不至于一成不变导致僵化，也不至于经常变动导致缺乏业绩。

四、内部机构设置的内容

（一）内部机构设置

企业应综合考虑企业性质、发展战略、文化理念和管理要求等因素，合理设置内部机构，明确各内部机构的职责权限，应避免职能交叉、缺失或权责过于集中，要形成各司其职、各负其责、相互制约、相互协调的工作机制。

（二）岗位职责划分

对内部机构的职责进行科学合理的分解，确定具体岗位的名称、职责和工作要求等，明确各个岗位的职责权限和相互关系，尤其应当体现不相容职务分离的原则。岗位职责是对某一工作部门或个人的工作任务、责任与权限所做的统一规定。企业应当对岗位职责进行描述，包括工作名称、工作职责、任职条件、所要求的工作技能、工作对个性的要求等。这样做的目的是便于员工理解岗（职）位要求的能力、工作职责、衡量的标准，让员工有一个可遵循的原则。

（三）权限体系分配

制定组织结构图、业务流程图、岗位说明书和权限指引等内部制度或相关文件，使员工了解和掌握组织架构设计及权责分配情况，正确履行职责。

第四节　内　部　审　计

一、内部审计的定义

（一）中国内部审计协会定义

2013年，由中国内部审计协会发布的《内部审计基本准则》（自2014年1月1日起施行）中对内部审计的定义如下："本准则所称内部审计，是指一种独立、客观的确认和咨询活动，它通过运用系统、规范的方法，审查和评价组织的业务活动、内部控制和风险管理的适当性和有效性，以促进组织完善治理、增加价值和实现目标。"

（二）国际内部审计师协会定义

国际内部审计师协会2009年1月修订的《国际内部审计专业实务框架》将内部审计定义为：内部审计是一种独立、客观的确认和咨询活动，旨在增加价值和改善组织的运营。它通过应用系统化、规范化的方法，评价并改善风险管理、控制和治理过程的效果，帮助组织实现其目标。

这个定义包括以下几个方面：①内部审计是组织治理的必备要素；②独立性与客观性是内部审计的职业需求；③内部审计是确认服务与咨询服务的统一体；④内部审计的最终目的是增加价值和改善组织的运营；⑤内部审计是系统化、规范化的过程。

二、内部审计的特点

（一）服务的内向性

内部审计的目的在于促进本部门、本单位经营管理和经济效益的提高，因而内部审计既是本单位的审计监督者，也是根据单位管理要求提供专门咨询服务者。服务的内向性是内部审计的基本特征。内部审计一般在本单位主要负责人的领导下进行工作，只向本单位领导负责。

（二）工作的相对独立性

内部审计同外部审计一样，都必须具有独立性，在审计过程中必须根据国家法律法规及有关财务会计制度，独立地检查、评价本部门、本单位及所属各部门、各单位的财务收支及与此相关的经营管理活动，维护国家利益。

（三）审计程序的相对简化性

内部审计的程序主要包括规划、实施、终结和后续审计四个阶段。由于内部审计机构对本部门、本单位的情况比较熟悉，在具体实施审计过程中，各个阶段的工作都大为简化。主要体现为：①规划阶段中的许多工作往往可以结合日常工作进行，从而使规划工作量得以减少，时间也大为缩短；②内部审计的实施过程针对性比较强，许多资料和调查都依赖内部审计人员的平时积累；③内部审计机构提出审计报告后，通常由所在部门和单位出具审计意见书或做出审计决定；④被审计单位对审计意见书和审计决定如有异议，可以向内部审计机构所在部门、单位负责人提出。

（四）审查范围的广泛性

内部审计主要是为单位经营管理服务的，这就决定了内部审计的范围必然要涉及单位经济活动的方方面面。内部审计既可进行内部财务审计和内部经济效益审计，又可进行事后审计和事前审计；既可进行防护性审计，又可进行建设性审计。内部审计一般应做到：本部门、本单位的领导要求审查什么，内部审计人员就应审查什么。

（五）对内部控制进行审计

内部审计是内部控制的重要组成部分，内部控制又是内部审计的主要内容。通过对本部门、本单位的内部控制制度及经营管理情况的检查，总结经验，找出差距，为本部门、本单位改进经营管理、完善内部控制制度服务，是内部审计的基本职能，体现了内部审计"对内部控制进行审计"的特征。

（六）审计实施的及时性

内部审计机构是本部门、本单位的一个部门，内部审计人员是本部门、本单位的职工，因而可根据需要随时对本部门、本单位的问题进行审查。主要表现为两个方面：第一，可以根据需要，简化审计程序，在本部门、本单位负责人的领导下，及时开展审计；第二，可以通过日常了解，及时发现管理中存在的问题或问题的苗头，并且可以迅速与有关职能部门沟通或向本部门、本单位最高管理者反映，以便采取措施，纠正已经出现和可能出现的问题。

三、内部审计与外部审计的联系与区别

内部审计与外部审计都是社会主义审计监督体系的组成部分。内部审计与外部审计相比，共同点是审计目标一致，审计结果可能存在相互借鉴。但二者在监督经济有效运行等方面扮演着不同的角色。

（一）目标不同

内部审计的总体目标是企业增值。具体说来，就是保证企业内部控制系统高效、有序运行，保证风险控制系统的有效运行，保证企业经营和财务报表的合法、合规。外部审计的审计目标是针对财务报表的，而内部审计的目标是针对整个企业的经营运作的。

（二）报告对象不同

外部审计是审计工作人员受被审计单位股东的委托，对被审计单位财务报表的合理公允性发表审计意见的审计。因此，外部审计的报告对象应是被审计单位的股东。在有的企业中，外部审计师也会报告给审计委员会。

内部审计是公司治理的一个重要组成部分。企业进行内部审计是为了保证企业正常有序运行。因此，内部审计的报告对象是企业的管理层。

（三）工作范围不同

外部审计的审计工作是依据独立审计准则进行的，集中在企业的财务流程及与财务信息有关的内部控制方面。它主要针对财务报表中的各项认证，收集审计证据，得出审计结论。因此，外部审计的工作范围是以财务报表为中心延伸开来的各项工作。内部审计的工作范围则涵盖企业管理流程的所有方面，包括风险管理、控制和治理过程等。

（四）与企业的关系不同

外部审计必须具有一定的独立性。它一般是由独立于企业的会计师事务所来进行的审计工作。而内部审计部门往往是企业的一个部门，是企业组织架构的一个组成部分。内部审计师一般也是企业的员工。现在也有企业会将内部审计部门外包。

因此，外部审计的独立性较强，而内部审计在组织、工作、经济方面都受企业的制约，独立性受到限制。这也是由外部审计和内部审计的工作目标和工作性质决定的。

除了以上几点区别，外部审计和内部审计在审计权限、审计报告、审计准则、审计方式方法等方面还存在区别，这里不再一一论述。

四、内部审计的类型

目前,我国的内部审计按照审计目标不同,可以分为财务审计、经营审计、专项审计和经济责任审计等业务类别。

(一)财务审计

财务审计是指单位审计部门依法对本单位所属财务收支及其有关的经济活动的真实性、合法性和效益性进行的审计。

财务审计的内容主要包括会计基础工作审计,内部控制审计,资产、负债、所有者权益、损益审计。财务审计的目的是促进企业加强管理,严格遵守国家的财经法纪,保护企业的合法权益,加强廉政建设,提高经济效益。

财务审计是传统的审计业务类别,目前在我国的内部审计业务中仍然占有相当大的比重。

(二)经营审计

经营审计是指对企业内部被审计单位资源利用的经济性、效率性和效果性进行评价,对企业供、产、销等业务经营活动进行审核检查,鉴别内部管理程序是否有利于促进企业提高经济性、效率性和效果性,指出制约经济效益提高的因素,并提出具体的建议和措施。

经济性是指以最低的费用取得一定质量的资源,审查和评价投入的各种资源(人力、物力、财力)是否得到经济合理的利用;效率性是指以一定的投入取得最大的产出或以最小的投入取得一定的产出,审查和评价支出是否讲究效率;效果性是指企业在多大程度上达到了政策目标、经营目标和其他预期目标,其范围和技术更趋于综合性、绩效性与管理性。

经营审计具有直接性,侧重于对生产经营活动过程的控制和管理咨询,属于事前审计、事中审计的范畴。经营审计的核心目的就是要帮助企业增值。

(三)专项审计

目前,内部审计机构普遍开展的内部控制评审、合同审计、针对某项业务的专门审计,都属于专项审计的范畴。专项审计能够使企业完善管理、更好地进行风险管理,从而促进企业提高经济效益和经营效果,因此,专项审计越来越受到内部审计机构和所在单位的青睐。

(四)经济责任审计

经济责任审计是指企业审计部门依法对法定代表人任职期间承担和履行经济责任情况进行的监督、鉴证和评价活动。

经济责任审计的内容主要包括:经营目标的实现情况;年度预算执行情况;遵守国

家财经法纪及行业部门、企业规定的情况；资产、负债、损益真实性及出资者保值、增值情况；重大投资决策的科学性和有效性；财务、资产管理及内部控制状况；被审计企业经济实力变化情况；经营活动中有无失职、渎职行为，有无重大经济损失及浪费问题；等等。

五、内部审计的作用

内部审计的作用是随着内部审计的内容、范围、职能的发展而逐渐扩大的。在社会主义市场经济条件下，内部审计具有双重任务：一方面，要对部门、单位的经营活动进行监督，促使其合法、合规；另一方面，要对部门、单位的领导负责，促进经营管理状况的改善及经济效益的提高。具体地说，内部审计的作用主要包括以下几个方面。

（一）监督作用

内部审计监督各项制度、计划的贯彻情况，为本部门、本单位领导经营决策提供依据。现代内部审计已经从一般的查错防弊，发展到对内部控制和经营管理情况的审计，涉及生产、经营和管理的各个环节。内部审计不仅可以确定本部门、本单位的活动是否符合国家的经济方针、政策和有关法令，还可以确定部门、单位内部的各项制度、计划是否得到落实，是否已达到预期的目标和要求。通过内部审计搜集到的信息，如生产规模、产品品种、质量、销售市场等，或发现的某些具有倾向性、苗头性、普遍性的问题，都是领导做出经营决策的重要依据。

（二）服务促进作用

内部审计通过对经济活动全过程的审查及对有关经济指标的对比分析，揭示差异，并分析差异形成的因素，评价经营业绩，总结经济活动的规律，从中揭示未被充分利用的人、财、物的内部潜力，并提出改进措施，可以极大地促进经济效益的提高。

（三）评价鉴证作用

同外部审计一样，所有权与经营权的分离是内部审计产生的前提，确定各个受托责任者经济责任履行情况也是内部审计的主要任务。随着企业规模的扩大，管理层次增多，对各部门、各单位经营业绩的考核与评价是现代管理不可缺少的组成部分。

内部审计通过查明各责任者是否完成了应负经济责任的各项指标（如利润、产值、品种、质量等），这些指标是否真实可靠，有无不利于国家经济建设和企业发展的长远利益的短期行为等，既可以对各责任者的工作进行正确评价，也能够揭示各责任者与整个部门、单位的正当权益，有利于维护有关各方的合法经济权益。

（四）风险警示作用

内部审计的风险警示作用主要表现在两方面。

一是揭示经营管理薄弱环节，促进本部门、本单位健全自我约束机制。在社会主义市场经济条件下，各部门、各单位的活动不但要受到国家财经政策、财政制度和法令的制约，而且要遵守本部门、本单位内部控制制度的规定。内部审计机构可以相对独立地对本部门、本单位内部控制情况进行监督、检查，客观地反映实际情况，并通过这种自我约束性的检查，促进本部门、本单位建立、健全内部控制制度。

二是监控财产的安全，促进本部门、本单位财产物资的保值、增值。财产物资是各部门、各单位进行各种活动的基础。内部审计通过对财产物资的经常性监督、检查，可以有效、及时地发现问题，指出财产物资管理中的漏洞，并提出意见和建议，以促进或提醒有关部门加强财产物资管理，努力保证财产物资的安全完整并实现其保值、增值。

第五节 人力资源政策

一、人力资源政策的定义

人力资源是指能够促进整个经济与社会发展及具有劳动能力人口的总和，人力资源是脑力和体力两者的有机结合。人力资源可以说是企业组织生产经营活动而录用的各种人员，包括董事、监事、高级管理人员与全体员工，作为单位生存、发展的主要动力，是单位提升核心竞争力的重要因素。人力资源开发与管理的效率如何与人力资源政策的制定与实施有着非常密切的关系。

人力资源政策是包括人员选聘录用政策、培训与开发制度、员工激励制度、评估考核制度、奖金福利制度、劳动关系政策在内的政策和制度集群。科学的人力资源政策能够保证企业所有成员具有一定水平的胜任能力和职业道德素养，是内部控制有效的关键因素之一。

二、人力资源管理的主要风险

1. 人力资源缺乏或过剩、结构不合理、开发机制不健全，可能导致企业发展战略难以实现

这一风险侧重于企业决策层和执行层的高级管理人员。在对决策层和执行层高级管理团队的评估考核过程中，如果发现有不能胜任岗位工作的人员，应当通过有效方式及早加以解决，避免企业面临崩溃或走向消亡。

当然，评估考核也不完全限于高级管理人员，其他人员缺乏和过剩、结构不合理等，也可能影响企业实现发展战略。

2. 人力资源激励约束制度不合理、关键岗位人员管理不完善，可能导致人才流失、经营效率低下，或关键技术、商业秘密和国家机密泄露

这一风险侧重于企业的专业技术人员，特别是掌握企业发展命脉或核心技术的专业人员。掌握企业核心技术或商业秘密，甚至国家秘密的专业人员，是企业在激烈竞争中立于不败之地的关键"资本"。就实现发展战略而言，核心专业技术人员的流失，无疑会给企业的正常运行和长远发展带来巨大隐患，同时也会对人力资源造成巨大损失。

3. 人力资源退出机制不健全，可能导致法律诉讼或企业声誉受损

这一风险的产生原因主要是在员工辞退与员工劳动合同解除中引起的各种纠纷。企业在和员工签订劳动合同时，应该注意相应的解除合同条款，避免在裁员时出现违法行为。在解除劳动合同时要按照相关法律法规和企业规定给予员工相应的经济补偿，避免引发争端。

三、人力资源政策制定模型

具有内在统一性和匹配性的人力资源管理体系中各模块的政策制定具有复杂性和多变性，但我们可以从多年的人力资源管理实践中，发现其是有规律可以遵循的，这就是人力资源政策制定的五维模型：从分层、分类、分等、分阶段和人性化五个维度考虑制定人力资源政策。

分层是指在制定政策过程中要考虑到不同层级的人员差别，如高层、中层和基层人员的政策制定是不同的；分类是指在制定政策过程中要考虑到不同类别的人员差别，如技术、市场、生产等类别人员的政策制定是不同的；分等是指在制定政策过程中要考虑到既要鼓励员工从低向高发展，也要鼓励大多数员工在本岗位深化，政策中要能体现鼓励脚踏实地、岗位内深化的含义，同时使得企业的管理更加精细化；分阶段是指不同时期的人力资源管理重点是不同的，人力资源政策要能够因时而变、因势而变、与时俱进，建立与不同时期的不同战略相匹配的人力资源政策；人性化是指在制定政策过程中要能体现出人性化，因为人力资源最能和其他资源相区别的就是人性化，但需注意，可以在政策中体现人性化，但不能用人情解释政策。例如，任职资格政策的制定就需针对不同层级、不同类别的人员分别建立任职资格标准，并在标准中分等以鼓励员工在岗位内深化，任职资格标准的修订在不同时期需要体现企业不同的战略重点和要求，同时辅以培训和培养等人性化手段，以帮助员工发展。

人力资源政策制定的五维模型对应自然界的四维空间（X 轴、Y 轴、Z 轴和时间轴），再加上体现人力资源特点的人性化维度，就构成了五维模型，充分体现了古语的"大道至简"和"道法自然"的精神，打破了以往以一种政策来适用各种情况的弊端和使用各种政策的盲目性，建立了一套新的思维模式，为企业解决错综复杂的人力资源问题提供了很好的分析工具和方法。

四、人力资源引进与开发

无论是新设立企业还是存续企业,为实现其发展目标,都会遇到人力资源引进和开发问题。人力资源作为企业总体资源的组成部分,与其他资源有机结合在一起,共同促进企业健康发展。从量上看,人力资源的引进要依据年度人力资源需求计划;从质上看,人力资源引进要符合相关能力框架、知识结构和综合素质;从层次上看,人力资源的引进要注意区分高级管理人员、专业技术人员和一般员工。同时,人力资源的开发也应依据相应的管理要求。

(一)高级管理人员的引进与开发

高级管理人员对实现企业发展战略十分重要,其引进与开发应当处于首要位置。企业应当制订高级管理人员引进计划,在提交董事会审议通过后实施。董事会在审议高级管理人员引进计划时,应当关注高级管理人员的引进是否符合企业发展战略,是否符合企业当前和长远发展需要,是否有明确的岗位设定和能力要求,是否设定了公平、公正、公开的引进方式。

通常情况下,企业引进的高级管理人员必须对企业所处行业及其在行业的发展定位、优势等有足够的认知,对企业的文化和价值观有充分的认同;必须具有全局性的思维,有对全局性、决定全局的重大事项进行谋划的能力;必须具有解决复杂问题的能力;必须具有综合分析能力和敏锐的洞察力,有广阔的思路和前瞻性、宽广的胸怀等;必须精明强干并具备奉献精神。在引进高级管理人员过程中,还要坚持重真才实学,不唯学历。在高级管理人员开发过程中,要注重激励和约束相结合,创造良好的干事业的环境,让他们的聪明才智充分显现,使其真正成为企业的核心领导者。

(二)专业技术人员的引进与开发

专业技术人员特别是核心专业技术人员是企业发展的动力。企业的发展离不开专业技术人员的创新和研发。在后金融危机时期,企业普遍开展自主创新,推进企业技术升级,走低碳、可持续发展道路。在企业现有专业技术人员不能满足发展战略的情况下,企业要注重通过各种方式大胆引进专业技术人员。

专业技术人员的引进,既要满足企业当前实际生产经营需要,又要有一定的前瞻性,适量储备人才,以备急需;既要注重专业人才的专业素质、科研能力,也应注意其道德素质、协作精神及对企业价值观和文化的认同感;要关注专业技术人员的事业心、责任感和使命感。

专业技术人员的开发,要注重知识持续更新,紧密结合企业技术攻关及新技术、新工艺和新产品开发来开展各种专题培训等继续教育,帮助专业技术人员不断补充、拓宽、深化和更新知识。同时,要建立良好的专业人才激励约束机制,努力做到以事业、待遇、情感留人。

（三）一般员工的引进与开发

一般员工占据企业人力资源的大部分，主要工作在企业生产经营的一线。一般员工通常具有流动性强的特点，为确保企业生产经营正常运转，企业应当根据年度人力资源计划和生产经营的实际需要，通过公开招聘方式引进一般员工。在此过程中，企业应当严格遵循国家有关法律法规的要求，注意招收具有一定技能、能够独立承担工作任务的员工，以确保产品和服务质量。

在经济发展迅速、环境变化较快的今天，企业要根据组织生产经营需要，不断拓展一般员工的知识，加强岗位培训，不断提升一般员工的技能和水平。同时，要善待一般员工，在最低工资标准、保险保障标准等方面严格按照国家或地区要求办理，努力营造宽松的工作环境。

五、人力资源的使用与退出

人力资源的使用与退出是人力资源管理的重要组成部分。良好的人力资源使用机制，可以促进企业员工队伍充满活力，保证员工连续的职业生涯，并有利于企业人力资源符合企业发展目标，实现企业和员工的双赢。同时，为了确保人力资源的有效利用，使员工队伍持续保持优化状态，企业应当建立和完善人力资源激励约束机制，从战略层面、管理层面，理性对待人力资源退出，致力于促进企业人力资源系统的良性循环。

（一）人力资源的使用

（1）企业应当建立和完善人力资源的激励约束机制，设置科学的业绩考核指标体系，对各级管理人员和全体员工进行严格考核与评价。企业在业绩考核项目设置上，做到注重基础工作，突出个体差异；在考核指标设定上，注重上下沟通，突出主观努力；在考核分值权重设定上，注重工作实绩，突出定性评价。同时，企业要按照分级分类的原则，充分考虑不同类别、不同层次、不同岗位、不同地区、不同基础情况下管理人员和员工的差异，分门别类地设置考核内容和标准。

（2）企业应当制定与业绩考核挂钩的薪酬制度，切实做到薪酬安排与员工贡献相协调，体现效率优先，兼顾公平。如果不建立科学有效的绩效考核体系，岗位测评和以岗定薪就成了无本之木、空中楼阁。进行岗位测评和以岗定薪的根本目的就是要通过发挥薪酬机制的激励和约束作用来最大限度地调动员工的主动性、积极性和创造性，要实现这一目的，就应该把薪酬与考核挂钩，与贡献挂钩，与员工能力挂钩。这就要求建立科学可行的绩效考核体系，对部门、员工的绩效进行定期考核，全面了解部门、员工的工作完成情况，发现不足和存在的问题，并提出改进措施。

通过对员工的绩效考核，使绩效优良者优先被评为先进，得到晋升，增加工资；使绩效劣差者受到降级，降低工资。对员工的绩效考核成为竞争上岗、人员调整的主要依据。

（3）企业应当制定各级管理人员和关键岗位员工定期轮岗制度，明确轮岗范围、轮岗周期、轮岗方式等，形成相关岗位员工的有序、持续流动。在企业内推行管理层和关键岗位的员工轮岗，一方面，有利于集团培养、考察和选拔高级管理人员，也有利于集团内部增进理解、促进协作，发现弊端、防止腐败；另一方面，可以为员工个人成长创造更多的锻炼机会，丰富管理经验，开发多种能力，且有助于避免僵化、促进创新，消除官僚主义、活跃思想。

（二）人力资源的退出

（1）企业应当按照有关法律法规规定，结合企业实际，建立、健全员工退出（辞职、解除劳动合同、退休等）机制，明确退出的条件和程序，确保员工退出机制得到有效实施。员工退出流程，规定了员工退出过程的操作环节、环节间的衔接过渡及各环节的具体工作内容。

由于员工退出的原因、退出的方式和主要责任人的不同，其流程也存在某种程度的差异。例如，劳动合同到期导致的员工退出程序相对简单，即核对劳动合同内容、确定符合条件人员、报主管审批、通知退出员工、组织离职面谈、办理退出手续、欢送退出员工；如果是战略调整导致的员工退出，还要增加宣传解释企业战略与政策、了解员工动态、为员工提供帮助等环节。员工退出流程要体现程序上的公平、公开、透明，并应接受监督。

（2）企业应当与退出员工依法约定保守关键技术、商业秘密、国家机密和竞业限制的期限。关键岗位人员离职前，应当根据有关规定进行工作交接或离任审计。对掌握重要商业秘密的高级管理人员、高级技术人员和其他负有保守商业秘密的人员，要求其在本单位任职期间不得在与本单位有竞争关系的企业兼职或任职，在离职后的特定时间和特定地点内掌握企业秘密的员工不得从事与原从事业务相同或相近的业务。企业既要按《中华人民共和国劳动合同法》对其进行补偿，也要对其行为进行监督。

关键岗位员工离职审计作为重要的管理手段，符合现代企业制度规范管理、提升内部管理水平的基本要求。通过审计，企业可以发现员工在任职期间实施经营行为、履行管理职责及廉洁从业等方面存在的问题，防微杜渐、堵塞漏洞，最大限度地消除可能引发风险的不利因素。通过审计，企业可以发现在经营管理方面存在的问题，为企业完善内部控制制度、提升内部管理水平提出切实可行的审计建议。

（3）企业应当定期对年度人力资源计划执行情况进行评估，总结经验，分析存在的主要缺陷和不足。通过审核与评估，企业可以听取管理人员和员工对人力资源管理工作的意见，动员广大管理人员和员工参与人力资源管理，以利于调整人力资源计划和改进人力资源管理工作。

评估主要包括以下几点：实际招聘人数与预测的人员需求量的比较；劳动生产率的实际水平与预测水平的比较；实际的与预测的人员流动率的比较；行动方案的收益与成本的比较；等等。

第六节 企业文化

一、企业文化的定义

"企业文化"一词来源于"corporate culture","corporate"有"团体的""法人的""共同的"等含义,因此,企业文化又称公司文化、组织文化和管理文化。20 世纪 80 年代,"corporate culture"在西方管理学界被广泛使用。企业文化实际上是整体文化系统下面的一种分支文化,是用文化学的理论和方法,研究经济与文化融合的现象时产生的一种亚文化。

学者关于企业文化的定义众说纷纭,各持己见。各路学者在不同的时期从不同的角度对企业文化进行了研究。我国学术界普遍认同的定义如下:企业文化是一种在从事经济活动的组织之中形成的组织文化,是指企业在生产经营实践中逐步形成的,为整体团队所认同并遵守的价值观、经营理念和企业精神,以及在此基础上形成的行为规范的总称。一般情况下,学者普遍认为企业文化由物质文化、制度文化、精神文化三个层次构成。

二、企业文化的内容

(一)思想内涵

企业文化的思想内涵包括企业哲学、经营理念与企业精神。

企业哲学是企业的理论化、系统化的世界观和方法论,是企业的全体成员共同对事物的一般看法,用于指导企业的生产、经营、管理等活动。

经营理念是企业经营的指导思想,其来自管理者和企业成员对于企业存在的意义、使命、发展方向和目标的认同,直接决定了企业的经营行为。

企业精神是企业在生产经营实践活动中形成的,促进企业发展并能激发员工干劲的一种无形的力量,包括创新精神、团队精神、顽强拼搏的精神、务实的精神、竞争精神和服务精神等。

(二)企业价值观

从哲学上说,价值观是关于对象对主体有用性的一种观念。企业价值观是指企业评判事物和指导行为的基本信念、总体观点和选择方针,是一种以组织为主体的价值取向,是企业成员共同的价值标准。

企业价值观是企业文化的核心,决定和影响着企业存在的意义和目的,是企业各项规章制度的价值和作用的评判标准,为企业的生存和发展提供基本的方向和行动指南,决定着企业全体员工的行为取向。

(三)行为规范

企业文化的行为规范包括企业正式制定的规章制度和非正式制度引导的行为规范。规章制度对企业成员的行为具有一定的强制性,并能保证成员一定的权利。非正式制度引导的行为规范,也就是企业的潜规则,对企业成员的规范作用也很大,有时甚至超过正式的规章制度所起的作用。非正式制度形成的行为规范可能建立在正式制度基础之上,并且形成对正式制度的一种反映和强化;也可能不是建立在正式规章制度之上,而是由有一定权力与威望的人引导的、企业真正实施的行为规范。

(四)企业形象

企业形象是企业文化的外在表现,企业形象包括外部形象和内部形象。外部形象主要是指企业的名称标志、建筑装饰、标语口号、文化仪式、知名度、美誉度等。内部形象主要是指企业风尚、工作氛围、设施摆放组合、装束等。

三、企业文化的功能

(一)导向功能

企业文化的导向功能体现在对企业整体和企业成员的价值取向及行为取向所起的引导作用,使之符合企业确定的目标。

企业文化的导向功能具体表现在两方面:一是对企业成员个体的思想行为起导向作用;二是对企业整体的价值取向和行为起导向作用。在现实工作中,企业和企业成员在自身目标和追求上存在着差异性,企业文化建立起的自身系统的价值和规范标准引导员工的行为心理,使员工在潜移默化中接受共同的价值观念,使个人的价值取向与目标能够符合企业的目标。

(二)协调功能

企业文化的协调功能是指企业文化可以强化成员之间的合作、信任和团结,培养亲近感、信任感和归属感,从而促进企业内部各个部门之间、个体与个体之间、个体与群体之间、群体与企业之间、员工与企业之间的有机配合。在企业的运作过程中,成员之间需要加强联系和沟通。为了实现资源利用率的最大化,企业信息、设备甚至人员的共享都是普遍存在的。企业文化在这其中就起到解决矛盾、减少摩擦、增进沟通的作用。在企业文化的协调作用下,成员之间能够形成互相信赖、密切合作、团结和谐的工作氛围。

(三)凝聚功能

企业文化的凝聚功能在于其可增强企业的凝聚力,能够让成员众多的企业成为一个统一的整体,发挥出超越个体力量总和的整体力量。当一种价值观被企业成员共同认可后，企业文化就成为一种"黏合剂"，把个人的行为、情感、思想、习惯等各个方面与整个企业有机地结合在一起，从而产生巨大的向心力和凝聚力，产生深刻的认同感，使企业成员积极主动地参与企业的事务，发挥各自的潜能，为企业目标做出贡献。

（四）激励功能

激励功能是指企业文化让成员在精神层次上感到自我价值的实现及满足的一种激励。企业文化能让成员在企业的运作过程中找到一种心理认同感，从而最大限度地激发企业成员的积极性和首创精神。不同于物质激励，企业文化的激励作用以人为核心，通过对企业文化的构建，形成个体甘愿为企业工作的一种更高层次的激励。企业文化通过激励能直接作用于企业绩效，大大提高企业的运作效率。

（五）约束功能

企业文化的约束功能是指企业文化对企业内部成员的思想、心理和行为具有约束和规范的作用。一方面，通过物质层和制度层的各种物质形式和规章制度来约束企业成员的行为；另一方面，通过企业文化，对企业成员的行为形成一种无形的群体压力。例如，组织文化氛围、团队意识、社会舆论、共同的习俗和企业风尚等内容，会造成强大的使个体行为从众化的团队心理压力和动力，使企业成员产生共鸣，从而产生自我控制。

四、积极建设优秀的企业文化

企业文化的构建是一项复杂而系统的工程。优秀的企业文化要在借鉴一些优秀企业文化的基础上，根据企业的实际情况进行建设。

（一）注重塑造企业核心理念

企业文化内容丰富，企业精神、企业制度、企业形象、企业行为等都属于企业文化范畴，每一个方面在建设优秀企业文化的实践中都很重要。建设优秀企业文化，首先要在众多企业文化要素中突出重点。企业文化的核心是企业价值观，而企业核心理念又是企业价值观的集中表现，核心理念无疑是企业文化最深奥、最具魅力的内容，是企业的精神支柱和精神动力，是企业之"魂"。因此，建设优秀的企业文化应该抓住核心理念，紧紧围绕核心理念构建企业文化。

塑造企业核心理念要求企业在经营管理实践中培育能表现企业精神风貌、激励员工奋发向上的群体意识，并以此引导员工树立正确的价值观念，强化职业道德。

（二）企业文化要突出企业个性

企业文化具有实践性，是在组织长期实践的基础上，通过有目的的实践活动有意识地培养起来的。因此，企业应综合考虑自身发展阶段、发展目标、经营策略、内外环境等多种因素，从而确定独特的文化模式。每一个企业的发展历程不同，企业的类型不同，面对的竞争对手也不同，其对环境做出反应的策略和处理内部冲突的方式也会有自己独特的方式。

建设优秀的企业文化尤其要把共性和个性、一般和个别很好地结合起来，在企业文化理论的指导下，应从企业的实际出发，建设富有特色、个性鲜明、能促进企业发展进步的优秀的企业文化。

同样属于日本文化，索尼公司的企业文化强调开拓创新，尼桑公司的企业文化则强调顾客至上；同样属于美国文化，惠普公司的企业文化强调对市场环境的适应性，而IBM公司的企业文化则强调尊重人、信任人。

（三）强化领导责任，倡导全员参与

建设优秀的企业文化是一个由企业的核心层精心设计、管理层积极推进、企业内部全体员工在管理实践中视其为准则并共同遵守、贯彻执行的过程，是一个循序渐进养成和实践的过程，最终体现在员工的自觉行为上。

在推进文化建设的整个过程中，企业领导者起着主要作用，是企业文化建设的决策者和倡导者。领导者应着眼于企业长远发展进行战略思考，出思路、出理念，形成科学的经营哲学、价值观念和行为规范，并以身作则，身体力行，进行相应的体制创新、制度创新和管理创新。

员工是企业文化建设的主体，是企业文化建设的重要参与者、实践者和建设者。企业要积极挖掘全体员工的聪明才智，在企业精神、企业愿景和管理理念体系的构建上，要充分听取员工的意见和建议，充分发挥全体员工的积极性和创造力，使企业的目标、信念等深深扎根于员工的心中，形成共识。

（四）健全制度保障

优秀的企业文化建设需要有良好的企业制度作为支撑。企业文化完全靠心理契约的约束发挥作用，在很大程度上依赖于企业环境、领导者素质、员工素质等因素。但是，在一个企业之内，仅依靠自觉性往往会使得企业文化成为"空中楼阁"，这就需要另外一种手段，即通过刚性的制度贯彻文化理念，从而确保企业文化落到实处。

IBM公司为了贯彻充分信任和依赖员工的理念，制定了一系列的制度，如实验室备品库中的电器和机械零件允许工程师随意使用等，让员工真正感觉到被尊重与被信任，从而与公司同呼吸、共命运，形成了极具凝聚力的文化。

▶复习思考题

一、单项选择题

1. （　　）年，我国正式出台了《企业内部控制基本规范》。
   A. 2000　　　　B. 2002　　　　C. 2004　　　　D. 2008
2. 企业的内部控制五要素中属于内部控制基础的是（　　）。
   A. 控制活动　　B. 内部环境　　C. 风险评估　　D. 信息与沟通
3. 主要是为了防止代理人的偷懒行为和道德风险问题，同时对代理人的渎职行为进

行惩罚和制裁，以保证代理人为实现委托人的利益目标而努力工作，这体现了治理结构的（   ）。

　　A. 权力配置功能　　　　　　B. 权力制衡功能
　　C. 约束功能　　　　　　　　D. 协调功能

4.（   ）的最大特点是股东会下只设董事会，不设监事会，董事会既是业务执行机构，又是监督机构。董事会聘任经理，由经理负责公司经营业务的执行，经理对董事会负责并接受董事会的监督。

　　A. 美国公司治理结构　　　　B. 德国公司治理结构
　　C. 日本公司治理结构　　　　D. 家族治理结构

5. 分别设置不同层次的管理人员及由各专业人员组成的管理团队针对各项业务功能行使决策、计划、执行、监督、评价的权利并承担相应的义务，是保证业务顺利开展的支撑平台，这是指企业的（   ）。

　　A. 内部机构　　B. 治理机构　　C. 管理机构　　D. 董事会

6. 内部审计开展的审计类别中，一般不包括（   ）。

　　A. 经营审计　　B. 财务审计　　C. 财务报表审计　　D. 专项审计

7. 董事会与经理的关系是（   ）。

　　A. 信任委托关系　　B. 委托代理关系　　C. 多重制衡关系　　D. 没有关系

8. 企业为了组织生产经营活动而录用的各种人员，包括董事、监事、高级管理人员和一般员工，其本质是企业组织中各种人员所具有的脑力和体力的总和，这是指（   ）。

　　A. 人力资源　　B. 企业劳动力　　C. 企业员工　　D. 人脉资源

9. 以下（   ）不是人力资源管理中的主要风险。

　　A. 人力资源缺乏或过剩、结构不合理、开发机制不健全，可能导致企业发展战略难以实现。
　　B. 人力资源使用不恰当导致物不能尽其用，人不能尽其责。
　　C. 人力资源退出机制不健全，可能导致法律诉讼或企业声誉受损。
　　D. 人力资源激励约束制度不合理、关键岗位人员管理不完善，可能导致人才流失、经营效率低下或关键技术、商业秘密和国家机密泄露。

10. 企业文化的核心是（   ）。

　　A. 思想内涵　　B. 企业价值观　　C. 行为规范　　D. 企业形象

二、多项选择题

1. 内部环境是企业实施内部控制的基础，具体包括（   ）。

　　A. 企业文化　　B. 内部审计　　C. 人力资源政策　　D. 公司治理结构
　　E. 机构设置及权责分配

2. 治理结构可以分为（   ）。

　　A. 决策机构　　B. 执行机构　　C. 管理机构　　D. 监督机构
　　E. 生产机构

3.（   ）是由股东会选举产生，直接对股东会负责，是股东会的执行者。

　　A. 董事会　　B. 监事会　　C. 股东会　　D. 工会

4. 上市公司通常在董事会下面成立的委员会具体为（　　）。
   A. 战略决策委员会　　　　　　B. 提名委员会
   C. 审计委员会　　　　　　　　D. 薪酬委员会
5. 股东的权利包括（　　）。
   A. 资产受益的权利　　　　　　B. 红利分配请求权
   C. 剩余财产分配请求权　　　　D. 转让出资股份的权利
   E. 优先认购股份的权利
6. 内部机构设置的原则包括（　　）。
   A. 执行机构与监督机构分开原则　　B. 服务目标原则
   C. 统一领导与层次管理原则　　　　D. 精简效能的原则
7. 内部审计的特点包括（　　）。
   A. 服务的内向性　　　　　　　B. 审查范围的广泛性
   C. 工作独立性　　　　　　　　D. 审计实施的及时性
8. 企业人力资源的组成部分包括（　　）。
   A. 股东　　B. 高级管理人员　　C. 专业技术人员　　D. 一般人员
   E. 负责公司年审的外部会计师事务所人员
9. 构建优秀的企业文化的有效措施是（　　）。
   A. 注重塑造企业核心理念　　　B. 企业文化要突出个性
   C. 强化领导责任　　　　　　　D. 倡导全员意识
   E. 提供制度保障

三、判断题

1. 公司治理结构是构成内部环境的因素之一，包括股东会、董事会、监事会、经理层、审计委员会、内部机构及权责划分，发挥了基础性作用。（　　）
2. 完善内部环境是企业内部控制有效性的保障，有效的内部控制又将推进内部环境的不断完善。（　　）
3. 一个企业的组织架构存在缺失或缺陷，其他一切生产、经营、管理活动都会受到影响。（　　）
4. 人力资源管理主要包括引进、开发、使用和退出四个方面。（　　）
5. 企业文化是指企业在生产经营实践中逐步形成的价值观、经营理念和企业精神，以及在此基础上形成的行为规范的总称。（　　）

四、简答题

1. 简述内部环境的主要内容。
2. 简述治理结构的含义及原则。
3. 简述内部审计的作用。
4. 简述人力资源管理的主要风险。
5. 简述如何建设优秀的企业文化。

第四章

资金活动内部控制

【学习目标】
1. 掌握资金活动的主要风险点及其内部控制。
2. 掌握存货、固定资产和无形资产的主要风险点及其内部控制。
3. 掌握合同管理的主要风险点及其内部控制。

【导入案例】

某书店业务外包的内部控制不力

某书店与某建筑公司签订了工程承包合同。2019年初,该书店计划修建一座规模较大的图书城,工程总造价400万元,其中装饰工程80万元。2019年6月,该书店与某建筑公司签订了关于修建图书城的基建工程合同,合同及其附件写明只将土建部分分包给该建筑公司,将装饰工程剥离出来另行发包。在例行的审计中,审计人员发现该合同中工程造价未将工程部分的80万元剥离出来,仍然按400万元的总额包给该建筑公司,这样工程总造价就高达480万元。这就意味着该建筑公司未做装饰工程的工作却可以取得装饰工程80万元的造价款,该书店白白支付了该建筑公司80万元。

这是一宗标底不清、价款与工程款严重不符的工程承包合同,属于典型的内部控制不力的案例,试分析内部控制不力的原因。

第一节 筹资活动内部控制

资金是企业财产物资的货币表现,是企业生存和发展的重要基础。资金是企业生产经营的根本保障，决定着企业的竞争能力和可持续发展能力。

资金活动是企业筹资、投资和资金营运等活动的总称。资金在企业中的作用好比血液在身体的各个器官中的循环作用，是企业生存和发展的重要基础。资金在企业中的流转存在于企业的方方面面，对企业的经营发展有着广泛而重大的影响。资金活动中的潜在风险一旦转变为现实，会对企业造成重创。因此，保证资金安全，提高资金使用效益，防范资金链断裂风险，对企业有着重要意义。

筹资活动是企业资金活动的起点，也是企业整个经营活动的基础。通过筹资活动，企业取得投资和日常生产经营活动所需的资金，从而使企业投资、生产经营活动能够顺利进行。企业应当根据经营和发展战略的资金需要，确定融资战略目标和规划，结合年度经营计划和预算安排，拟定筹资方案，明确筹资用途、规模、结构和方式等相关内容，对筹资成本和潜在风险做出充分估计。

一、筹资活动的业务流程

筹资活动是指导致企业资本及债务规模和构成发生变化的活动，包括吸收投资、发行股票、举借及偿还债务、支付利息、分配利润等。

筹资活动的业务流程主要包括提出筹资方案、筹资方案论证、筹资方案审批、筹资计划编制与执行，以及对筹资活动的监督、评价与责任追究。

（一）提出筹资方案

一般由财务部门根据经营和发展战略的资金需要，确定融资战略目标和规划，结合年度经营计划和预算安排，提出筹资方案，明确筹资用途、规模、结构和方式等相关内容；提出筹资方案的同时还应与其他生产经营相关业务部门沟通、协调，保证资金筹集和使用协调一致，避免二者发生脱节。

（二）筹资方案论证

企业应组织相关专家对筹资方案进行可行性论证，包括对筹资方案的战略性评估、经济性评估及风险性评估。论证内容包括：评估筹资方案是否符合企业整体发展战略；评估企业筹资规模是否适当；评估筹资方案是否以最低的筹资成本获得了所需的资金；评估筹资方案面临的由利率、汇率、货币政策、宏观经济走势等不确定性因素带来的风险。

筹资方案的论证可以从三方面进行。

第一，筹资方案的战略评估。主要评估筹资方案是否符合整体发展战略，以控制企业筹资规模，防止企业盲目筹资造成沉重的财务负担。企业应对筹资方案是否符合企业整体战略方向进行严格审核，只有符合企业发展需要的筹资方案才具有可行性。

第二，筹资方案的经济性评估。主要分析筹资方案是否符合经济性要求，是否以最低筹资成本获得了所需的资金，是否还有降低筹资成本的空间及更好的筹资方式，筹资期限是否经济合理，利息、股息等水平是否在企业可承受的范围内。

第三，筹资方案的风险评估。主要是对筹资方案面临的风险进行分析，特别是对于利率、汇率、货币政策、宏观经济走势等重要条件进行预测分析，对筹资方案面临的风险做出全面评估，并有效应对可能出现的风险。

（三）筹资方案审批

对于通过可行性论证的筹资方案，企业应按照分级授权审批的原则进行审批。重大筹资方案应当实行集体决策审批或者联签制度。筹资方案需经有关管理部门批准的，应当履行相应的报批程序。

（四）筹资计划编制与执行

企业应根据审批的筹资方案，编制详细的筹资计划，经过财务部门批准后，根据不同的筹资方式，严格按照相关程序筹集资金。

（五）对筹资活动的监督、评价与责任追究

企业应严格按照筹资方案确定的用途使用资金，确保款项的收支、股息和利息的支付、股票和债券的保管等符合有关规定。筹资活动完成后要按规定进行筹资后评价，对存在违规现象的，严格追究相关人员的责任。

二、筹资活动关键风险点分析

企业在相应的内部控制活动中应注意识别关键风险点，设计相关内部控制制度，有效地进行风险控制。筹资活动的主要风险包括以下几方面。

（一）缺乏完整的筹资战略规划

企业如果未能对筹资活动做出完整的战略规划，缺乏对目标资本结构的清晰认识，就容易导致盲目筹资，使得企业资本结构、资金来源结构、利率结构等处于频繁变动中，给企业的生产经营带来巨大的财务风险。

（二）缺乏对企业资金现状的全面认识

企业未能全面深入地了解资金现状，导致无法正确评估资金的实际需要及期限等，很容易造成筹资过度或者筹资不足，从而降低资金的利用效率，加大企业的财务风险。

（三）缺乏完善的授权审批制度

企业未能建立完整的授权审批流程，未能对筹资方案进行严格把关，可能导致未能发现筹资方案的潜在风险，给企业经营埋下隐患。企业如果对重大的筹资方案未能实行集体审批，就会导致决策错误或发生舞弊行为，给企业造成损失。

（四）无法保证支付筹资成本

企业未能合理安排资金，无法按期足额支付债权人利息，或给予股权投资者的报酬过低，将会导致债权人收回借款或不再续借，或股权投资者抛售股票等，给企业的经营带来不利影响。

（五）缺乏严密的跟踪管理制度

企业未能对筹资活动进行持续的监督管理，可能会使企业资金管理失控、资金被挪用导致财务损失，也可能导致利息没有及时支付而被银行罚息，这些都会使企业面临不必要的财务风险。

三、筹资活动的关键控制点、各个关键控制点的控制目标与控制措施

（一）筹资活动的关键控制点

（1）提出筹资方案。
（2）筹资方案审批。
（3）制订筹资计划。
（4）实施筹资。
（5）筹资活动评价与责任追究。

（二）筹资活动各个关键控制点的控制目标

（1）提出筹资方案的控制目标是进行筹资方案的可行性论证。
（2）筹资方案审批的控制目标是选择最优筹资方案。
（3）制订筹资计划的控制目标是制订切实可行的具体筹资计划，科学规划筹资方案，保证低成本、高效率筹资。
（4）实施筹资的控制目标是保证筹资活动正确、合法、有效地进行。
（5）筹资活动评价与责任追究的控制目标是保证筹集资金的正确有效使用，维护筹资信用。

（三）筹资活动各个关键控制点的控制措施

1. 提出筹资方案的控制措施

（1）进行筹资方案的战略性评估，如是否与企业发展战略相符合，筹资规模是否适当。
（2）进行筹资方案的经济性评估，如筹资成本是否最低，资本结构是否恰当，筹资成本与资金收益是否匹配。

（3）进行筹资方案的风险性评估，如筹资方案面临哪些风险，风险大小是否适当、可控，是否与收益匹配。

2. 筹资方案审批的控制措施

（1）根据分级授权审批制度，按照规定程序严格审批经过可行性论证的筹资方案。
（2）审批中应实行集体审议或联签制度，保证决策的科学性。

3. 制订筹资计划的控制措施

（1）根据筹资方案，结合当时的经济、金融形势，分析不同筹资方式的资金成本，正确选择筹资方式和不同方式的筹资数量，由财务部门或资金管理部门制订具体筹资计划。
（2）根据授权审批制度报有关部门批准。

4. 实施筹资的控制措施

（1）根据筹资计划进行筹资。
（2）签订筹资协议，明确权利和义务。
（3）按照岗位分离与授权审批支付，各环节和各责任人正确履行审批监督责任，实施严密的筹资程序控制和岗位分离控制。
（4）做好严密的筹资记录，发挥会计控制的作用。

5. 筹资活动评价与责任追究的控制措施

（1）督促各部门严格按照确定的用途使用资金。
（2）监督检查，督促各环节严密保管未发行的股票、债券。
（3）监督检查，督促正确计提、支付利息。
（4）加强债务偿还和股利支付环节的监督管理。
（5）评价筹资活动过程，追究违规人员责任。

第二节　投资活动内部控制

企业的投资活动是筹资活动的延续，也是筹资的重要目的之一。投资活动作为企业的一种营利活动，对于筹资成本补偿和企业利润创造具有举足轻重的意义。企业应该根据自身的发展战略和规划，结合企业资金状况及筹资可能性，拟定投资目标，制订投资计划，合理安排资金投放的数量、结构、方向与时机，慎选投资项目，突出主业，谨慎从事股票或衍生金融工具等高风险投资。

一、投资活动业务流程描述

投资活动业务流程一般包括拟定投资方案、投资方案可行性论证、投资方案决策、投资计划编制与审批、投资计划实施，以及投资项目的到期处置。

（一）拟定投资方案

企业应根据企业发展战略、宏观经济环境、市场状况等，提出企业的投资项目规划。

（二）投资方案可行性论证

投资方案可行性论证包括对投资方案资金来源可靠性、投资收益稳定性、投资风险可控性等方面的论证。重大投资项目必须委托具有相应资质的专业机构对可行性研究报告进行独立评估。

（三）投资方案决策

按照规定的权限和程序对投资项目进行分级审批，对重大投资项目应实行集体决策或联签制度。投资方案需要经过有关管理部门审批的，应当履行相应的报批程序。

（四）投资计划编制与审批

根据审批通过的投资方案，编制详细的投资计划。与被投资方签订投资合同或协议，明确出资时间、金额、方式、双方权利和义务及违约责任等内容，并按程序报经有关部门批准。

（五）投资计划实施

企业应当指定专门机构或人员对投资项目进行跟踪管理，及时收集被投资方经审计的财务报告等相关资料，定期组织投资效益分析，关注被投资方的财务状况、经营成果、现金流量及投资合同履行情况，发现异常情况应当及时报告并妥善处理。

（六）投资项目的到期处置

对已到期投资项目的处置同样要经过相关审批流程，按照规定的决策和审批程序处理投资的收回、转让、核销等，妥善处置并实现企业最大的经济收益。

二、投资活动关键风险点分析

投资活动从拟定投资方案到投资计划编制与审批、投资计划实施执行及投资项目的到期处置，涉及环节多，项目周期长，面临风险高。具体来说，投资活动的主要风险包括以下几方面。

（一）投资活动与企业战略不符

企业未能根据自身发展战略和规划正确选择投资项目、合理确定投资规模、恰当权衡收益与风险，导致盲目投资，加大企业风险、损害企业利益，从而不利于企业战略的实现。

（二）投资与筹资不匹配

企业筹资在数量、期限、成本等方面与投资活动所需资金不能匹配，导致筹资不能满足投资需求，企业可能出现财务困难，影响企业的正常经营。

（三）忽略资产结构与流动性

企业的投资活动会形成特定资产，并由此影响企业的资产结构与资产流动性。若企业忽视投资活动对资产结构与资产流动性的影响，可能会导致企业资产结构不合理，营利能力下降，给企业造成损失。

（四）缺乏严密的授权审批制度和不相容职务分离制度

企业未能建立或未执行严格的授权审批制度和不相容职务分离制度，可能导致企业投资呈现随意、无序、无效的状况，容易出现舞弊行为，导致投资失误和企业生产经营失败。

（五）缺乏严密的投资资产保管与会计记录

企业未能建立严密的资产保管制度可能导致资产损失、投资失败；未能健全账簿体系，可能导致对投资资产的管理失控、投资会计核算差错及发生舞弊行为。

三、投资活动的关键控制点、各个关键控制点的控制目标与控制措施

（一）投资活动的关键控制点

（1）提出投资方案。
（2）投资方案审批。
（3）编制投资计划。
（4）实施投资方案。
（5）投资资产处置。

（二）投资活动各个关键控制点的控制目标

（1）提出投资方案的控制目标是进行投资方案的可行性论证。
（2）投资方案审批的控制目标是选择批准最优投资方案。
（3）编制投资计划的控制目标是制订切实可行的具体投资计划，作为项目投资的控制依据。
（4）实施投资方案的控制目标是保证投资活动按计划合法、有序、有效进行。
（5）投资资产处置的控制目标是保证投资资产的处理符合企业的利益。

（三）投资活动各个关键控制点的控制措施

1. 提出投资方案的控制措施

（1）进行投资方案的战略性评估，包括评估是否与企业发展战略相符合。

（2）投资规模、方向和实际是否适当。

（3）对投资方案进行技术、市场、财务可行性研究，深入分析项目的技术可行性与先进性、市场容量与前景，以及项目预计现金流量、风险与报酬，比较或评价不同项目的可行性。

2. 投资方案审批的控制措施

（1）明确审批人对投资业务的授权批准方式、权限、程序和责任，不得越权。

（2）审批中应实行集体决策审议或联签制度。

（3）与有关被投资方签署投资协议。

3. 编制投资计划的控制措施

（1）核查企业当前资金额及正常生产经营预算对资金的需求量，积极筹措投资项目所需资金。

（2）制订详细的投资计划，并根据授权审批制度报有关部门批准。

4. 实施投资方案的控制措施

（1）根据投资计划进度，严格分期、按进度适时投放资金，严格控制资金流量和时间。

（2）以投资计划为依据，按照职务分离制度和授权审批制度，各环节和各责任人正确履行审批监督责任，对项目实施过程进行监督和控制，防止各种舞弊行为，保证项目建设的质量和进度要求。

（3）做好严密的会计记录，发挥会计控制的作用。

（4）做好跟踪分析工作，及时评价投资的进展，将分析和评价的结果反馈给决策层，以便及时调整投资策略或指定投资退出策略。

5. 投资资产处置的控制措施

（1）投资资产处置应该通过专业的中介机构，并选择相应的资产评估方法，客观评估资产价值，同时确定处置策略。

（2）投资资产的处置必须经过董事会的授权批准。

第三节　资金营运活动内部控制

企业资金营运是货币资金、采购资金、生产资金和销售资金等不同形态的资金循环周转的一个过程，也是企业在资金营运过程中保持生产经营各环节资金顺畅流转的动态平衡过程。在这个过程中，要求不同形态的资金在时间上继起，在空间上并存，保持恰当的配置比例，实现生产经营过程的顺利进行。

企业投资活动决定了企业要"做什么"，为企业生产经营决定了方向和目标；企业资金营运活动决定了在投资形成项目或资产后，企业将"怎么做"，即如何在投资形成项目或资产以后，通过合理组织和使用资金，保证投资项目或资产的正常运转，实现预期目标。因此，资金营运活动是投资目标能否实现的保证，是投资活动的自然延续。

一、资金营运活动业务流程描述

企业的资金营运活动是一种价值运动。企业的资金营运过程，从资金流入企业形成货币资金开始，到通过销售收回货币资金、成本补偿确定利润、部分资金流出企业为止，形成资金营运的一个完整循环。企业的资金营运表现为一个循环结束，下一个新的循环重新开始。企业资金的不断循环，构成企业的资金周转。

资金在营运过程中形成不同的资金形态和阶段，具体包括货币资金、储备资金、生产资金三种形态，以及货币资金、储备资金、生产资金、新的储备资金、新的货币资金五个阶段。对于制造业企业，通过筹资取得资金以后，进入企业的资金一般表现为货币资金形态；通过采购原料、辅助材料、备品备件等形成企业的储备资金；原材料等储备资金投入生产过程，形成企业的生产资金；生产阶段结束，产品完工入库，就形成以产成品存货为代表的、可供销售的新的储备资金；通过销售收回货款，重新回到货币资金形态。

二、资金营运活动关键风险点分析

资金营运是企业日常生产经营中对各类资金的组织和调度。资金营运活动中的主要风险包括以下几方面。

（一）货币资金环节的关键风险点

1. 资金持有量风险

货币资金收益性差和流动性强的特点，带来了资金管理过程中的矛盾：如果现金持有量过多，将导致资金冗余、营利能力降低；如果资金持有量不足，又会出现支付困难。储备资金同样具有持有量风险，储备资金过多，将导致资金积压，增加资金成本，影响盈利水平；储备资金不足，将导致生产经营所需存货无法及时补充，致使企业生产经营中断，造成经营损失。

2. 资金管理控制不严风险

货币资金是最容易出现贪污、舞弊等行为的资产，缺乏严格的管理控制措施可能会导致资金被挪用、侵占、抽逃或遭受欺诈。现金收支业务中的主要风险是贪污和挪用现金，常见手法有多列或少列金额、涂改、撕毁、盗用票据或凭证、虚构业务，等等。银行存款业务中可能存在的风险，包括将公款转入自己的银行账户、通过外单位的银行账户套取现金、私自签发现金支票提取现金、存款利息不入账等。

（二）储备资金环节的关键风险点

（1）储备资金数量不合理，或者储备资金过多，资金积压浪费，影响资金使用效率，或者储备资金不足，导致生产经营难以为继，出现生产经营中断或脱节。

（2）储备资金日常收入、发出、结存管理控制不严，导致毁损、遗失、偷盗等舞弊行为发生，造成储备资金损失。

（三）生产资金环节的关键风险点

（1）没有严格的生产预算或生产计划，无序、盲目生产。

（2）材料领用、发料没有严密的制度控制，导致偷盗、毁损、浪费现象发生。

（3）未建立目标成本管理制度，未确定原料、工时、费用消耗定额，材料、人工、固定资产使用效率不高，成本控制不严密。

（4）未建立车间、班组生产台账和生产进度表，车间、产品工序之间无严格的交换手续，管理松散。

（5）未建立严格的质量检验制度，未实行生产责任制，产品质量责任不明确，生产效率低下。

（6）未建立完善的成本核算和会计账簿体系，成本核算不准，成本分析考核不及时、不准确。

三、资金营运活动的关键控制点、各个关键控制点的控制目标和控制措施

（一）资金营运活动的关键控制点

（1）货币资金环节。
（2）储备资金环节。
（3）生产资金环节。

（二）资金营运活动各个关键控制点的控制目标

1. 货币资金环节的控制目标

（1）合理确定货币资金持有量。
（2）防止舞弊行为发生，保证货币资金安全完整。

2. 储备资金环节的控制目标

（1）合理确定储备资金占用数量。
（2）保证储备资金安全完整。

3. 生产资金环节的控制目标

合理组织生产，有效控制成本。

（三）资金营运活动各个关键控制点的控制措施

1. 货币资金环节的控制措施

（1）编制现金预算，对货币资金需要量、收付时间和金额、支付标准等进行严格控制。

（2）使用最佳现金持有量模型进行最佳现金持有量决策。

（3）加强货币资金日常管理。

（4）建立货币资金收支两条线制度，集团公司还应同时建立货币资金集中管理制度，严格对货币资金的管理控制。

（5）建立严格的货币资金收支授权审批制度和职务分离制度，防止发生舞弊行为的风险。

2. 储备资金环节的控制措施

（1）编制各种储备资金预算，对储备资金占用进行严格控制。

（2）采用经济订货量模型进行储备资金采购决策。

（3）采用 ABC（activity based classification）分类法、ERP（enterprise resource planning，企业资源计划）系统、JIT（just in time，准时制）生产等进行存货控制。

（4）建立严密的存货收发保管制度，防范存货收发存储环节的差错和舞弊，保证存货安全完整。

3. 生产资金环节的控制措施

（1）编制生产预算，有计划地组织生产。

（2）按生产通知单领料，严格履行领料手续。

（3）制定产品目标成本和消耗定额，严格控制成本发生。

（4）建立生产台账，编制生产进度表，对产品生产和交接进行严格控制。

（5）建立质量检验制度和责任成本制度，开展成本差异分析，落实责任制，促进产品质量和生产效率提高。

（6）建立完善的成本核算制度和会计账簿体系，准确核实产品成本。

第四节 资产管理内部控制

资产是企业生产经营活动的物质基础，资产管理贯穿企业生产经营全过程。资产被盗或被非法占用、使用效能低下等风险都会影响企业经营效率的效果，不利于生产经营活动的平稳、有序进行。因此，建立、健全资产管理内部控制，保障企业资产安全完整，提高资产使用效率，对企业经营和战略目标的实现是有益的。企业资产管理主要是指对存货、固定资产和无形资产的管理。

一、存货的主要风险点与内部控制

（一）存货管理业务流程描述

不同类型的企业有不同的存货业务特征和管理模式。即使同一企业，不同类型存货的业务流程和管理控制方式也不尽相同。

一般生产企业的存货业务流程可分为存货取得、验收入库、仓储保管、生产加工、盘点处置等阶段，历经存货取得、验收入库、仓储保管、领用发出、原料加工、装配包装、盘点清查、销售处置等主要环节。具体到某个特定的生产企业，存货业务流程可能较为复杂，不仅涉及上述所有环节，甚至还有更多、更细的流程。

商品流通企业的批发商存货，通常经过存货取得、验收入库、仓储保管和销售发出等主要环节；零售商从生产企业或批发商（经销商）那里取得商品，经验收后入库保管，或者直接放置在经营场所对外销售。

无论生产企业还是商品流通企业，存货基本业务流程都应该包括存货取得、验收入库、仓储保管、存货领用和发出、存货盘点清查和存货处置等环节。

1. 存货取得

存货取得有外购、委托加工或自行生产等多种方式。以外购方式取得的存货，一般包括存货请购和存货采购两个步骤。

存货请购是需求部门根据生产需要提出采购申请，填写请购单，由相关部门（一般为采购部）进行汇总、审批。常备原料和物料一般由仓储保管部门提出申请，非常备原料和紧急采购则由使用部门提出申请。存货采购是采购部门依据审批过的请购单从供应市场获取产品或服务，以保证企业生产及经营活动正常开展。

2. 验收入库

存货的验收入库是指企业采购部门按照合同执行采购之后，采购部门、质量管理部门、物资使用部门对到货物资的数量、质量、技术规格等进行检查和验收，对符合要求的存货办理入库手续。对于企业自己生产的产品，也必须经过验收（质检）环节，以保证存货的数量和质量符合合同等有关规定或符合产品质量要求。

3. 仓储保管

存货的仓储保管是指企业仓储保管部门按照仓储物资要求的储存条件对存货进行的日常保管工作。仓储保管的工作内容一般包括防火、防盗、防潮、防鼠、防变质、防浪费和防流失等。

4. 存货领用和发出

存货领用是企业存货的使用部门对存货的领用，使用部门办理相应手续后可到仓库领用存货，如生产企业、生产部门领用原材料、辅料、燃料和零部件等用于生产加工。

存货发出是指仓库管理部门审核后将存货按规定发出，如仓储保管部门根据销售部门开出的发货单向经销商或用户发出产成品。

5. 存货盘点清查

存货盘点清查是企业定期或临时对库存商品的实际数量进行清查、清点，以便及时、真实地掌握存货资产的流动情况。存货盘点清查一方面要核对实物数量，看其是否与相关记录相符，是否账实相符；另一方面，也要关注实物的质量，看其是否有明显的损坏。

6. 存货处置

存货盘点清查中发现的存货盘盈、盘亏、毁损、闲置及需要报废的存货，需要查明原因，落实并追究相关人员的责任，并按照规定权限经批准后处置。

（二）存货管理关键风险点分析

1. 存货取得环节

该环节的主要风险：存货预算编制不科学、采购计划不合理，可能导致存货积压或短缺；采购过程中价格过高导致成本上升；采购合同条款不清晰、不符合企业采购目标等。

2. 验收入库环节

该环节的主要风险：验收程序不规范、标准不明确、验收手段落后，可能导致数量克扣、以次充好、账实不符等问题；运输过程中存在非定额内损耗。

3. 仓储保管环节

该环节的主要风险：存货仓储保管防范不适当、监管不严密，可能导致损坏变质、价值贬损、资源浪费。

4. 存货领用和发出环节

该环节的主要风险：存货领用和发出审核不严格、手续不完备，可能导致货物流失。

5. 存货盘点清查环节

该环节的主要风险：存货盘点清查制度不完善、计划不可行，可能导致工作流于形式、无法查清存货真实状况。

6. 存货处置环节

该环节的主要风险：存货报废处置责任不明确、审批不到位，可能导致企业利益受损。

（三）存货管理基本控制措施设计

1. 存货取得环节

该环节的基本控制措施包括两方面。

（1）存货的预算编制控制。存货预算是企业全面预算的一部分，与其他业务的预算密切相关，编制存货预算要从企业实际生产状况出发，确定合理的存货需求量，避免存货积压或短缺。

（2）存货的采购控制。一是存货的采购必须能按程序提出申请，由采购部门根据企业的生产经营计划和请购单编制采购计划，提出具体的采购目录，经审核后报主管领导审批方可实施；二是存货采购合同的订立必须取得授权，采购人员无权在授权之外签订合同和变更合同内容；三是存货采购资金的支付制度应严格制定并遵循付款、审核的手续和要求，保证货款支付正确、合法、及时。

2. 验收入库环节

该环节的基本控制措施包括两方面。

（1）检查验收控制。所购存货运达后，要由材料供应部门、有关业务部门和质监部门根据运单、发票、合同及产品说明书与采购、运输、验收部门进行数量和质量查验，符合要求的，出具检验报告或填制验收合格单，经过相关授权部门审核无误后予以入库；不符合要求的，应当及时办理退换货等相关事宜。

（2）入库验收控制。经验收合格的存货进入入库或销售环节。仓储保管部门编制入库单，登记存货台账，将发票、运单连同收料单送财务部门付款记账。入库记录要真实、完整，定期与财务等相关部门核对，不得擅自修改。

其中，外购存货的验收应当重点关注合同、发票等原始单据与存货的数量、质量、规格等核对一致；涉及技术含量高的货物，必要时可委托具有检验资质的机构或聘请外部专家协助验收；自制存货的验收应当重点关注产品质量，只有检验合格的半成品、产成品才能办理入库手续，不合格品应及时查明原因、落实责任、报告处理；其他方式取得的存货的验收应当重点关注存货来源、质量状况、实际价值是否符合有关合同或协议的约定。

3. 仓储保管环节

该环节的基本控制措施包括四方面。

（1）存货的限制接近。企业内部除存货管理部门及仓储人员外，其余部门和人员接触存货时，应由相关部门特别授权，进入仓库的人员应办理进出登记手续，未经授权人员不得接触存货。对于属于贵重物品、危险品或需保密物品的存货，应当规定更严格的接触限制条件，必要时，存货管理部门内部也应当执行授权接触。

（2）存货的流转控制。存货在不同仓库之间流动时，应当办理出入库手续。

（3）存货的保全控制。一是存货保管人员与验收、记录、批准人员相互独立；二是存货仓储保管期间要按照仓储物资要求的储存条件妥善储存，做好防火、防洪、防盗、防潮、防病虫害、防变质等保管工作，不同批次、型号和用途的产品要分类存放；三是在生产现场加工原料、周转材料、半成品时要按照有助于提高生产效率的方式摆放，同时要防止浪费、被盗和流失；四是代管、代销、暂存、受托加工的存货应单独存放和记录，避免与本企业存货混淆；五是企业可以结合实际情况，对存货加强保险投保，保证存货安全，合理降低存货意外损失风险。

（4）存货的记录控制。仓储保管部门应对库存物料和产品进行每日巡查和定期抽检，详细记录存货的购进、发出和库存情况，及时登记材料卡片和数量金额式明细账，定期将收料单送交财务部门。仓储保管部门发现毁损、存在跌价迹象的，应及时与生产、采购、财务等相关部门沟通，财务部门在月末应与采购部门和仓储保管部门进行核对，保证采购业务的记录正确，做到账实相符。

4. 存货领用和发出环节

该环节的基本控制措施包括三方面。

（1）领用审批控制。对于一般的生产企业，由生产部门或管理部门根据核定消耗或核定费用定额填制领料单，领料单必须经部门负责人审批，仓储保管部门根据经审批的销售（出库）通知单发出货物。

（2）记录制度控制。存货出库要做到单据齐全，名称、规格、计量单位等准确，并保证其质量；符合条件存货的准予领用或发出，并与领用人当面核对、点清交付后经部门负责人批准后实施，物料出库手续必须齐全，并有相应的单据和相关的会计记录等；物料出库当面及时点清；发货通知单根据销售部门的销售情况和仓储保管部门的存货情况进行编制；发货通知单应事先连续编号；无论是何种企业，对于大量存货、贵重商品或危险品的发出，均应当实行特别授权。

（3）手续与合同控制。发出存货时应有手续齐备的提货单，领用材料时应有手续齐备的领料单。领料单应根据生产部门进行生产的情况，根据物料需求等情况编制，事先连续编号；企业销售各类商品或其他存货时，一般应与购货单位签订合同，以加强双方责任，保证按期供货，及时收回货款。

5. 存货盘点清查环节

该环节的基本控制措施包括两方面。

（1）盘点人员控制。盘点工作应由负责保管、使用、记账职能的人员和独立于该职能的其他人员共同进行。

（2）盘点程序控制。一是企业应当建立存货盘点清查工作规程，结合企业实际情况确定盘点周期、盘点流程、盘点方法等相关内容，定期盘点和不定期抽查相结合；二是企业应拟定详细的盘点计划，并由经授权的人员进行审核，合理安排相关人员，使用科学的盘点方法，以保证盘点的真实性、有效性；三是盘点人员应如实对盘点情况进行记录，对盘点清查结果要及时编制盘点表，形成书面报告，包括盘点人员、时间、地点，实际所盘点存货名称、品种、数量、存放情况，以及盘点过程中发现的账实不符情况等内容；四是对盘点清查中发现的问题应及时查明原因，落实责任，按照规定权限报经批准后处理；五是企业至少应当于每年年度终了开展全面的存货盘点清查，及时发现存货减值迹象，将盘点清查结果形成书面报告。

6. 存货处置环节

该环节的基本控制措施包括两方面。

（1）处置程序控制。企业应定期或不定期对存货进行检查，及时、充分了解存货的存储状态和毁损情况，对于存货变质、毁损、报废或流失的处理要分清责任、分析原因。

（2）处置审批控制。存货毁损丢失处置单由相应的授权人审批确认；经过确认的存货毁损丢失处置单，由相关报废审核组进行审核，其组成人员为管理部门、仓储保管部门、财务部门和有关技术人员。报废部门根据经审核的存货毁损丢失处置单实施存货报废；财务部门根据存货毁损丢失处理单进行相关的账务处理。

二、固定资产的主要风险点与内部控制

（一）固定资产管理业务流程描述

固定资产管理业务流程，通常可以分为取得、验收移交、日常维护、更新改造、报废淘汰及处置、清查盘点、抵押或质押等环节。

1. 固定资产取得

固定资产取得方式一般有外购、自行建造、非货币性资产交换换入等。

2. 固定资产验收移交

不同类型的固定资产有不同的验收程序和技术要求。通常来说，标准化程度较高的固定资产验收过程较为简约，对一些复杂的大型生产设备，则需要一套规范、严密的验收制度。

企业取得每项固定资产后均需要进行详细登记，编制固定资产目录，建立固定资产卡片，以便进行固定资产的统计、检查和后续管理。

3. 固定资产日常维护

固定资产日常维护主要是指其使用和运行维护，包括日常维修和保养。

4. 固定资产更新改造

固定资产更新改造是指以新的固定资产替换到期报废的固定资产，或以新的技术装备对原有的技术装备进行改造，一般分为部分更新与整体更新两种方式。

部分更新通常包括局部技术改造、更换高性能部件、增加新功能等方面，需权衡更新活动的成本与效益后综合决策；整体更新主要是指对陈旧设备的淘汰与全面升级，更侧重于资产技术的先进性，符合企业的整体发展战略。

5. 固定资产报废淘汰及处置

固定资产因不能继续使用或不合格而报废，包括使用期满、正常报废和使用期未满、非正常报废两种情况。

6. 固定资产清查盘点

企业应建立固定资产清查制度，至少每年进行全面清查，保证固定资产账实相符，及时掌握资产营利能力和市场价值。固定资产清查中发现的问题，应当查明原因，追究

相关人员责任，并妥善处理。

7. 固定资产抵押或质押

抵押是指债务人或者第三人不转移对财产的占有权，而将该财产抵押作为债权的担保，当债务人不履行债务时，债权人有权依法以抵押财产折价或以拍卖、变卖抵押财产的价款优先受偿。

质押也称质权，就是债务人或第三人将其动产移交债权人占有，将该动产作为债权的担保，当债务人不履行债务时，债权人有权依法将该动产卖得价款优先受偿。

（二）固定资产管理关键风险点分析

1. 固定资产取得环节

该环节的主要风险：一是固定资产预算管理风险，可行性分析不到位、预算不当造成项目搁置，无法为企业带来效益；二是外购固定资产的采购风险，授权审批制度不健全、岗位分工不合理等产生舞弊行为的风险。

2. 固定资产验收移交环节

该环节的主要风险：新增固定资产验收程序不规范，导致资产质量不符合要求，进而影响资产运行效果；固定资产登记内容不完整，导致资产流失、资产信息失真、账实不符。

3. 固定资产日常维护环节

该环节的主要风险：固定资产保管不善、操作不当引起的被盗、毁损、事故等；失修或维护过剩，造成资产使用效率低下、产品残次率高，甚至发生生产事故或资源浪费；长期闲置造成资产毁损，失去使用价值；未及时完整办理保险或投保制度不健全，导致应投保资产未投保、索赔不力，不能有效防范资产损失风险，从而带来巨大的经济损失。

4. 固定资产更新改造环节

该环节的主要风险：固定资产更新改造不够，可能造成企业产品线老化、产品缺乏市场竞争力。

5. 固定资产报废淘汰及处置环节

该环节的主要风险：固定资产报废淘汰及处置方式不合理、不规范，可能造成企业经济损失。

6. 固定资产清查盘点环节

该环节的主要风险：固定资产丢失、毁损等，造成账实不符或资产贬值严重。

7. 固定资产抵押或质押环节

该环节的主要风险：固定资产抵押或质押制度不完善，可能导致抵押或质押资产价值被低估和资产流失。

（三）固定资产管理基本控制措施设计

无论在固定资产的取得、验收移交，还是在日常维护与清查盘点等环节，应首要关注授权审批控制措施和岗位分工控制措施。

1. 固定资产取得环节

该环节的基本控制包括两方面。

（1）固定资产预算控制。一是由工程技术、计划、财务、采购、生产等部门的人员共同参加编制资产支出预算，编制时必须考虑投资预算额、投资的机会成本、资本成本、预计现金净流入等因素；二是对于投资额较大的项目，资本支出预算应有各分项投资预算额，以便日后对投资实际支出额进行控制；三是重大的固定资产投资项目应当考虑聘请独立的中介机构或专业人士进行可行性研究与评价，并进行集体决策和审批，防止出现决策失误。

（2）固定资产采购过程控制。外购固定资产应当建立请购制度，明确请购部门（或人员）和审批部门（或人员）的职责权限及相应的请购和审批程序。采购过程应当规范、透明。一般固定资产采购应由采购部门采取比质比价的办法确定供应商；重大固定资产采购应采取招标方式进行，成立专门的管理小组，成员应包括工程部、审计、投资专家及使用单位，共同参与项目论证、公开招标等环节的工作。

2. 固定资产验收移交环节

该环节的基本控制措施包括三方面。

（1）验收制度控制。企业外购固定资产应当根据合同、供应商发货单等对所购固定资产的品种、规格、数量、质量、技术要求及其他内容进行验收，出具验收单，编制验收报告；企业自行建造的固定资产，应由建造部门、固定资产管理部门、固定资产使用部门共同填制固定资产移交使用验收单，验收合格后移交使用部门投入使用，不得接收未通过验收的不合格固定资产，必须按照合同等有关规定办理退换货或其他弥补措施。对于具有权属证明的资产，取得时必须有合法的权属证书。

（2）投保控制。企业应当通盘考虑固定资产状况，根据其性质和特点确定和严格执行固定资产的投保范围和政策。投保金额与投保项目力求适当，对应投保的固定资产项目按规定程序进行审批，办理投保手续。对于重大固定资产项目的投保，应当考虑采取招标方式确定保险人。已投保的固定资产发生损失的，应及时调查原因及受损金额，并向保险人办理相关的索赔手续。

（3）建立资产登记造册制度。取得每项固定资产后必须编制固定资产目录进行详细登记，建立固定资产卡片。固定资产目录和卡片均应定期或不定期复核，保证信息的真实和完整。

3. 固定资产日常维护环节

该环节的基本控制措施包括四方面。

（1）固定资产使用部门及管理部门建立固定资产运行管理档案，并据以制订合理的日常维修和大修理计划，并经主管领导审批。

（2）企业应当对固定资产进行定期检查、维修和保养，及时消除安全隐患，降低固定资产故障率和使用风险。

（3）固定资产需要大修的，应当由财务部门、固定资产管理部门和固定资产使用部门共同组织评估，提出修理方案，经单位负责人或其授权人员批准后实施。

（4）操作人员需持证上岗，必须对资产运转进行实时监控，保证资产使用流程与既定操作流程相符，确保安全运行，提高使用效率。

4. 固定资产更新改造环节

该环节的基本控制措施包括两方面。

（1）定期进行固定资产技术先进性评估，与财务部门一起进行预算可行性分析，并且要经过管理部门的审批。

（2）管理部门需对技术改造方案实施过程进行监控、加强管理，有条件的企业建立技术改造专项资金并定期或不定期进行审计。

5. 固定资产报废淘汰及处置环节

该环节的基本控制措施包括四方面。

（1）对使用期满、正常报废的固定资产，应由固定资产使用部门或管理部门填制固定资产报废单，经企业授权部门或人员批准后对该固定资产进行报废清理。

（2）对使用期限未满、非正常报废的固定资产，应由固定资产使用部门提出报废申请，注明报废理由，估计清理费用和可回收残值、预计处置价格等。

（3）对拟出售或投资转出及非货币交换的固定资产，应由有关部门或人员提出处置申请，对固定资产价值进行评估，并出具资产评估报告。

（4）对出租的固定资产，应由相关管理部门提出出租或出借申请，写明申请的理由和原因，并由相关授权部门和人员就申请进行审核。

6. 固定资产清查盘点环节

该环节的基本控制措施包括三方面。

（1）企业应当组成固定资产清查小组对固定资产进行定期清查，明确资产权属，确保实物与卡、财务账表相符。

（2）根据盘点结果详细填写固定资产盘点报告表，并与固定资产账簿和卡片相核对。

（3）对清查过程中发现的固定资产盘盈（盘亏），应分析原因，追究相关人员的责任，并妥善处理，在报经审核通过后及时调整固定资产账面价值，确保账实相符，并上报备案。

7. 固定资产抵押或质押环节

该环节的基本控制措施包括两方面。

（1）企业应加强固定资产抵押或质押的管理，明晰固定资产抵押或质押流程，规定固定资产抵押或质押的程序和审批权限等，确保资产抵押或质押经过授权审批及适当程序。

（2）财务部门办理资产抵押时，如需要委托专业中介机构鉴定评估固定资产的实际价值，应当会同金融机构有关人员、固定资产管理部门、固定资产使用部门现场勘验抵押品，对抵押资产的价值进行评估。对于抵押资产应编制专门的抵押资产目录。

三、无形资产的主要风险点与内部控制

（一）无形资产管理业务流程描述

无形资产管理的基本流程包括取得与验收、使用与保全、技术升级与更新换代、处置与转移等环节。

1. 无形资产取得与验收

无形资产取得方式主要有外部取得和内部自创两种。通过外部取得方式获得的无形资产包括外购无形资产、通过非货币性交易换入无形资产、投资者投入无形资产、通过债务重组取得无形资产、接受捐赠取得无形资产等；内部自创的无形资产包括企业自行研发取得的无形资产。

2. 无形资产使用与保全

由企业授权的具体部门或者人员负责无形资产的日常使用和保全管理，保证无形资产的安全与完整。

3. 无形资产技术升级与更新换代

企业应在保持无形资产内在特色的前提下及时对无形资产进行技术升级与更新换代，使企业生产经营与市场和消费者的需要保持同步。

4. 无形资产处置与转移

企业拥有的无形资产，可以出售、出租或赠送他人，如果无形资产预期不能为企业带来经济利益时，应当将该无形资产的账面价值予以转销。

（二）无形资产管理关键风险点分析

从无形资产的基本业务流程来看，其各个环节的关键风险点分析如下。

1. 无形资产取得与验收环节

该环节的主要风险：缺乏先进技术自主权、无形资产权属不清、无形资产计价高估、取得的无形资产不具先进性，可能导致企业资源浪费或引发法律诉讼等。

2. 无形资产使用与保全环节

该环节的主要风险：无形资产使用效率低下，效能发挥不到位；缺乏严格的保密制度，致使体现在无形资产中的商业机密泄露；对商标等无形资产疏于管理，导致其他企

业侵权,严重损害企业利益。

3. 无形资产技术升级与更新换代环节

该环节的主要风险:无形资产内含的技术未能及时升级与更新换代,导致技术落后或存在重大技术安全隐患。

4. 无形资产处置与转移环节

该环节的主要风险:无形资产长期闲置或低效使用,逐渐失去其使用价值;无形资产处置不当,造成企业资产流失。

(三)无形资产管理基本控制措施设计

1. 无形资产取得与验收环节

该环节的基本控制措施包括四方面。

(1)预算管理控制。对项目可行性进行研究、分析,编制无形资产投资预算,并按规定程序审批。对于重大的无形资产投资项目实行集体决策和审批。

(2)授权审批控制。对于外购的无形资产应当建立请购与审批制度,明确请购部门(或人员)和审批部门(或人员)的职责权限及相应的请购与审批程序。

(3)采购过程控制。无形资产采购过程应当规范、透明。一般无形资产采购应当由采购部门充分了解和掌握产品及供应商情况,采取比质比价的办法确定供应商;重大无形资产采购应采取招标方式进行;非专有技术等具有非公开性的无形资产还应注意采购过程中的保密保全措施。

(4)验收过程控制。对企业外购的无形资产,必须仔细审核有关合同、协议等法律文件,及时取得无形资产所有权的有效证明文件,同时特别关注无形资产的技术先进性;对企业自行开发的无形资产,应由研发部门、无形资产管理部门、无形资产使用部门共同填制无形资产移交使用验收单,移交无形资产使用部门使用;对企业购入或者以支付土地出让金方式取得的土地使用权,必须取得土地使用权的有效证明文件。当无形资产权属关系发生变动时,应当按照规定及时办理权证转移手续。

2. 无形资产使用与保全环节

该环节的基本控制措施包括两方面。

(1)无形资产的使用控制。企业应当充分重视无形资产在经营管理中的关键作用和长远影响,充分发挥无形资产对提升企业产品质量和市场影响力的重要作用。

(2)无形资产的保全控制。一是建立、健全无形资产核心技术保密制度,严格限制未经授权人员直接接触技术资料,对技术资料等无形资产的保管及接触应保留记录,实行责任追究,保证无形资产的安全与完整;二是通过法律手段确立无形资产的合法地位,主动配合执法部门整顿市场秩序,依法打假治劣,及时利用媒体揭露侵权行为;对侵害企业无形资产的,要积极取证并形成书面调查记录,提出维权对策,按规定程序审核并上报;三是定期核查无形资产的价值,对预计可收回金额低于账面价值的,应当计提减值准备,并进行相应的调整;四是妥善保管无形资产的各种文件资料(尤其是资产、财务、会计等资料），避免记录受损、被盗、被毁，尤其应在计算机环境下对重要资料留有备份记录。

3. 无形资产技术升级与更新换代环节

该环节的基本控制措施包括定期对专利、专有技术等无形资产的先进性进行评估。发现某项无形资产给企业带来经济利益的能力受到重大不利影响时，应当考虑淘汰落后技术，同时加大研发投入，确保企业在市场经济竞争中始终处于优势地位。

4. 无形资产处置与转移环节

该环节的基本控制措施包括两方面。

（1）授权审批控制。应当选择合理的方式确定处置价格，并报经企业授权部门或人员审批；重大的无形资产处置，应当委托具有资质的中介机构进行资产评估，并建立集体审批记录机制。无形资产处置涉及产权变更的，应及时办理产权变更手续。

（2）处置方式控制。一是使用期满、正常报废的无形资产由无形资产使用部门或无形资产管理部门填制无形资产报废单，经企业授权部门或人员批准后进行报废清理；二是使用期限未满、非正常报废的无形资产由使用部门提出报废申请，注明报废理由、估计清理费用和可回收残值、预计出售价值等，经有关部门进行技术鉴定，按规定程序审批后进行报废清理；三是拟出售或投资转出的无形资产由有关部门或人员提出处置申请，列明该项无形资产的原价、已提折旧、预计使用年限、已使用年限、预计出售价格或转让价格等，报经企业授权部门或人员批准后予以出售或转让；四是出租、出借的无形资产，应由无形资产管理部门会同财务部门按规定报经批准后予以办理，并签订合同、协议约定出租、出借期间所发生的维护保全、税负责任、租金、归还期限等相关事项；五是无形资产内部调拨应填制无形资产内部调拨单，明确无形资产名称、编号、调拨时间等，经审批通过后办理调拨手续。

第五节　合同管理内部控制

现代企业的经济往来主要通过合同形式进行，合同管理工作是企业经营管理的重要组成部分，其内部控制的有效与否直接影响着企业的经营安全和可持续发展。完善的合同管理内部控制，有利于维护企业的合法权益，防范与控制诉讼风险，提高企业的经营管理水平。合同管理贯穿企业经济管理的各个方面，罗纳德·哈里·科斯教授认为"企业是一系列合约的结合体"，因为企业正常运转包括股东合约、银行贷款合约、员工合约、供应商合约、销售合约，所以说企业是各种合约的结合体。从这个角度讲，企业管理的本质是合同的管理。

把企业管好了，就有利于协调各方关系，就可以将合同中各种关系协调好，使合同能够正常履行，有助于促进企业可持续发展。如果企业的合同管理不善，就不利于企业的可持续发展。大体来讲，市场经济可以说是合约经济。在市场经济条件下，各方面的关系都是权利和义务达成的，通过合同的拟定，使合同明确化，就可以保护企业的权利，前提条件是合同要设定好，条款要写好，履行过程要监控好。市场经济发展到今天，在经济全球化的背景下，经济更多地体现金融全球化、货币一体化。过去多为采购合同、销售合同，现在多为金融合同，如理财合同、信托合同等。

一、合同管理概述

（一）合同管理的含义

合同是企业与自然人、法人及其他组织等平等主体之间设立、变更、终止民事权利义务关系的协议。合同可分为一般民事合同、经济合同、劳动合同和行政合同，企业订立的合同主要是指经济合同。经济合同是指平等民事主体的法人、其他经济组织、个体工商户、农村承包经营户相互之间，为实现一定的经济目的、明确相互权利义务关系而订立的合同。从范围上看，其主要包括购销合同、建设工程承包合同、加工承揽合同、货物运输合同、供用电合同、仓储保管合同、财产租赁合同、借款合同、财产保险合同及其他经济合同，一般以书面合同为主。

企业合同管理是指企业以对自身为当事人的合同依法进行订立、履行、变更、解除、转让、终止，以及审查、监督、控制等一系列行为的总称。合同订立、履行、变更、解除、转让、终止是企业合同管理的内容，合同的审查、监督、控制是企业合同管理的主要手段。

首先，企业合同管理是一项系统性的工作。合同管理贯穿企业日常经营始终，从资金管理、采购管理、销售管理、工程项目管理到加工、运输、仓储保管、保险等业务，涉及企业的各个部门，需要各部门共同参与管理。但是，合同本身的特征决定了合同管理不同于企业内部的生产、人事、财务等管理工作，其已超越了企业本身的界限，成为一种受法律规范和调整的社会关系，涉及大量的法律专业问题，应采取企业法律事务部门统一归口管理和各业务部门、各企业分口管理的模式。

其次，企业合同管理是一项全过程的工作。从合同的项目论证，对方当事人资信调查，合同谈判，文本起草、修改、签约、履行或变更解除，到纠纷处理的全过程，都应由法律事务部门参与；不仅要重视合同订立之前的工作，也要重视合同订立之后的履行和后续管理，才能有效维护企业的合法权益。

（二）合同管理的意义

首先，合同管理是企业经营管理的核心，是现代企业管理的重要内容之一，其主要目标是优化合同管理流程、降低合同管理风险、提高合同管理效率。合同一方面是企业从事经营活动、取得经济效益的纽带，另一方面也可能是产生纠纷的根源。企业经营中的风险许多是在合同的立项、订立和履行中发生的。一次重大的交易失败或者频发的交易失误必然造成企业的直接经济损失，甚至产生灾难性的后果。只有完善合同管理内部控制才能规范企业交易行为、保护企业营运安全。

其次，加强企业合同管理内部控制有助于提升企业形象。重合同、守信用一向是企业最重要的形象。现代企业的竞争，不仅仅是产品质量、产品价格竞争，更是企业信用、企业形象的竞争。规范、有效的合同管理内部控制能够体现出企业管理的水平，展示出企业管理工作的严谨与守信，从而提升企业的知名度和竞争力，使企业健康持久地发展。

总之，企业只有加强合同管理，建立、健全合同管理内部控制，才能从根本上培育企业信用、提升竞争实力、防范经营风险，有利于规范、约束市场主体交易行为，优化资源配置，维护市场秩序，促进企业长期可持续发展。

（三）合同管理的业务流程

合同管理的基本业务流程包括合同策划，合同调查，合同谈判，合同文本拟定，合同审核，合同签署，合同履行，合同补充、变更或转让，合同解除和终止，合同结算，合同纠纷处理，合同登记，合同归档保管，合同执行情况评价等环节。

这些环节从大的方面可以划分为合同订立阶段和合同履行阶段。其中，合同订立阶段包括合同策划、合同调查、合同谈判、合同文本拟定、合同审核、合同签署等环节；合同履行阶段包括合同履行，合同补充、变更或转让，合同解除和终止，合同结算，合同纠纷处理等环节。此外，还有合同履行后续阶段，包括合同登记、合同归档保管、合同执行情况评价等环节。

1. 合同订立阶段

1）合同策划

合同策划是指合同订立前思考、设计与计划编制的环节。合同策划环节主要是为了通过合同保证项目总目标的实现，必须反映项目战略和企业战略，反映企业的经营指导方针和根本利益。该阶段应当明确的主要问题有：合同的种类、形式、条件；合同的重要条款，合同的委托方式、承包方式；合同签订和实施时对重大问题的决策；各项合同的内容、组织、技术、时间上的协调。

2）合同调查

合同调查是指在与对方订立合同之前对对方进行调查的环节，充分了解对方在法律上有没有订立合同的主体资格、信用状况等有关情况，确保对方当事人具备履约能力。如果合同对方是外商，还要根据对方所属国法律或住所地法律审查其是否有订立合同的能力和履行合同的能力，如公司名称、类别、生产经营范围、法定代表人的姓名、职务和国籍、法人资格和营业执照、注册国家和注册资本、资产负债、开户银行和商业信誉及签约代表人授权书等。

3）合同谈判

合同谈判是指初步确定拟签约对象后，当事人之间就合同条款的不同意见经过反复协商、讨价还价，最终达成一致意见的洽谈协商的环节。企业内部的合同承办部门应当在授权范围内与对方进行合同谈判，按照自愿、公平原则，磋商合同内容和条款，明确双方的权利、义务和违约责任。

合同谈判环节可能涉及的主要内容包括：承包内容和范围的确认；技术要求、技术规范和技术方案；价格调整条款；合同款支付方式；工期和维修期；争端的解决；等等。

4）合同文本拟定

合同文本拟定是指企业在合同谈判后，根据协商谈判结果将双方协商一致的意见用文字表述出来的环节。这一环节是订立经济合同过程中的关键环节，企业必须予以高度重视。合同文本拟订环节涉及的主要内容包括合同文本的格式、条款内容、语言表述等。

5）合同审核

合同审核是指合同文本拟定完成后，企业对合同进行严格审查的环节。这一环节主要是审查合同主体是否合法、合同内容是否合法、合同意思表示是否真实、合同条款是否完备、合同文字是否规范、合同订立手续和形式是否完备等。

6）合同签署

合同签署是指企业经过审核同意签订合同，与对方当事人正式签署并加盖企业合同专用章、履行合同生效手续的环节。在合同文本拟定后，双方当事人已完全认可合同内容的时候，就要办理合同订立的最后一道手续，即双方当事人签字或者盖章。

这一环节由双方当事人的法定代表人或经办人在合同上签字，然后加盖企业公章或者合同专用章后，合同订立的程序才算完成。有的合同根据国家规定需经有关部门审查批准的，则必须在有关部门审批后，才能正式生效。

2. 合同履行阶段

1）合同履行

合同履行指的是企业对合同规定义务的执行环节。履行合同，就其本质而言，是指合同的全部履行。从狭义的角度讲，合同履行指的是具体合同义务的执行，广义上的合同履行还应包括合同履行后的后续管理工作。

合同履行环节涉及的主要内容包括履行主体、履行标的、履行期限、履行地点、履行方式、履行费用等。

2）合同结算

合同结算是指企业经济合同的结算环节。合同结算是合同履行的主要环节和内容，法律事务部门同财务部门密切配合，做好合同结算的工作至关重要，这既是对合同签订的审查，也是对合同履行的监督。

3）合同补充、变更或转让

合同补充是指在合同生效后，经当事各方协商，对原合同条款进行补充。

合同变更是指在合同生效后，经当事各方协商，对原合同条款进行变更。合同变更一般分为合同内容的变更和合同主体的变更。合同变更的目的是通过对原合同的修改，保障合同更好地履行和保障合同一定目的的实现。

合同转让是指合同权利、义务的转让，即当事人一方将合同的权利或义务全部或部分转让给第三人。

4）合同纠纷处理

合同纠纷是指合同的生效、解释、履行、变更、终止等行为引起的合同当事人的所有争议。合同纠纷的内容主要表现在争议主体对于导致合同法律关系产生、变更与消灭的法律事实及法律关系的内容有着不同的观点与看法。合同纠纷的范围涵盖了一项合同发生合同纠纷至合同纠纷处理的整个过程。

二、合同管理的主要风险点

（一）总体风险分析

合同管理内部控制薄弱、管理松弛会导致合同纠纷甚至发生经济犯罪案件，这些薄弱环节体现在合同管理的始终，也就是说，在合同管理的每一个流程中均可能存在风险。根据《企业内部控制应用指引第 16 号——合同管理》，企业合同管理中至少应当关注下列风险：①未订立合同、未经授权对外订立合同、合同对方主体资格未达要求、合同内容存在重大疏漏和欺诈，可能导致企业合法权益受到侵害。②合同未全面履行或者监控不当，可能导致企业诉讼失败、经济利益受损。例如，墨西哥湾原油泄漏事件，英国石油公司称购买的水泥有问题，水泥质量已经无法查证，导致其经济利益受到侵害。③合同纠纷处理不当，可能损害企业利益、信誉和形象。市场经济形势复杂化，人员关系变得复杂化，企业不可避免地产生合同纠纷，从而可能损害企业利益、信誉和形象。

（二）风险点分析

1. 合同订立阶段的风险

1）合同策划环节的主要风险点分析

合同策划环节的风险是指在合同策划环节存在的不能满足企业战略目标和业务目标的风险。这种风险主要表现在以下三方面。

（1）合同策划的目标与企业战略目标或者业务目标不一致。

（2）各项合同在内容、组织、技术、时间上没有协调好。

（3）故意规避合同管理的相关规定，如将需要招标管理或需要较高级别领导审批的重大合同拆分成标的金额较小的若干不重要的合同。

2）合同调查环节的主要风险点分析

合同调查环节的风险是指在合同调查过程中对被调查对象的主体资格、资信状况和履约能力做出不当评价的风险。这种风险主要表现在以下四方面。

（1）忽视被调查对象的主体资格审查，对方当事人不具有相应民事权利能力和民事行为能力或不具备特定资质，或与无权代理人、无处分权代理人签订合同，导致合同无效或引发潜在风险。

（2）对被调查对象的履约能力和商业信誉给予过高评价，将不具备履约能力的对象确定为准合同对象。

（3）在合同签订时正确判断了被调查对象的信用状况，但在合同履行过程中没有持续关注对方的资信变化，致使企业蒙受损失。

（4）对被调查对象的履约能力给出不当评价，将具有履约能力的对象排除在准合同对象之外。

3）合同谈判环节的主要风险点分析

合同谈判环节的风险是指在合同谈判过程中忽略了合同标的、产品和服务的数量、质量或技术标准、价款或酬金的确定方式与支付方式、履约期限和地点及方式、违约责任的主要类型及其承担方式、争议的解决方法和解决地点等重大问题，或在重大问题上做出不恰当让步的风险及企业谈判策略泄密的风险。这种风险主要表现在以下五方面。

（1）谈判经验不足导致企业利益受损。

（2）缺乏技术、法律和财务知识的支撑导致企业利益受损。

（3）对涉及合同内容和条款的核心部分乃至关键细节的忽略或不当让步导致企业利益受损。

（4）对可能存在的不符合国家产业政策和法律法规要求事项的忽略。

（5）泄露企业谈判策略，导致企业在谈判中处于不利地位。

4）合同文本拟定环节的主要风险点分析

合同文本拟定环节的风险是指合同内容和条款不当的风险。这种风险主要表现在以下七方面。

（1）合同内容和条款可能存在不合理、不严密、不完整、不明确或文字表述不严谨，可能导致重大误解。

（2）合同内容违反国家法律法规或国家行业政策等。

（3）选择了不恰当的合同形式。

（4）合同与企业总体战略目标或特定业务经营目标发生冲突。

（5）合同内容存在重大疏漏和欺诈，导致企业合法利益受损。

（6）有意拆分合同、规避合同管理规定等。

（7）对于合同文本必须报经国家有关主管部门审查或备案的，未履行相应程序。

5）合同审核环节的主要风险点分析

合同审核环节的风险是指在合同审核过程中没有发现或没有纠正合同不当内容与条款，或签订的手续和形式不完备的风险。这种风险主要表现在以下三方面。

（1）合同审核人员因专业素质或工作态度的原因未能发现合同文本中的不当内容和条款。

（2）合同审核人员虽然在审核中发现了问题，但未提出恰当的修订意见。

（3）合同起草人员没有充分考虑合同审核人员提出的改进意见或建议，导致合同中的不当内容和条款未被纠正等。

6）合同签署环节的主要风险点分析

合同签署环节的风险是指在合同正式签署过程中存在不当行为的风险。这种风险主要表现在以下八方面。

（1）合同签订人未经授权或者超越权限签订合同。

（2）合同印章管理不当，为不符合管理程序的合同加盖了合同印章。

（3）签署后的合同被篡改。

（4）手续不全（如未经批准或登记、未经公证）导致合同无效。

（5）合同签署后被送到了不相关部门。
（6）收到合同的相关部门没有采取妥善措施处理合同。
（7）保管不当导致合同泄密。
（8）合同双方当事人未全部在合同上签字或盖章等。

2. 合同履行阶段的风险

1）合同履行环节的主要风险点分析

合同履行环节的风险是指在合同履行过程中存在的违约风险。这种风险主要体现在以下两方面。

（1）没有遵守诚信原则、未严格恰当地履行合同中约定的义务。
（2）在合同履行过程中，未能及时发现已经或可能导致企业利益受损的情况，或未能采取有效措施。

2）合同补充、变更或转让环节，合同解除和终止环节的主要风险点分析

合同补充、变更或转让环节的风险是指在合同履行过程中发生合同补充、变更或转让时存在的风险。合同解除和终止环节的风险是指在办理合同终止手续过程中存在不当行为的风险。这种风险主要表现为以下五方面。

（1）合同生效后，对合同条款未明确约定的事项没有及时协议补充，导致合同无法正常履行。
（2）应当变更合同内容或条款，但未采取相应的变更行为。
（3）合同变更未经相应的管理程序，导致合同变更行为不当或无效。
（4）合同转让行为未经原合同当事人和合同受让人达成一致意见，导致合同转让行为无效。
（5）合同转让行为未经相应的管理程序，导致合同转让行为不当或无效；未达到终止条件的合同终止；合同终止未办理相关手续；等等。

3）合同纠纷处理环节的主要风险点分析

合同纠纷处理环节的风险是指在合同履行过程中发生纠纷且处理不当，导致企业遭受外部处罚、诉讼失败，损害企业利益的风险。这种风险主要表现为以下五方面。

（1）未及时向相关领导报告合同纠纷和拟采取的对策。
（2）未及时采取有效措施防止纠纷的扩大和发展。
（3）未与对方有效协商合同纠纷解决办法，或合同纠纷解决办法未得到授权批准。
（4）未收集对方违约行为的充分证据，导致企业在纠纷处置过程中处于举证不力的地位。
（5）未按照合同约定追究对方的违约责任等。

4）合同结算环节的主要风险点分析

合同结算是合同执行的重要环节，既是对合同签订的审查，也是对合同执行的监督，一般由财务部门负责办理。该环节的主要风险包括：违反合同条款，未按合同规定期限、金额或方式付款；疏于管理，未能及时催收到期合同款项；在没有合同依据的情况下盲目付款；等等。

3. 合同履行后续管理阶段的主要风险点分析

合同履行后续管理阶段主要是指合同登记和合同归档保管环节。合同登记、合同归档保管环节的风险是指在合同归档保管过程中存在的风险。这种风险主要包括：合同丢失或泄密、合同被盗用等。

三、合同管理的内部控制

（一）总体设计

合同管理的特点决定了其风险类型的多样化和复杂化。因此，分析合同管理控制措施应当从合同管理流程入手，按照合同管理基本业务流程进行风险管理控制，可将合同风险分为合同订立阶段的风险、合同履行阶段的风险和合同履行后续管理阶段的风险，结合各个阶段不同的风险，设计有针对性的控制措施。

为了防范这些风险，控制订立与履约过程中的各种风险，要求企业建立分级授权管理体制，根据企业经济业务性质、组织机构设置和管理层级安排，建立合同分级管理制度。整个授权批准要经过各级批准，可能授权的金额大小有所不同。属于上一级合同管理单位权限的合同，下一级单位未经授权不得签订。

所有合同都由经理或总经理进行批准不大可能，但是企业必须统一归口管理，归口管理部门一般是法律事务部门或专门的岗位，要独立于业务部门和财务部门。合同承办部门、财务部门等的职能分工，财务部门要积极参与，支付、收款时负责结算，对资产管理等各方面都要进行介入。

（二）具体措施

1. 合同订立阶段的关键控制措施设计

1）合同策划环节的关键控制措施设计

合同策划是合同管理的起始点。针对该环节存在的主要风险应采取如下关键控制措施：第一，审核合同策划目标是否与企业经营目标和战略规划相一致；第二，为了防止超计划投资、超成本支出，年初要制订投资计划和成本计划，半年进行一次调整，杜绝计划外支出的现象；第三，应当在合同管理制度中明确规定不得将需要招标管理的重大合同拆分为不重大合同，并建立相应的责任追究制度。

2）合同调查环节的关键控制措施设计

合同调查环节的关键控制措施主要是在签约前确认签约对方主体是否合格、是否有履约能力。这就要求业务部门要详细审查对方的资信情况。资信调查包括四方面：一是审查对方的营业执照是否有效，拟签订的合同内容是否在对方的经营范围之内，对方是否具有履约能力；二是审查对方的税务登记证，了解对方的信誉；三是审查开户许可证，了解对方的经营状况；四是审查授权委托人是否有效，防止签订无效合同。

要控制该类风险，主要是提高合同调查人员的专业素质和责任心，在充分收集相关证据的基础上做出恰当的判断，为合同对方建立商业信用档案，定期对客户进行授信评价等。具体的关键控制措施包括以下几点。

（1）审查被调查对象的身份证件、法人登记证书、资质证明、授权委托书等证明原件，必要时，可通过发证机关查询证书的真实性和合法性，在充分收集相关证据的基础上评价主体资格是否恰当。

（2）获取被调查对象经审计的财务报告、以往交易记录等财务和非财务信息，分析其营利能力、偿债能力和营运能力，评估其财务风险和信用状况，并在合同履行过程中持续关注其资信变化，建立并及时更新合同对方的商业信用档案。

（3）对被调查对象进行现场调查，实地了解和全面评估其生产能力、技术水平、产品类别和质量等生产经营情况，分析其合同履约能力。

（4）与被调查对象的主要供应商、客户、开户银行、主管税务机关和工商管理部门等沟通，了解其生产经营、商业信誉、履约能力等情况。

3）合同谈判环节的关键控制措施设计

企业应当根据市场实际情况选择适宜的洽谈方式，一般情况下合同谈判应实行集体会审制，超过一定数额的物资采购项目和投资项目要在审计监察部门的监督下，严格按照招标程序进行公开招标。为确保签订"阳光合同"，企业要充分发挥合同主管部门及质量保证体系、价格管理体系的作用，确保谈判质量，为合同的签约打下良好基础。

控制该环节风险的具体方法包括如下几点。

（1）组建素质结构合理的谈判团队，谈判团队中除了有经验丰富的业务人员外，还应当由谈判经验丰富的技术、财务、审计、法律等方面的人员参与谈判；在谈判过程中，谈判团队应及时总结谈判过程中的得失，研究确定下一步谈判的策略等，充分发挥团队的智慧。

（2）收集谈判对手资料，充分熟悉谈判对手情况，做到知彼知己；研究国家相关法律法规、行业监管、产业政策、同类产品或服务价格等与谈判内容相关的信息，正确制定谈判策略。

（3）关注合同核心内容、条款和关键细节。具体包括合同标的的数量、质量或技术标准，合同价格的确定方式与支付方式，履约期限和方式，违约责任和争议的解决方法，合同变更或解除条件，等等。

（4）影响重大、涉及较高专业技术或法律关系复杂的合同还应当聘请外部专家参与合同的相关工作，并充分了解外部专家的专业资质、胜任能力和职业道德情况。

（5）在整个谈判过程中加强保密工作，建立严格的责任追究制度。

（6）对谈判过程中的重要事项和参与谈判人员的主要意见，予以记录并妥善保存，作为避免合同舞弊的重要手段和责任追究的依据。

4）合同文本拟定环节的关键控制措施设计

合同文本应当准确表达谈判双方的真实意思，控制该类风险的主要方法是严格执行合同审核制度，具体措施包括以下几点。

（1）企业对外发生经济行为，除即时结清方式外，应当订立书面合同。企业发现违反规定以口头合同进行交易的，要及时签订书面合同；如果发生争议要及时报法律事务部门处理。需要先开工建设或采购的项目,应在取得计划部门确认或下达临时计划后,事先签订合同或框架协议。

（2）严格审核合同需求与国家法律法规、产业政策、企业整体战略目标的关系,保证其协调一致；考查合同是否以生产经营计划、项目立项书等为依据,确保完成具体业务经营目标。

（3）合同文本一般由业务承办部门起草,法律事务部门审核；重大合同或法律关系复杂的特殊合同应当由法律事务部门参与起草；国家或行业有合同示范文本的,可以优先选用,但对涉及权利、义务关系的条款应当认真审查,并根据实际情况适当修改。各部门应当各司其职,保证合同内容和条款的完整、准确。

（4）有标准文本的必须使用标准文本,没有标准文本的要做到：条款不漏项；标的额计算准确、标的物表达清楚；质量有标准、检验有方法；提（交）货地点、运输方式、包装物和结算方式明确；文字表达严谨,不使用模棱两可或含糊不清的词语；违约责任及违约金（或赔偿金）的计算方法准确。合同起草后要认真地进行检查。

（5）由签约对方起草的合同,企业应当认真审查,确保合同内容准确地反映企业诉求和谈判时达成的一致意见,特别留意"其他约定事项"等需要补充填写的栏目,如不存在其他约定事项时注明"此处空白"或"无其他约定",防止合同后续被篡改。

（6）通过统一归口管理和授权审批制度,严格合同管理,防止通过化整为零等方式故意规避招标的做法和越权行为。

（7）合同文本必须报经国家有关主管部门审查或备案的,应当履行相应程序。

5）合同审核环节的关键控制措施设计

合同审核环节应按照"统一管理,分级负责,分专业审查,按计划签订,依合同结算"的原则,制定严格的合同审查流程,提高合同审核人员的专业素质；明确划分合同起草人员和审核人员的职责,制定合同审核操作指南；建立合同审核工作底稿；实施合同管理责任追究制度；等等。具体措施包括以下几点。

（1）审核人员应当对合同文本的合法性、经济性、可行性和严密性进行重点审核,关注合同的主体、内容和形式是否合法,合同内容是否符合企业的经济利益。对方当事人是否具有履约能力,合同权利和义务、违约责任和争议解决条款是否明确等。

（2）建立会审制度,对影响重大或法律关系复杂的合同文本,组织财务部门、内部审计部门、法律事务部门、技术部门、业务关联的相关部门进行审核,各相关部门应当认真履行职责。法律事务部门主要审查违约责任、争议管辖权等实质性条款是否合法、完整、明确、具体,文字表述是否无歧义；技术部门对质量条款、技术要求等内容进行技术审查；财务部门对支付条款等内容进行经济审查。

（3）认真分析研究,慎重对待审核意见,要对审核意见准确无误地加以记录,必要时对合同条款做出修改并再次提交审查。

（4）每位审查人对做出的审查结果负责,合同管理部门对合同审查的结果负全面责任。

6）合同签署环节的关键控制措施设计

控制合同签署环节风险的主要方法包括：实施合同签收制度,并及时退回与本部门不相关的合同；指定专人负责合同的日常保管，并为合同保管提供相应的条件；建立合同管理的责任追究制度。具体措施包括以下几点。

（1）严格划分各类合同的签署权限，严禁超越权限签署合同。按照规定的权限和程序与对方当事人签署合同。对外正式订立的合同应当由企业法定代表人或由其授权的代理人签名或加盖有关印章。授权签署合同的，应当签署授权委托书。

（2）严格合同专用章保管制度，合同经编号、审批及企业法定代表人或由其授权的代理人签署后，方可加盖合同专用章，确保只为符合管理程序的合同文本加盖有关合同印章。第一，合同专用章必须由专人保管，保管人员应当记录合同专用章的使用情况以备查；第二，需要携带合同专用章外出时要由两人及以上保管，且要有领导的签字，要留有记录；第三，合同专用章的保管要有严密的防范措施，严禁丢失或被盗，否则要对当事人进行经济或者行政处罚。印章用后保管人员应当立即收回，并按要求妥善保管，以防止他人滥用。如果合同专用章遗失或被盗，保管人员应当立即报告负责人并采取妥善措施，如向公安机关报案、登报声明作废等，以最大限度地消除可能带来的负面影响。

（3）采取恰当措施，防止已签署的合同被篡改，如在合同各页码之间加盖骑缝章、使用防伪印记、使用纸质合同书、使用不可编辑的电子文档格式等方法对合同内容加以控制，防止对方单方面改动合同文书。

（4）合同必须由双方当事人当面签订。

（5）按照国家有关法律、行政法规规定，需办理批准、登记等手续之后方可生效的合同，企业应当及时按规定办理相关手续。

2. 合同履行阶段的关键控制措施设计

1）合同履行环节的关键控制措施设计

合同履行在合同管理过程中往往被忽视，但其是整个合同运行的关键环节。该环节的关键控制措施应当包含合同管理的多个环节，如签约前认真调查对方的履约能力和商业信誉等情况，尽量只与具有良好履约能力和商业信誉的企业签订合同；在合同中明确规定违约责任；要求对方为履行合同提供相应的担保措施；对合同履行过程进行监督，一旦发现对方有违约的可能或违约行为，则采取相应措施将合同损失降到最低；等等。具体措施包括以下几点。

（1）强化对合同履行情况及效果的检查、分析和验收，全面、适当执行本企业义务，敦促合同对方积极执行合同，确保合同全面、有效履行。

（2）对合同对方的合同履行情况实施有效监控，一旦发现有违约可能或违约行为，应当及时提示风险，并立即采取相应措施将合同损失降到最低。

（3）合同履行异常的要根据需要及时补充、变更甚至解除合同。第一，对于合同没有约定或约定不明确的内容，通过双方协商一致对原有合同进行补充；无法达成补充协议的，按照国家相关法律法规、合同有关条款或者交易习惯确定。第二，对于显失公平、条款有误或存在欺诈行为的合同，以及政策调整、市场变化等客观因素已经或可能导致企业利益受损的合同，按规定程序及时报告，并经双方协商一致，按照规定权限和程序办理合同变更或解除事宜。第三，对方当事人提出终止、转让、解除合同，造成企业经济损失的,应向对方当事人书面提出索赔。

(4)在合同履行管理过程中要落实合同履行责任人,需要追究责任的要有处理意见;合同履行完毕后,必须提交履行报告。

2)合同补充、变更或转让环节,合同解除和终止环节的关键控制措施设计

对待该类风险,主要的控制措施应当包括:明确规定合同补充、变更或转让需向相关负责人报告;合同补充、变更或转让的内容和条款必须与当事人协商一致;补充、变更或转让后的合同视为新合同,需履行相应的合同管理程序;明确规定合同终止的条件及应当办理的相关手续;指定专人对合同终止手续进行复核。具体措施包括以下几点。

(1)发现合同条款不明确的,及时就有关问题与对方协商并签订补充、变更协议,完善条款内容。

(2)发现企业人员未经授权签约的,如履行合同可能给企业造成损失的,要与合同对方协商,修改合同内容或解除合同。

(3)发现未办理解除合同的批准、登记手续的,要求合同承办人员在规定时间内去主管机关办理。

3)合同纠纷处理环节的关键控制措施设计

控制合同纠纷处理环节风险的主要方法包括:明确规定合同纠纷的处置办法;明确各类人员在合同纠纷处置中的责任;合同纠纷处置方案应当经管理层审批;等等。具体措施包括以下几点。

(1)在合同履行过程中发生纠纷的,应当依据国家相关法律法规,在规定时效内与对方当事人协商并按规定权限和程序及时报告。合同纠纷经协商一致的,双方应当签订书面协议;合同纠纷经协商无法解决的,根据合同约定选择仲裁或诉讼方式解决。

(2)企业内部授权处理合同纠纷,应当签署委托书。在纠纷处理过程中,未经授权批准,相关经办人员不得向对方当事人做出实质性答复或承诺。

4)合同结算环节的关键控制措施设计

合同付款是合同最关键的环节,也是合同风险最直接的表现。因此,财务人员要严把结算付款关。这一环节的关键控制措施有以下几点。

(1)财务部门应当在审核合同条款后办理结算业务,按照合同规定付款,及时催收到期欠款。指定专人负责合同履行,建立合同履行信息管理台账,掌握合同履行进展状态,在临近付款期限的合理时间进行提示;合同承办人员收集发票、交货凭证等资料并在规定时间内提交给资金结算人员按时办理结算。

(2)未按合同条款履约或应签订书面合同而未签订的,财务部门有权拒绝付款,并及时向企业有关负责人报告。

(3)付款必须由承办部门负责人、项目负责人、业务主管领导、总会计师和总经理在申请付款审批单上签字,同时要加盖合同审核专用章。否则,财务人员坚决不予付款,防止欺诈行为发生。

(4)财务结算系统与合同管理信息系统应实现数据对接。

3. 合同履行后续管理阶段的关键控制措施设计

1）合同登记环节的关键控制措施设计

该环节的关键控制措施包括以下几点。

（1）合同管理部门应当加强合同登记管理，充分利用信息化手段，定期对合同统计、分类和归档，详细登记合同的订立、履行和变更、终结等情况，合同终结应及时办理销号和归档手续，以实现合同的全过程封闭管理。

（2）建立合同文本统一分类和连续编号制度，以防止或及早发现合同文本的遗失。

（3）加强合同信息安全保密工作，未经批准，任何人不得以任何形式泄露合同订立与履行过程中涉及的国家秘密或商业秘密。

（4）规范合同管理人员职责，明确合同流转、借阅和归还的职责权限和审批程序等有关要求。

2）合同归档保管环节的关键控制措施设计

控制合同归档保管环节风险的主要方法包括：明确规定合同管理人员的职责；规定合同借阅的审批程序；实施合同管理的责任追究制度；对合同保管情况实施定期和不定期的检查。

▶复习思考题

一、单项选择题

1. 既是企业资金活动的起点，也是企业整个经营活动基础的活动是（   ）。
   A. 资金规划　　B. 投资活动　　C. 筹资活动　　D. 资金运营活动

2. 企业日常生产经营中合理组织和调度各类资金，保证各类资金正常循环周转的行为是（   ）。
   A. 销售业务　　B. 筹资活动　　C. 采购业务　　D. 资金营运

3. 不仅决定着企业能不能顺利筹集生产经营和未来发展所需资金，而且决定着企业能以什么样的筹资成本和筹资风险筹集所需资金，同时决定着企业筹集资金最终使用效益的是（   ）。
   A. 采购业务的内部控制　　　　B. 销售业务的内部控制
   C. 筹资活动的内部控制　　　　D. 投资活动的内部控制

4. 企业要规范商品出库、运输、交验程序，确保货物安全发运，应当加强管理的环节是（   ）。
   A. 收款环节　　B. 付款环节　　C. 发货环节　　D. 收货环节

5. 既是企业的"实物流"的重要组成部分，又与"资金流"密切关联的是（   ）。
   A. 筹资活动　　B. 投资活动　　C. 采购　　　　D. 资金营运

6. 一般生产企业存货业务流程不包括以下（   ）环节。
   A. 验收入库　　B. 盘点清查　　C. 领用发出　　D. 更新改造

7. 关于存货盘点清查，下列说法错误的是（   ）。
   A. 要核对实物的数量，看其是否与相关记录相符，是否账实相符

B. 要关注实物的数量，看其是否有明显的损坏
C. 存货盘点清查工作由财务部门独立开展
D. 盘点清查中发现的问题，要查明原因，按照规定权限报经批准后及时处理
8. 以下不属于无形资产业务流程环节的是（　　）。
   A. 资产取得　　　B. 资产验收　　　C. 资产运行维护　　D. 资产技术升级
9. 企业筹资、投资和资金营运等活动的总称是（　　）。
   A. 资金活动　　　B. 资产管理　　　C. 担保业务　　　D. 工程项目
10. 资金活动中的采购环节、生产环节、销售环节具体属于（　　）。
    A. 投资活动　　　B. 营运活动　　　C. 筹资活动　　　D. 经营活动

二、多项选择题
1. 有关企业资金活动内部控制制度，下列说法正确的是（　　）。
   A. 企业资金活动内部控制制度主要涉及资金授权、批准、审验等方面
   B. 对资金活动实施内部控制本质上是对资金业务的控制
   C. 可以设计合理的资金控制流程为生产经营活动流程服务
   D. 可以通过控制资金活动达到规范企业生产经营活动的目标
   E. 集团公司的资金内部控制首推集中管理控制模式
2. 初始筹资方案应经过充分的可行性论证，可行性论证内容一般包括（　　）。
   A. 筹资方案的战略评估　　B. 筹资方案的经济评估　　C. 筹资方案的风险评估
   D. 筹资方案的技术评估　　E. 筹资方案的社会评估
3. 投资活动的关键风险点包括（　　）。
   A. 投资活动与企业战略不符带来的风险
   B. 投资与筹资在资金数量、期限、成本与收益上不匹配的风险
   C. 投资活动忽略资产结构与流动性的风险
   D. 缺乏严密的授权审批制度和不相容职务分离制度的风险
   E. 缺乏严密的投资资产保管与会计记录的风险
4. 投资方案审批的控制措施包括（　　）。
   A. 及时评价投资的进展，将分析和评价的结果反馈给决策层
   B. 根据投资计划进度，严格分期、按进度适时投放资金，严格控制资金流量和时间
   C. 审批中应实行集体决策审议或联签制度
   D. 明确审批人对投资业务的授权批准方式、权限、程序和责任，不得越权
   E. 与有关被投资方签署投资协议
5. 企业资金运营活动内部控制的主要目标为（　　）。
   A. 保持生产经营各环节资金供求的动态平衡
   B. 确保资金安全
   C. 促进资金合理循环和周转，提高资金使用效率
   D. 降低资金成本
   E. 保持营运资金的总量
6. 一般生产企业的存货业务流程可分为（　　）阶段。

A. 存货取得　B. 验收入库　C. 仓储保管　D. 销售发出　E. 盘点处置

7. 存货管理的存货取得环节的主要风险有（　　）。

A. 存货预算编制不科学　B. 采购计划不合理　C. 可能导致存货积压或短缺

D. 存货入库程序不规范　E. 存货入库标准不明确

8. 商场、超市等商品流通企业，在存货销售发出环节应侧重于（　　）。

A. 防止商品失窃

B. 随时整理弃置商品

C. 每日核对销售记录和库存记录

D. 对于大批存货、贵重商品或危险品的发出，均应当实行特别授权

E. 仓储保管部门根据经审批的销售通知单发出货物

9. 固定资产管理主要有（　　）环节。

A. 资产取得　B. 验收移交　C. 日常维护　D. 更新改造　E. 淘汰处置

10. 企业应当建立、健全固定资产处置的相关制度，区分固定资产不同的处置方式，采取相应控制措施，包括（　　）。

A. 对使用期满、正常报废的固定资产，由固定资产使用部门或管理部门填制固定资产报废单，经企业授权部门或人员批准后对该固定资产进行报废清理

B. 对使用期限未满、非正常报废的固定资产，由固定资产使用部门提出报废申请，企业组织有关部门进行技术鉴定，按规定程序审批后报废清理

C. 固定资产处置应由固定资产管理部门办理，固定资产处置价格应报经企业授权部门或人员审批后确定

D. 重大固定资产处置应当聘请具有资质的中介机构进行资产评估

E. 对出租的固定资产，要提出申请，由相关部门审核通过后签订出租或出借合同

11. 以下属于无形资产的是（　　）。

A. 专利权　B. 非专利技术　C. 著作权　D. 土地使用权　E. 特许权

12. 筹资活动的业务流程主要包括（　　）。

A. 提出筹资计划　B. 筹资方案论证　C. 筹资方案审批

D. 筹资计划编制与执行　E. 筹资活动的监督、评价与责任追究

▶案例分析题

某企业是一家外贸企业。2004~2012年每年的出口创汇均位居全市第三，年销售额达4 300万元左右。2013年以后，该企业的业绩逐渐下滑，亏损严重，2015年破产倒闭。这样一家中型企业，从鼎盛到衰败，探究其原因，不排除市场同类产品的价格下降、原材料价格上涨等客观原因。但企业内部管理混乱是其倒闭的根本原因。税务部门在检查中发现：该企业产品的成本、费用核算不准确，浪费现象严重，存货的采购、验收入库、领用、保管不规范，归根到底是缺乏一个良好的内部控制制度。该企业在存货管理方面存在的问题如下。

（1）董事长常年在国外，材料的采购由董事长个人掌握，材料到达入库后，仓库保管员按实际收到的材料的数量和品种入库，仓库保管员无法掌握实际的采购数量和品种，

也没有合同等相关的资料。财务部门的入账不及时，会计自己估价入账，发票的数量和实际入库的数量不一致，也未进行核对，造成材料的成本不准确。

（2）期末仓库保管员自己盘点，盘点的结果与财务部门核对不一致的，不进行处理，使盘点流于形式。

（3）没有建立规范的材料领用制度，车间在生产中随用随领，没有领用计划，多领也不办理退库手续。生产中的残次材料随处可见，工人随用随拿，浪费现象严重。

要求：

试分析该企业内部控制失败的原因。

第五章

企业经济业务内部控制

【学习目标】
1. 掌握采购业务的主要风险点及其关键内部控制。
2. 掌握销售业务的主要风险点及其关键内部控制。
3. 掌握研发业务的主要风险点及其关键内部控制。

【导入案例】

W公司销售与收款内部控制存在的缺陷

W公司是一家服装生产企业，服装以出口为主。当年其他应付款（外协加工费）余额为1 000万元，占企业当年利润的65%，外协加工费当年累计发生额占销售成本的22%。W公司内部控制状况如下：一是由生产部经理负责是否委托、对外委托和验收；二是对外委托的外协加工情况财务部一无所知，财务部对委托过程失去控制；三是发生退货时，直接报生产部经理备案，生产部未设备查账簿，全凭生产部经理一人控制，财务部同样失去监督。

试分析该企业应在销售与收款内部控制的哪些环节进行改进。

第一节 采购业务内部控制

企业采购是指购买物资（或接受劳务）及支付款项等相关活动。一项采购业务通常要经过编制采购预算、采购申请、供应商选择、确定采购价格、订立采购合同或协议、管理供应过程、验收、付款、会计控制、采购后评估与监督检查等环节，需要供应、仓储保管及财务等多个部门共同协作完成。采购环节作为企业生产经营的起点,既是企业"实物流"的重要组成部分,又与企业"资金流"密切相关。因此,建立、健全采购业务内部控制以规范采购过程中的各种行为,防范采购过程中可能出现的差错和舞弊,合理降低采购成本,提高采购工作效率,对于企业的生存和可持续发展具有重要的意义。

一、采购业务的业务流程

(一)请购与审批

为了实现合理、高效地组织采购活动,降低采购物资的成本,保证企业资源分配的科学性,采购业务通常从编制采购预算开始。采购预算是企业未来一定时期内经营决策目标的具体化和数量化。生产部门根据年度内的目标任务提出需采购物资的数量、品种、质量,然后编制需求预算,采购部门根据该需求预算归类汇总,平衡现有库存物资后,统筹安排采购预算,并按规定的权限和程序经审批后执行。零星小商品的采购一般作为预算外管理,常由仓储保管部门根据库存和平均每天耗用情况,估算出物资的实际需求数量,直接编制采购申请报告。

请购是指企业生产经营部门根据采购预算和实际需要编制申请报告,提出的采购申请。采购申请报告经部门负责人签字,然后报告给相关有权审批的领导审核、批准后实施采购。

(二)购买与验收

购买过程具体包括供应商的选择、采购方式和采购价格的确定、采购合同的订立及供应过程的管理等环节。首先,采购部门根据经审批的请购单,搜集主要供应商的资料,在综合比较和考评之后初步确定合格的供应商清单;其次,根据市场情况和请购要求选择合理的采购方式,根据市场行情及企业采购物资的定价机制确定采购价格,力求以最优性价比采购到符合需求的物资;最后,采购人员与供应商签订采购合同或协议。签订的采购合同或协议应当符合《中华人民共和国合同法》的相关规定,对所购物品的名称、品种、规格、数量、价格、交货期、交货地点、运输方式、结算方式、验收方式、质量要求、验收标准和违约责任等内容做出清楚明确的规定。采购部门在签订合同或协议后,应编制采购订单,并经相关审批人员审批、确认后,将采购订单转达给供应商。

验收是指企业对采购物资和劳务的检验接收,以确保其符合合同相关规定或产品质量要求。验收工作需要企业质检人员和仓储保管人员同时参与。企业质检部门应参照合同条款或样本对所购物资进行质量检验,仓储保管人员应检查物资的规格、型号、数量是否与采购订单相符。验收合格后,由仓储保管人员与供应商在入库单上签字确认,并记录仓库存货日记账簿。对于不合格物资,采购部门依据检验结果办理拒收、退货、索赔等事宜。

（三）付款与记录

付款是指企业在对采购预算、合同、相关单据凭证、审批程序等审核无误后，按照采购合同规定及时向供应商办理支付款项的过程。对供应商传来的发票，由会计部门审核无误后，办理结算付款手续。企业可根据资金状况和供应商要求选择预付款、货到付款、验收后付款等付款形式。付款人员应根据合同的规定填制付款单，经审批后支付相关款项。

记录是指财务部门对采购业务所做的会计记录。财务部门在取得采购业务的原始凭证后，审核其真实性、合法性，按照相关的准则和法规，编制记账凭证和登记账簿，并定期与仓储保管部门的存货日记账及供应商的对账单进行核对。

二、采购业务的主要风险点

（一）采购环节关键风险点分析

1. 采购预算风险

采购预算作为企业预算的一部分，在规划和执行采购预算的过程中，存在诸多不确定因素和风险影响企业经营预算的实现。该过程的主要风险包括以下几方面。

（1）采购预算编制缺乏合理依据。对物资的需求量预测建立在对未来产销量的预期之上，企业未能合理预测产销量，可能导致出现存货积压或不足。

（2）采购预算编制缺少前瞻性。企业未能关注生命周期、消费者需求变化、科学技术进步、生产工艺的改进及新产品的开发更新等影响因素，导致对特定物资的计划采购数量的预测不准确，从而盲目采购原料，引起原料积压、变质。

（3）采购预算未及时修正。企业未能根据经营环境的重大变化及时调整采购预算，严重影响到采购预算的正确实施和考核。

（4）采购预算与生产不协调。企业在编制预算过程中，未能充分考虑其与生产计划的协调，导致企业所购材料与生产批次、生产数量、产品品级不相适应，引起生产延误或材料积压。

（5）采购预算未有效执行。企业领导对预算不够重视，缺乏配套的预算管理制度，预算本身不合理等都可能导致预算不被认真执行。

2. 采购执行风险

物资需求部门请购并通过审批后，由采购部门执行，该过程的主要风险包括以下几方面。

（1）供应商选择不当。企业缺乏对供应商的评估准入制度或未能及时更新供应商信息，可能导致采购物资质次价高，甚至出现舞弊行为。

（2）采购价格不合理。企业采购定价机制不科学，采购定价方式选择不当，缺乏对重要物资品种价格的跟踪监控，可能引起采购价格不合理，造成企业资金损失。

（3）采购合同不规范。未经授权对外签订采购合同，合同对方主体资格、履约能力等未达要求，合同内容存在重大疏漏和欺诈等，可能导致企业合法权益受到侵害。

3. 合同履行与采购验收风险

合同履行与采购验收过程的主要风险包括以下几方面。

（1）缺乏对供应过程的管理。企业未能对采购合同履行情况进行持续有效的跟踪，或运输方式选择不合理，以及忽视运输过程保险风险等，可能导致采购物资损失或无法保证供应。

（2）信誉风险。供应商未完全履行合同或协议中的义务而给购买方造成经济损失的风险，包括供货质量不合格造成的经营损失，供货延迟造成的生产调整，中止供货造成的停产，等等。

（3）验收风险。验收标准不明确、验收程序不规范、对验收中存在的异常情况不做处理及验收过程中存在舞弊行为等，可能造成企业账实不符或采购物资损失。

（二）付款环节关键风险点分析

（1）付款审核不严。缺乏完善的付款流程，未明确付款审核人的责任和权力，未严格审核采购预算、合同、相关单据凭证、审批程序等相关内容，可能导致企业资金损失。

（2）付款方式不当。未根据国家有关支付结算的相关规定和企业生产经营的实际合理选择付款方式，可能导致款项被业务人员欺诈、冒领，或给企业带来法律风险，影响资金安全。

（3）付款不及时。企业没有足够的资金用于支付货款，出现长期拖欠货款的问题，影响企业的信誉；超过折扣期或到期仍未付款，由此带来支付风险。

（4）预付款管理不当。对涉及大额或长期的预付款项，未定期核查期限、不可收回风险等情况，不能及时发现问题，可能造成款项不能回收。

（5）价格波动风险。一个国家或地区的经济、社会、政治、环境、金融政策的变化会深刻、广泛地影响到世界其他国家或地区商品价格的变化。这些影响商品价格的因素相互交织在一起，日趋复杂，导致市场上的商品价格出现重大波动。如果企业对采购价格风险管理不当，将引起采购成本上升，企业利润下滑。

三、采购业务的关键内部控制

（一）总体要求

为了建立采购业务的控制体系，企业应建立一个总体的内部控制体系，以便于全面、完整地对采购活动进行控制。

1. 职责分离

采购业务中的不相容职务主要有：申购（决定采购数量）、采购（询价、查询供应商）、验收（检验入库商品的质量和数量）、付款、记账业务等，不相容职务分离有助于员工之间相互制约、相互牵制。

2. 明确工作任务

企业在上下级对任务协商一致的基础上，将任务（既包括员工的工作范围，也包括与其他员工的协作关系）进行层层分解，下达给每一名员工。企业应定期检查各个部门、每一名员工的工作进度，对工作进度差异进行分析和评价，控制不利差异的发生。

3. 建立企业规章制度

企业应全面梳理采购业务流程，完善采购业务相关管理制度，统筹安排采购计划，明确请购、审批、购买、验收、付款、采购后评估等各环节的职责和审批权限，规定业务操作规程和处理手续，明确纪律规则和检查标准，达到职、责、权、利相统一。

4. 采购人员基本素质和职业道德培训

企业应建立适当的培训和考核机制，加强对员工职业技能的培训，使采购人员具备一定的专业素质，包括掌握与客户进行谈判的技巧，熟悉合同法规、商品特性、市场价格行情及交易规则等。

5. 奖惩制度

企业应定期对采购人员进行考评，检查工作任务完成情况，以及完成工作的质量，并将考评结果中的缺点与不足反馈给员工，以便员工及时纠正；建立奖惩机制，根据对员工的评价结果做出对员工的奖惩，奖惩制度应参考企业的奖惩规则，做到有奖有罚、奖罚分明，进一步强化员工的工作积极性和工作责任心。

（二）具体措施

在识别企业采购业务的主要风险点的基础上，企业应针对采购关键风险点采取控制措施。

1. 采购预算

该环节的基本控制措施包括以下几方面。

（1）生产、经营、项目建设等部门，应当根据实际需求准确、及时地编制需求计划，为采购预算的编制提供合理依据。

（2）采购预算应当具有一定的灵活性，当经营环境发生重大变化时，应及时调整采购预算。

（3）采购计划是企业年度生产经营计划的一部分，在制订年度生产经营计划过程中，企业应当根据发展目标的实际需要，结合库存和在途情况，科学安排采购计划，防止采购数量过高或过低。

2. 采购申请

该环节的基本控制措施包括以下几方面。

（1）建立采购申请制度。企业应根据所购物资的具体类型，确定具体的申购归属部门，并明确该部门的申购权限、责任和申购程序。企业也可根据实际需要设置专门的请购部门，对需求部门提出的采购需求进行审核，并进行归类汇总，统筹安排企业的采购计划。

（2）对于预算内的采购项目，申购部门应当严格按照预算表中的预算进度执行申购，并根据市场变化提出合理的采购申请；对于超预算和预算外采购项目，应先调整相关预算，并经具备审批权限的部门或人员审批后，再办理申购手续。

（3）申购人员填制的请购单应由具有审批权限的人员进行审核。审批人员应当审查：请购单的内容是否填制正确、完整，申购项目是否遵照采购预算执行。对不符要求的采购申请，应返还给请购部门做出修正或拒绝批准。

3. 供应商选择

该环节的基本控制措施包括以下几方面。

1）建立供应商准入制度

为企业供应大宗物资的供应商必须经过企业相关部门认真考核合格后，才能被编入企业的合格供应商清单中。新增供应商的市场准入及调整按照规定程序经审批后，合格供应商清单才能修改、调整。

2）建立供应商信息系统

企业应对供应商建立正式档案，详细记录供应商的经营地址、营业执照、经营状况、联系方式、提供物资或劳务的质量与价格、交货及时性、供货条件等信息，并及时更新。

3）供应商的考评与淘汰

企业应对供应商的主体资格、信用状况、产品价格、履约能力等进行定期考评。企业可建立供应商的综合评价体系，规定考评内容、考评方法、考评部门及考评程序等。根据考评结果，提出供应商淘汰和更换名单，经审批后对供应商进行合理选择和调整，并在供应商管理系统中做出相应记录。

4. 确定采购价格

该环节的基本控制措施包括以下几方面。

1）市场总体价格风险控制

为了避免原料价格上涨给企业带来的不利影响，企业采购部门应当定期或不定期地了解大宗商品的市场供求状况，分析大宗商品价格的变动趋势，以便及时做好风险应对准备和风险控制。

2）垄断价格风险控制

当供应商的产品处于市场垄断的情形下时，企业在价格谈判方面处于弱势地位，采购价格较高。当企业对该价格难以承受，且投资成本较低时，企业可以选择自己生产部分原料，以增强自己的谈判地位，有效降低原料采购价格。

3）单项物资采购价格风险控制

健全采购定价机制，采取协议采购、招标采购、询比价采购、动态竞价采购等多种方式，科学合理地确定采购价格。对标准化程度高、需求计划性强、价格相对稳定的物资，通过招标、联合谈判等公开、竞争方式签订框架协议。

5. 订立采购合同或协议

该环节的基本控制措施包括以下几方面。

（1）订立采购合同前应当严格审查对方当事人的主体资格，评估其信用状况等，确保供应商具备履约能力。

（2）根据确定的供应商、采购方式、采购价格等拟定采购合同，准确描述合同条款，明确双方权利、义务和违约责任，按照规定权限签署采购合同。对于影响重大、涉及较高专业技术或法律关系复杂的合同，企业应当组织法律、技术、财务等专业人员参与谈判，必要时可聘请外部专家参与相关工作。

（3）重大合同在签署前，应当经过相关审查人员进行合法性、可行性审查。合同的合法性审查一般由企业的法律事务部门进行审查。合同的可行性审查由企业组织有关部门以会议的形式进行审查，也可以通过召开有关部门负责人会议的形式进行审查。

（4）企业应当由专人负责保管企业合同及合同专用章，以防合同遗失或被员工用于采购欺诈。

6. 管理供应过程

该环节的基本控制措施包括以下几方面。

（1）采购人员应参照合同中的交货条款，持续跟踪合同履行情况，对有可能影响生产或工程进度的异常情况，出具书面报告并及时提出解决方案，采取必要的措施保证物资的及时供应。

（2）对重要物资的采购，应在合同履约过程中进行巡视、点检或监造。对需要监造的物资，择优确定监造单位，签订监造合同，落实监造责任人，审定监造报告。

（3）根据生产建设进度和采购物资特性等因素，选择合理的运输工具和运输方式，办理运输、投保等事宜。

（4）实行全过程的采购登记制度或信息化管理，确保采购过程的可追溯性。

7. 验收

该环节的基本控制措施包括以下几方面。

（1）明确采购验收的程序、方法和标准，防范验收过程出现不规范和违规行为。

（2）验收人员应当确认货物的名称、规格、型号与订购单相一致，质检部门必须检查供应商提供的质量保证书、商检证书或合格证等证明文件。验收时涉及的技术性强或者大宗采购的物资，质检部门还应进行专业测试，必要时可委托具有检验资质的机构或聘请外部专家协助验收。

（3）对于验收过程中的异常情况，验收机构或人员应当立即向企业有权管理的相关部门报告，相关部门应当查明原因并及时处理。对于不合格物资，应及时办理拒收、退货、索赔等事宜。对延迟交货造成生产建设损失的，采购部门要按照合同约定进行索赔。

8. 付款

该环节的基本控制措施包括以下几方面。

（1）完善付款流程，进行严格的付款审核。审核包括票据的真实性、合法性、完整性审核，如审查发票是否由国家统一监制的正式销售发票或运输发票；填制的内容是否完整，是否加盖正式的公章；数量、单价等是否正确。如果发现异常情况，应当拒绝向供应商付款，避免出现资金损失和信用损失。

（2）合理规划资金的筹集和使用，及时付款。为了保证资金的及时支付，企业应当做好资金的预算，科学、合理地预测资金的收支情况，并根据资金的盈余状况，做好投资或融资规划工作，避免拖延支付货款给企业带来不良声誉或法律风险。

（3）选择恰当的付款方式。根据《现金管理暂行条例》和《支付结算办法》的规定，结合所采购物资的实际情况、合同的规定等，选择适当的付款方式，防范付款方式不当带来的法律风险，保证资金安全。除了不足转账起点金额的采购可以支付现金外，采购价款应通过银行办理转账。

（4）加强预付账款和定金的管理。对于按合同规定支付的预付款项，应当定期进行追踪核查，分析预付账款的期限、占用款项的合理性、不可回收风险等情况，发现有疑问的预付款项，应当迅速采取措施，尽快收回款项。

9. 会计控制

该环节的基本控制措施包括以下几方面。

（1）建立会计系统控制，详细记录供应商情况、采购申请、采购合同、采购通知、验收证明、入库凭证、退货、商业票据、款项支付等情况，财务部门应定期与仓储记录进行核对，检查物料的收、发、存是否核对一致，确保会计记录、采购记录与仓储记录的一致性。

（2）加强对原始凭证的控制，为会计记录提供可靠依据。例如，原始采购单据连续编号，以便核对和复查；办理采购业务的员工应在相应的原始单据上签字确认，以明确各自的责任。

（3）指定专人通过对账等方式，定期向供应商寄发对账单，核对应付账款、应付票据、预付账款等往来款项，对供应商提出的异议应及时查明原因，报有权管理的部门或人员批准后，做出相应调整。

10. 采购业务后评估与监督检查

该环节的基本控制措施包括以下几方面。

（1）建立采购业务后评估制度。企业应当定期对物资需求计划、采购计划、采购渠道、采购价格、采购质量、采购成本、协调或合同签约与履行情况等物资采购供应活动进行专项评估和综合分析，及时发现采购业务的薄弱环节，优化采购流程。同时,将物资需求计划管理、供应商管理、储备管理等方面的关键招标纳入业绩考核体系,促进物资采购与生产、销售等环节的有效衔接,不断防范采购风险,全面提升采购效能。

(2)对采购业务内部控制的监督检查。企业应当建立专门的监督检查机构,检查采购业务内部控制的有效性,包括不相容职务是否分离,是否执行审批制度,会计人员账务处理是否规范,采购活动中是否存在欺诈或舞弊行为,等等。

第二节 销售业务内部控制

销售业务是指企业出售商品(或提供劳务)及收取款项等相关活动。销售业务是企业的主要经营业务之一,稳定的销售增长及不断扩大的市场份额,是企业持续发展壮大的直接表现。销售业务涉及订单接受、货物交接、货款回收、退货折让等多个环节,出现差错和舞弊的风险较大。因此,建立销售业务内部控制以规范销售行为、防范销售风险,对于企业经营目标和发展战略的实现是必要的。

一、销售业务的业务流程

企业销售业务的业务流程主要包括销售计划管理、客户开发与信用管理、销售定价、订立销售合同、执行销售合同、发货、收款、客户服务和会计系统控制等环节。

(一)销售计划管理

销售计划是企业结合自身生产能力,在销售预测的基础上,设定销售总目标额及不同产品的销售目标额,并据此制订具体营销方案,以实现销售目标。

1. 销售预测

企业进行销售预测要进行市场调查分析,包括对现有市场状况、企业自身状况、竞争对手状况及顾客状况等进行分析,具体包括对人口、经济、科技、政治法律、自然风俗和文化、区域发展等影响市场状况的因素进行分析;对营运资源、企业影响力等影响企业自身状况内容的分析;对竞争对手的财务实力、现行战略、发展战略、核心竞争力等的分析;对顾客范围、顾客结构、顾客收入水平等涉及顾客状况的分析。

企业可以责成销售部门进行销售预测,或者成立专门的销售预测委员会,也可以聘请专家参与预测。预测的方法一般包括趋势分析法、因果分析法等定量预测方法,以及判断分析法、周期分析法等定性预测方法。预测过程中,企业应关注市场的发展变化,充分考虑市场占有率和存在的风险,以对销售量做出合理预测。

2. 销售计划编制

销售部门以销售预测为基础,根据发展战略和年度生产经营计划,结合企业实际情况，制订年度销售计划，在此基础上，结合客户订单情况，制订月度销售计划，内容包括销售品种结构、销售季节性、销售价格及销售策略等。

3. 销售计划审批

编制完成的销售计划，应先交销售部门主管进行批准，编制人员根据批准意见进行修改，直至主管审批签字方可上交预算委员会审批。预算委员会以书面形式对销售计划提出修改意见，送回销售部门修改。只有通过预算委员会审议通过并签字的销售计划，才能生效执行。

（二）客户开发与信用管理

企业应当积极开拓市场份额，在充分进行市场调查的基础上，合理细分市场并确定目标市场，根据不同目标群体的具体需求，确定定价机制和信用方式，灵活运用销售折扣、销售折让、信用销售、代销和广告宣传等多种策略和营销方式，促进销售目标实现，不断提高市场占有率。同时，企业应加强对现有客户的管理，开发潜在目标客户，对有意向的客户进行资信评估。企业应不断建立和更新、维护客户信用档案，由与销售部门相对独立的信用管理部门对客户付款情况进行持续跟踪和监控，提出划分、调整客户信用等级的方案；根据客户信用等级和企业信用政策，拟定客户赊销限额和时限，并经销售、财务等部门具有相关权限的人员审批；对信用额度进行合理评定，避免赊销款无法及时足额收回。

（三）销售定价

销售定价是指商品价格的确定、调整及相应审批。

（四）订立销售合同

企业与客户订立销售合同，明确双方权利和义务，以此作为开展销售活动的基本依据。在订立销售合同前，企业通常指定专门人员与客户进行业务洽谈，关注客户信用状况，明确销售定价、结算方式、权利和义务条款等相关内容，对于重大的销售业务谈判还应当吸收财务、法律等专业人员参加，并形成完整的书面记录。企业根据合同订立程序和审批管理制度，对形成的销售合同草案进行严格的审核，销售合同草案经审批同意后，由获得授权的有关人员与客户签订正式销售合同。

（五）执行销售合同

企业组织生产经营的原则是"以销定价"，企业应按照销售合同安排生产，做到保质、保量，按时交货。

（六）发货

发货是根据销售合同的约定向客户提供商品的环节。

1. 发货通知单编制

在确认所订货物有足够库存后,销售部门编制发货通知单。发货通知单应事先连续编号,统一格式,登记各种不同的客户订单内容,如所订货物的货号、数量、价格等。

2. 发货通知单证实

发货通知单正式执行前,应根据需要就发货通知单同客户进行证实,避免执行发货通知单后由于客户改变或取消订单而发生损失。

3. 组织发货

仓储保管部门对发货通知单进行审核,严格按照所列的发货品种和规格、发货数量、发货时间、发货方式、接货地点等,按规定时间组织发货。运输部门取得仓储保管部门转来的发货通知单及销售部门编制的运输单后,按照运输合同或条款中明确的运输方式运送货物,运输合同应对商品短缺、毁损或变质的责任、到货验收方式、运输费用承担、保险等内容做出规定。

不管是仓储保管部门还是运输部门,发运人的行为必须受到其他独立职员(通常是门卫)的监督,包括对发运货物的清点及同发货通知单上列明的品种和数量的核对。发运人和清点复核人应在有关凭证上签字。

(七)收款

收款是指企业经授权发货后与客户结算的环节。销售按照发货时是否收到货款分为现销和赊销。对于现销,由财务人员对销售发票进行合规性、合法性审核,并盖章签字。财务人员审核无误后,根据销售发票"结算联"与客户办理货款结算手续。对于赊销,则形成应收账款。销售部门负责应收账款的催收,催收记录(包括往来函电)应妥善保存;财务部门负责办理资金结算并监督款项回收。对于以应收票据形式收回货款的,应严格审查其真实性和合法性。

(八)客户服务

客户服务是在企业与客户之间建立信息沟通机制。对客户提出的问题,企业应及时解答或反馈、处理,不断改进商品质量和服务水平,以提升客户满意度和忠诚度。客户服务包括产品维修、销售退回、维护升级等。

(九)会计系统控制

会计系统控制是利用记账、核对、岗位职责落实和不相容岗位分离、档案管理、工作交接程序等会计控制方法,确保企业会计信息真实、准确、完整。会计系统控制包括销售收入的确认、应收款项的管理、坏账准备的计提和冲销、销售退回的处理等内容。

二、销售业务的主要风险点

1. 销售计划管理

该环节的主要风险包括以下几方面。

（1）销售无计划或不合理，或未经授权审批，导致产品结构和生产安排不合理，难以实现企业生产经营的良性循环。

（2）销售计划缺乏灵活性。当市场环境发生变化时，销售计划不能及时做出调整，导致销售目标难以实现。

（3）销售计划缺乏全局性。未从企业整体角度对销售做出统筹安排，分公司的销售计划是分公司与公司总部讨价还价的结果，不利于企业的整体经营发展。

（4）销售计划缺乏可执行性。企业制订的销售计划，只包含目标数字，未包含实施方案，导致各销售部门难以根据分解到自己部门的指标和内容制订具体的销售活动方案。

2. 客户开发与信用管理

该环节的主要风险包括以下几方面。

（1）现有客户管理不足、潜在市场需求开发不够，可能导致客户丢失或市场拓展不利。

（2）信用额度评定不合理。对客户的信用情况缺乏了解和调查，没有合理地按照企业信用标准评定客户的信用额度，可能导致企业赊销货款无法及时足额收取。

（3）缺乏信用审核登记。客户提出的赊销购货订单、信用的批准缺乏信用部门经理或其他被授权人复核审查。

（4）客户档案不健全，缺乏合理的资信评估，可能导致客户选择不当，销售款项不能收回或遭受销售欺诈，从而影响企业的资金流转和正常经营。

3. 销售定价

该环节的主要风险包括以下几方面。

（1）定价或调价不符合价格政策，未能结合市场供需状况、盈利测算等进行适时调整，造成定价过高或过低，销售受损。

（2）商品销售价格未经恰当审批，或存在舞弊行为，可能导致企业经济利益受损或者企业形象受损。

（3）价格差异幅度不合理。不同地区、不同客户的价格差异导致市场价格体系混乱，客户利用该价格差异在不同地区市场中窜货。

（4）滥用销售政策。企业未能就销售折扣、销售折让等政策的运用建立适当的权限限制，可能导致舞弊行为出现，如销售经理可能利用销售折扣、销售折让等政策低价销售企业产品，牟取个人私利。

4. 订立销售合同

该环节的主要风险包括以下几方面。

（1）合同内容存在重大疏漏和欺诈，或未经授权对外订立销售合同，可能导致企业合法权益受到侵害。

（2）销售价格、收款期限等违背企业销售政策，可能导致企业经济利益受损。

5. 执行销售合同

该环节的主要风险包括以下几方面。

（1）生产安排不当，使得库存大量积压，或交不上货。这样不仅会影响企业的现金流，而且会增加因仓促交货而产生的紧急空运费用等。

（2）对订单更改失去控制，轻易满足客户的要求，造成大量产成品因合同更改或取消而呆滞。这样的更改对企业来说损失的不仅仅是产成品，企业还要考虑增加的物流费用及额外的管理费用。

（3）对于季节性交货明显的企业，在淡季可能产生闲置，在旺季又有可能交不上货。

（4）一旦不能及时交货，按照合同约定可能要承担违约责任。

6. 发货

该环节的主要风险包括以下几方面。

（1）未经授权发货或发货不符合合同约定，可能导致货物损失或客户与企业的销售争议、销售款项不能收回。发货品种和规格、发货数量、发货时间、发货方式、接货地点与合同要求不一致，会影响企业的正常销售。

（2）货物运输途中，因管理不善、不可抗力等因素可能导致货物毁损、丢失，无法满足客户原有要求。

（3）填制销售通知单与发货为同一人，可能发生舞弊行为。

7. 收款

该环节的主要风险包括以下几方面。

（1）企业信用管理不到位，未能及时更新客户资信状况的变化或未获得授权，发生不合理赊销业务，可能导致货款不能收回，给企业造成财务困难。

（2）结算方式选择不当，可能导致货款回收不及时，降低企业资金的使用效率。

（3）票据管理不善，未能建立票据管理制度，未对票据的取得、贴现、背书、保管等活动予以明确规定，导致票据违规使用或发生舞弊行为；未能严格审查票据的真实性和合法性，导致票据欺诈；未指派专人保管应收票据，导致票据处理不及时、票据丢失等。

（4）收款过程中存在舞弊行为，使企业经济利益受损。例如，销售收款过程中出现的销售经理私吞货款行为。

8. 客户服务

该环节的主要风险包括以下几方面。

（1）客户服务水平低，消费者满意度不足，影响企业品牌形象，造成客户流失。
（2）缺乏有效的客户服务人员薪酬激励制度，客户服务人员工作积极性低。
（3）仅重视售中服务，售前服务及售后服务意识薄弱，降低消费者的满意程度。
（4）滥用销售退回政策。客户服务人员出于个人私利允许将非正常损坏、非退货范围内损坏的货物退回，影响企业利益。

9. 会计系统控制

该环节的主要风险包括以下几方面。

（1）缺乏有效的销售业务会计系统控制，可能导致企业账实不符、账证不符、账账不符或者账表不符，影响销售收入、销售成本、应收账款等会计核算的真实性和可靠性。
（2）缺乏销售收入监控，造成大量虚假销售收入。
（3）缺乏销售费用使用规范和监督。销售人员采取不正当的手段与相关人员合伙套取大量销售费用，造成销售费用的虚假性。
（4）会计人员同时控制销售全部环节或部分不相容环节，可能发生舞弊行为。

三、销售业务的关键内部控制

（一）总体要求

1. 不相容岗位分离

具体来讲，企业不得由同一人办理销售业务的全过程，必须做到以下几方面。

（1）信用管理岗位和销售业务岗位应当分别设置，分别由不同人员担任。接受客户订单的人员不能同时负责核准付款条款和客户信用调查工作。
（2）办理各项业务的人员不能同时负责该项业务的审批工作。
（3）开具发票的人员不能同时负责发票的审核工作。
（4）记录应收账款的人员不能同时负责货款的收款和退款工作。
（5）销售业务的经办、审核和销售通知单的签发岗位必须由不同人员负责，各个岗位应相互监督、相互制约，实现对这三个不相容岗位的分别控制。
（6）财务部门的开票、出纳和记账三个岗位应当相互分离，分别由三个不同的人员担任，以相互牵制、相互监督。
（7）收款、管理应收账款、向欠款客户发放对账单三个岗位应当相互分离，分别由不同人员担任。
（8）应收票据及票据抵押或质押物的保管岗位与应收票据记录岗位应当相互分离，分别由不同人员负责。

2. 岗位责任制度

（1）销售部门（或岗位）的职责包括：①订立月度销售计划；②处理订单；③签订合同；④执行销售政策和信用政策；⑤催收货款。

（2）发货部门（或岗位）的职责包括：①审核销售发票；②审核单据是否齐全；③办理发货的具体事宜。

（3）财务部门（或岗位）的职责包括：①销售款项的结算；②销售业务的会计处理；③监督、管理货款收回。

（4）信用部门（或岗位）的职责包括：①建立客户信用档案；②核定客户信用额度；③批准授权申请；④制定信用政策；⑤监督信用政策执行。

（二）具体措施

1. 销售计划管理

该环节的基本控制措施包括以下几方面。

（1）根据企业发展战略和年度生产经营计划，结合客户订单情况，制订年度、月度销售计划，并按规定的权限和程序经审批后下达执行。

（2）定期对各产品（商品）的区域销售额、进销差价、销售计划与实际销售情况等进行分析，结合生产现状，及时调整销售计划，调整后的销售计划应履行相应的审批程序。

（3）从企业整体利益出发，在总公司与分公司、各分公司之间合理协商的基础上制订销售计划。

（4）销售计划应包含实施方案，使各销售单位能够据此制订实现其具体销售目标的营销方案。

2. 客户开发与信用管理

该环节的基本控制措施包括以下几方面。

（1）企业应当在进行充分市场调查的基础上，灵活运用销售折扣、销售折让、信用销售、代销和广告宣传等多种策略和营销方式，不断提高市场占有率。

（2）进行信用额度评定。信用部门通过调查分析客户的信用状况，与信用标准进行综合比较，对申请赊销的客户进行信用额度评定书面意见稿，送交信用部门经理审批。

（3）信用额度审核登记。客户提出的赊销购货订单、信用的批准必须有经信用部门经理或其他被授权人复核审查、签字同意的书面证明，且必须送交信用部门经理审查签字后，方可执行。

（4）建立和不断更新、维护客户信用动态档案。客户档案应包括客户的基本资料、信用资料、以往交易资料、客户的市场网络、销售能力等。对于境外客户和新开发客户，应当建立严格的信用保证制度，客户的信用档案内容应根据客户近期的实际情况，及时调整更新，保证信用档案的及时性。

3. 销售定价

该环节的基本控制措施包括以下几方面。

（1）应根据有关价格政策，综合考虑企业财务目标、营销目标、产品成本、市场状况及竞争对手情况等因素，确定产品基准定价。定期评价产品基准定价的合理性，定价或调价需经具有相应权限人员的审批。

（2）在执行基准定价的基础上，针对某些商品可以授予销售部门一定限度的价格浮动权，同时明确权限执行人。

（3）销售折扣、销售折让等政策的制定应由相应权限人员审批。销售折扣及销售的实际金额、数量、原因及对象应予以记录，并归档备查。

4. 订立销售合同

该环节的基本控制措施包括以下几方面。

（1）订立销售合同前，企业应当关注客户的信用状况，明确销售定价、结算方式、权利和义务条款等相关内容。

（2）企业应当建立、健全销售合同订立及审批管理制度，确定具体的审核、审批程序及所涉及的部门人员和相应权责。审核、审批应当重点关注销售合同草案中提出的销售价格、信用政策、发货及收款方式等。

（3）销售合同草案经审批同意后，企业应授权有关人员与客户签订正式销售合同。

5. 执行销售合同

该环节的基本控制措施包括以下几方面。

（1）协调生产与销售，避免过多库存对企业流动资金产生压力，同时也可以尽量减少呆滞库存的产生。

（2）对订单更改的前提、批准与执行实行适当控制。从外部来说，企业要向客户传达这样一种信息，即订单的更改是要付出代价的。从企业内部来讲，订单的更改或取消都要经过相应级别的审批，以保持对销售部门不能轻易取消订单的压力。一旦出现某种原因不得不接受订单的取消或更改，对造成的库存，要有明确的消化计划及责任人，并定期跟踪进展，绝对不能放任不管。

（3）标准产品与客户化产品的区分。对于季节性交货明显的企业，应尽量缩短生产周期。对于标准产品，企业可以维持一定量的库存水平，在生产的安排上可以不拘泥于按单定制，同时对销售部门的交货承诺也可以适当放宽。

6. 发货

该环节的基本控制措施包括以下几方面。

（1）销售部门应当按照经审核后的销售合同开具相关的销售通知，并交仓储保管部门和财务部门。

（2）仓储保管部门应当落实出库、计量、运输等环节的岗位责任，对销售通知进行审核，严格按照所列的发货品种和规格、发货数量、发货时间、发货方式、接货地点等，按规定时间组织发货，形成相应的发货单据，并应对发货单据连续编号。

（3）应当以运输合同或条款等形式明确运输方式，商品短缺、毁损或变质的责任，到货验收方式，运输费用承担，以及保险等内容。货物交接环节应做好装卸和检验工作，确保货物的安全发运，并由客户验收确认。

（4）应当做好发货各环节的记录，填制相应的凭证，设置销售台账，实现全过程的销售登记制度。

7. 收款

该环节的基本控制措施包括以下几方面。

（1）结合企业销售政策，选择恰当的结算方式，加快款项回收，提高资金的使用效率。

（2）建立票据管理制度，特别是加强对商业汇票的管理。一是对票据的取得、贴现、背书、保管等活动予以明确规定；二是严格审查票据的真实性和合法性，防止票据欺诈；三是由专人保管应收票据，对即将到期的应收票据，及时办理托收，定期核对盘点；四是票据贴现、背书应经恰当审批。

（3）加强赊销管理。一是对于需要赊销的商品，应由信用管理部门按照客户信用等级审核，并经具有相应权限的人员审批。二是赊销商品一般应取得客户的书面确认，必要时，要求客户办理资产抵押、担保等收款保证手续。三是应完善应收账款管理制度，落实责任、严格考核、实行奖惩。销售部门负责应收账款的催收，催收记录（包括往来函电）应妥善保存。

（4）加强代销业务款项的管理，及时与代销商结算款项。

（5）收取的现金、银行本票、汇票等应及时缴存银行并登记入账，不得擅自坐支现金。以银行转账方式办理的销售收款，应当通过企业核定账户进行结算。企业应当防止销售人员直接收取款项，如必须由销售人员收取款项的，应由财务部门加强监督。

8. 客户服务

该环节的基本控制措施包括以下几方面。

（1）结合竞争对手的客户服务水平，建立和完善客户服务制度。

（2）设专人或部门进行客户服务和跟踪。有条件的企业可以按产品线或地理区域建立客户服务中心。

（3）建立产品质量管理制度，加强销售、生产、研发、质量检验等相关部门之间的沟通协调。

（4）做好客户回访工作，定期或不定期开展客户满意度调查；建立客户投诉制度，记录所有的客户投诉，并分析投诉产生原因及解决措施。

（5）加强销售退回控制。销售退回须经具有相应权限的人员审批后方可执行；销售退回的商品应当参照物资采购进行入库管理。

9. 会计系统控制

该环节的基本控制措施包括以下几方面。

（1）企业应当加强对销售、发货、收款业务的会计系统控制，详细记录销售客户、销售合同、销售通知、发运凭证、商业票据、款项回收等情况，确保会计记录、销售记录与仓储记录核对一致。具体如下：财务部门开具发票时，应当依据相关单据（计量单、出库单、货款结算单、销售通知单等）并经相关岗位审核；销售发票应遵循有关发票管理规定，严禁开具虚假发票；财务部门对销售报表等原始凭证审核销售价格、数量等，并根据国家统一的会计准则制度确认销售收入,登记入账;财务部门与相关部门月末应核对当月销售数量,保证各部门销售数量的一致性。

(2)建立应收账款清收核查制度。销售部门应定期与客户对账,并取得书面对账凭证,财务部门负责办理资金结算并监督款项回收。

(3)及时收集应收账款相关凭证资料并妥善保管;及时要求客户提供担保;对未按时还款的客户,采取申请支付令、申请诉前保全和起诉等方式及时清收欠款。对收回的非货币性资产应经评估和恰当审批。

(4)企业对于可能成为坏账的应收账款,应当按照国家统一的会计准则规定计提坏账准备,并按照权限范围和审批程序进行审批。对确定发生的各项坏账,应当查明原因,明确责任,并在履行规定的审批程序后做出会计处理。企业核销的坏账应当进行备查登记,做到账销案存。已核销的坏账又收回时应当及时入账,防止形成账外资金。

第三节 研发业务内部控制

一、研发业务活动

研发,也称研究开发、研究与开发、研究发展,是指各种研究机构、企业为获得科学技术(不包括人文、社会科学)新知识、创造性地运用科学技术新知识,或实质性改进技术、产品和服务而持续进行的具有明确目标的系统活动,一般是指产品、科技的研究与开发。研发活动是一种创新活动,需要创造性地开展工作。

按照定义,研发活动可理解为由科技研发与技术研发两大部分构成。科技研发是指为获得科学技术的新知识、创造性地运用科学技术新知识、探索技术的重大改进而从事的有计划的调查、分析和实验活动。对科学原理、规律、理论的研究称为基础研究。而对科学技术的应用性研究和开发称为应用研究。科技研发情况,如研发经费、研发人员数量、研发成果包括发表的论文和申请的专利等,是衡量一个国家创新能力的重要指标。技术研发是指为了实质性地改进技术、产品和服务,将科研成果转化为质量可靠、成本可行、具有创新性的产品、材料、装置、工艺和服务的系统性活动。

研发包含四个基本要素,即创造性、新颖性、科学方法的运用、新知识的产生。研发活动的产出是新的知识(无论是否具有实际应用背景),或者是新的和具有明显改进的材料、产品、装置、工艺或服务等。

联合国教育、科学及文化组织认为研发是指增加知识总量,以及运用这些知识去创造新的应用而进行的系统性创造活动。与这一定义相联系的国际通用的研发三阶段划分标准如下:研发由基础研究、应用研究和技术开发三项活动组成。第一,基础研究。基础研究主要是为获得关于现象和可观察事实的基本原理而进行的实验性或理论性工作。基础研究可细分为完全不考虑任何应用的纯基础研究和为了某种技术应用的可能性而做的应用性基础研究两类。基础研究主要成果的表现形式是科学论文和科学著作。第二,应用研究。应用研究是利用基础研究的成果去满足具体的需要。应用研究主要针对某一特定而又比较广泛的应用目标。应用研究成果主要表现为学术论文、著作、原理性模型或实验性模型。第三，技术开发。技术开发是指利用从研究和实际经验中获得的现有知识，为了生产新的材料、产品和装置，建立新的工艺、系统和服务，以及对已生产和已建立的上述各项活动进行实质性改进而进行的系统性工作。技术开发分为实验开发和工程开发两个阶段。实验开发是开发新的产品或过程，其成果一般是样品、样机、装置原型及相应的图纸与其他技术文件。工程开发是以具体的产品或过程为对象，它要解决从样机或原型到生产之间的全部技术与工艺问题，其成果要满足正式生产的全部技术需要。

科学技术部对研发的定义：研发活动是指为增加知识的总量（包括人类、文化和社会方面的知识），以及运用这些知识去创造新的应用而进行的系统的、创造性的活动。研发活动包括基础研究、应用研究、实验发展三类活动。第一，基础研究是指为获得关于现象和可观察事实的基本原理及新知识而进行的实验性和理论性工作，它不以任何专门或特定的应用或使用为目的。第二，应用研究是指为获得新知识而进行的创造性研究，它主要针对某一特定的实际目的或目标。第三，实验发展是指利用从基础研究、应用研究和实际实验中获得的现有知识，为了产生新的产品、材料和装置，建立新的工艺、系统和服务，以及对已产生和建立的上述各项活动做出的实质性改进而进行的系统性工作。科学技术部对研发的定义内涵与联合国教育、科学及文化组织的定义内涵是一致的。

国内外会计组织对研发的定义和分类主要包括以下几种。第一，《国际会计准则第38号——无形资产》对研发的定义如下：研究，指为获取新的科学或技术知识而进行的具有创造性和有计划的调查；开发，指在开始商业性生产或使用前，将研究成果或其他知识应用于某项计划或设计，以生产新的或具有实质性改进的材料、装置、产品、工序、系统。第二，《企业会计准则第6号——无形资产》对研发的定义如下：研究是指为获取并理解新的科学或技术知识而进行的独创性的有计划调查；开发是指在进行商业性生产或使用前，将研究成果或其他知识应用于某项计划或设计，以生产出新的或具有实质性改进的材料、装置、产品等。第三，《企业内部控制应用指引第10号——研究与开发》对研发的定义：研究与开发，是指企业为获取新产品、新技术、新工艺等所开展的各种研发活动。其中，"新产品"是指在结构、材质、工艺等方面比老产品有明显改进，显著提高了产品的性能或扩大了产品的使用功能及采用新技术原理设计构思的新产品。但根据用户要求生产的单台非标准设备，用进口元器件、零部件组装的国内尚无生产的产品及单独改变花色、外观、包装的产品除外。"新技术"是指在一定地域、时域和行业内有所创新并具有竞争能力的技术，包括首次发明创造的开拓性技术；在原有技术基础上发展的，性能有重大突破和显著进步的技术；对原有技术进行一定程度改革，使之有所进步的技术。"新工艺"是指在工艺要求加工方法等流程路线某一方面或几方面与老工艺相比有明显改进，具有独创性、先进性、实用性，并在一定范围内首次应用的工艺。

一般来讲，研发活动由科学研究活动与技术开发活动两大部分构成。科学研究活动是指为获得科学技术的新知识、创造性地运用科学技术新知识、探索技术的重大改进而从事的有计划的调查、分析和实验活动。科学研究活动包括：旨在获取知识而进行的活动；研究成果或其他知识的应用研究、评价和最终选择；材料、设备、产品、工序、系统或服务替代品的研究；新的或经改进的材料、设备、产品、工序、系统或服务的可能替代品的配置、设计、评价和最终选择。科学研究活动的特点如下。

第一，计划性。科学研究阶段是建立在有计划的调查基础上，即研发项目已经企业董事会或者相关管理层的批准，并已着手收集相关资料，进行市场调查等。例如，某药品企业为研发某药品，经董事会或者相关管理层的批准，有计划地收集相关资料，进行市场调查，比较市场相关药品的药性和效用，进行药品的研发。

第二，探索性。科学研究阶段基本上是探索性的，为进一步的开发活动进行资料及相关方面的准备，这一阶段不会形成阶段性成果。从科学研究活动的特点看，其研究是否能在未来形成成果，即通过开发后是否会形成无形资产有很大的不确定性，企业也无法证明其科学研究活动一定能够形成带来未来经济利益的无形资产。因此，科学研究阶段的有关支出在发生时应当费用化计入当期损益。

技术开发活动是指未来实质性改进技术、产品和服务，将科研成果转化为质量可靠、成本可行、具有创新性的产品、材料、装置、工艺和服务的系统性活动。技术开发活动的特点在于：一方面，具有针对性。技术开发阶段建立在科学研究阶段的基础上，因此，对项目的开发具有针对性。另一方面，形成成果的可能性较大。进入技术开发阶段的研发项目往往形成成果的可能性较大。由于技术开发阶段相对于科学研究阶段更进一步，且很大程度上形成一项新产品或新技术的基本条件已经具备，此时如果企业能够证明满足无形资产的定义及相关确认条件，所发生的开发支出可资本化，并可确认为无形资产的成本。

二、研发的主要风险点

（一）总体风险分析

研发活动的目的就是形成新产品、新技术、新工艺，提升企业核心竞争力，为企业创造价值，而如果转化应用不足，研发活动的目标就不能实现。而保护措施不利将导致企业的商业秘密泄露而使企业受损。各阶段的主要风险点如下。

1. 前期论证阶段的主要风险是研究项目未经科学论证或论证不充分，可能导致创新不足或资源浪费

前期论证阶段的风险点至少包括研究计划、可行性研究报告的编制、专业评估、立项审批、项目决策等。

2. 过程管理阶段的主要风险是研发人员配备不合理或研发过程管理不善，可能导致研发成本过高、舞弊或研发失败

过程管理阶段的风险点至少包括经费管理、进度管理、质量管理、合作模式的选择、知识产权的归属、成果的验收、研究人员的管理等。

3. 研发成果转化阶段的主要风险是研发成果转化应用不足、保护措施不力，可能导致企业利益受损

研发成果转化阶段的风险点至少包括试生产的验证、知识成果的保护、研发活动的评估等。

（二）研发业务的风险点分析

按照研发业务在不同阶段的环节，对风险点分析如下。

1. 研发项目未经科学论证或论证不充分，可能导致创新不足或资源浪费

研发项目在立项之前，必须经过科学论证，不进行论证程序或者论证不充分，可能导致创新不足或资源浪费。研发项目的可行性论证一般会涉及项目立项的必要性、技术可行性、合作方的研发实力，研发成果和知识产权分配、合作方的考核指标、对企业科技进步的促进作用、资金匹配与投入能力及研发项目的管理等问题。研发项目技术不可行，合作方或者企业自己配置的研发小组成员的研发实力与研发项目的创新要求不匹配，会造成创新不足，继而导致企业资源的不良配置。

研发项目必须经过严格的审批程序方可进行，未经立项审批的研发项目，企业不应也不能予以认可。

2. 研发人员配备不合理或研发过程管理不善，可能导致研发成本过高、舞弊或研发失败

企业必须具备科学合理的研发人员选拔标准和聘任程序，同时，要注意对研发人员工作业绩的考评，制定促进研发人员研发积极性的激励与约束机制，并据此决定员工的续聘、调动、升迁、降职或辞退。

对研发过程进行管理，是为了防范风险。企业研发项目的研制和生产过程一般都比较长，因此，其间必定环节多、耗费资金多、不确定因素多，经济风险和技术风险大，系统操作复杂。故而在研发过程中，企业面临的风险种类繁多，各种风险之间的相互关系错综复杂。此外，研发过程的进行主要依靠研发人员进行，因此，研发人员的经验、知识结构及其自信度，都会造成不同程度的风险。对于项目风险的管理，普遍运用的技术方法包括事故树分析（fault tree analysis，FTA）法和事件树分析（event tree analysis，ETA）法。

研发过程管理不善，或者激励约束机制不足，很可能引起研发成果外露、研发人员中途离任、研发效率降低等风险，给企业造成巨大的经济损失。

3. 研发成果转化应用不足、保护措施不利，可能导致企业利益受损

将研发成果转化为真正的经济效益，一般要经过四个阶段：第一，技术产品化，即将研发成果或者实验室成果转为有形的产品；第二，产品商品化，即将成形的产品转变为市场需要的商品；第三，商品社会化，即通过规模化生产运营，以可接受的成本将产品提供给社会大众，产生经济效益；第四，技术扩散化，即成果的进一步转化在于把企业的工艺技术向适用的企业进行技术扩散。在这四个阶段中，缺少任何一个环节都有可能导致企业利益受损。要降低该类问题的发生，一是要在研发、企业和市场之间真正建立起一个合理的利益结合点，对研发成果进行市场分析，使得企业研发与市场效益挂钩；二是畅通转化渠道，扩大企业新产品的受众范围，让企业研发的创新性产品获得市场更多支持。

研发结果一旦成形，其产品则应成为受保护的对象。企业应及时制定科学成果的产权保护措施，确定权益和责任，并申请专利保护。否则，企业的研发过程如果被商业竞争对手窃取，其损失将非常惨重。

三、研发业务控制措施设计

（一）总体要求

研发体现着企业的核心竞争力，在对研发业务流程和研发过程中的风险点进行识别和评估的基础上，设计一套科学、有效的控制程序和措施，是保证研发工作合理、有序、高效开展的关键，也是形成并凝聚企业核心竞争力的保障。

（二）具体措施

企业应当重视研发工作，根据发展战略，结合市场开拓和技术进步要求，科学制订研发计划，强化研发全过程管理，规范研发行为，促进研发成果的转化和有效利用，不断提升企业自主创新能力。具体措施应遵循以下三项原则：第一，在制订研发计划阶段企业应当根据发展战略，结合市场开拓和技术进步要求，科学地制订研发计划；第二，在研发阶段要强化研发的全过程管理，重点规范研发行为；第三，在成果转化阶段要重点关注促进研发成果的转化和有效利用。

1. 项目立项申请

立项申请与评估直接关系到企业的研发项目是否可以实施。企业可以根据实际需要，结合研发计划，提出研发项目立项申请，开展可行性研究，编制可行性研究报告，这本身就是一项控制措施。企业可以组织独立于申请及立项审批之外的专业机构和人员进行评估论证，出具评估意见。这是为了提高评估的充分性，避免决策失误导致的重大风险。同时，这也体现了《企业内部控制基本规范》第一章"总则"中提出的，企业建立与实施内部控制应当遵守的五项原则中的"制衡性原则"，即不能由同一个人既进行可行性研究又进行评估论证，这也是七项控制措施中不相容职务分离控制的体现。

企业应当结合研发计划，提出研发项目立项申请，开展可行性研究，编制可行性研究报告。企业研发项目的立项申请与可行性研究是确定研发项目的第一步。立项申请时，项目的可行性报告应该明确研发项目的理由、开发内容与方式、开发项目的技术路线、工艺流程、技术和经济目标、开发进度与完成期限、项目的预算、研发人员（或合作方）的基本条件与概况等。

企业应该对研发项目的立项过程进行跟踪与管理。立项管理是企业研发过程管理的第一个关键环节，应该遵循一定的程序和步骤。对立项进行管理，其主要目的是通过规范化的流程，判断并采纳符合企业根本目标的立项建议，提供合理的资金和资源，使立项建议成为正式的项目，避免浪费企业的人力资源、资金和时间。立项管理可以分为立项建议阶段、立项评审阶段与立项筹备阶段。立项建议阶段的主要任务是立项建议小组的成员进行立项调查、产品构思、可行性分析并申请立项，随之进入立项评审阶段，如果通过评审，则进入立项筹备阶段，开展正式的研发活动；如果没有通过评审，就返回到立项建议阶段，直到项目立项通过为止。

立项项目的评审和可行性论证，应该由企业组织专家组进行。专家组成员的构成必须遵循规避原则。一般而言，专家组成员都是独立于立项申请及立项审批之外的专业机构和人员，可能包括行业技术专家、管理专家和财务专家，其中以技术专家为主。此外，企业还可以借助中介机构的服务。

2. 项目决策与审批

研发项目应当按照规定的权限和程序进行审批，重大研发项目应当报经董事会或类似权力机构集体审议决策。决策的科学性非常重要，这也是"授权审批控制"的重要体现。例如，国务院国资委要求中央企业的"三重一大"（重大决策、重大项目安排、重要人事任免、大额资金的运作）事项都应当通过集体审议决策。审批过程中，应当重点关注研发项目促进企业发展的必要性、技术的先进性及成果转化的可行性。授权审批本身就是一项重要的控制措施，体现了科学决策的理念。

对于研发项目的管理，企业可按照重要性原则，对项目进行分类管理。重大研发项目，一般是指新产品研发和关键性技术之类的研发项目，或者在审批权限上必须经过决策委员会审批的项目；重要研发项目，一般是指对于引进的新产品或新技术进行评估、产品和技术的实验验证，企业从未生产过的新品种的实验和研究改进，对企业长期存在的产品生产技术、质量、工艺等问题进行攻关、解决现有生产技术难题，提高重要影响（如高于规定限额）项目的质量控制标准等；一般研发项目，一般是指项目金额不大（如低于规定限额），对企业生产经营构不成实质性影响的项目等。

在分类管理的基础上，研发项目应当按照规定的权限和流程进行分类审批。例如，重大研发项目应当报经董事会或类似权力机构集体审计决策；一般研发项目由战略委员会审批；重要研发项目由战略委员会审批同意后报董事会审批。

立项阶段应重点关注未来市场风险和研发失败风险。如果对于企业研发项目的技术先进性与市场经济效益不能准确地估计，则研发项目可能会给企业带来严重的经济损失。因此，项目的立项审批应当重点关注研发项目促进企业发展的必要性、技术的先进性及成果转化的可行性。

3. 项目过程管理

企业应当加强对研发过程的管理，合理配备专业人员，严格落实岗位责任制，确保研发过程高效、可控。企业应当跟踪检查研发项目进展情况，评估各阶段研发成果、提供足够的经费支持，确保项目按期、保质完成，有效规避研发失败的风险。《企业内部控制基本规范》中提到企业应当将手工控制与自动控制、发现性控制与预防性控制相结合，而这里的跟踪检查就是发现性控制的一种。企业研发项目委托外单位承担的，应当采用招标、协议等适当方式确定受托单位，签订外包合同，约定研发成果的产权归属、研发进度和质量标准等相关内容。企业与其他单位合作进行研发的，应当对合作单位进行尽职调查，签订书面合作研发合同，明确双方的投资、分工、权利和义务、研发成果产权归属等。风险的应对措施有以下四种：风险规避，如不合理的研发项目不予上马；风险降低，如采取控制方法降低风险；风险分担，如合作开发、业务外包就是很好的风险分担方法；风险承受，如果研发过程中的风险在企业风险可承受度之内，那么企业将选择承受。而在业务外包、合作研发中研发成果的归属问题是最重要的风险，成果是归企业所有还是合作双方共同拥有应当在合同中详细列明。

　　研发人员的配置，应当与企业研发项目的产品生命周期相匹配，与激励约束机制并行。在产品的形成阶段，企业的产品开始进入市场，产品在市场上具有独占性。这一阶段产品的开发、技术等风险仍然很大，产品表现为品种单一、没有附加功能，该阶段需要配置的研发人员数量多，市场推广工作是重点，因此，该阶段的管理效率不是企业面临的主要矛盾，在激励约束机制上，提倡以长期激励机制（如期权、股权等）为主。在产品的成长阶段和产品的发展阶段，产品的发展前景基本明朗，企业及产品在市场上也有了一定的知名度和美誉度，但是竞争对手的产品开始在市场上出现。该阶段研发人员的主要任务是对推出的产品进行产品改进和功能附加，这时需要的研发人员数量减少，但此时企业在研发人力资源控制方面的管理工作应该跟进，并逐渐兑现前期激励机制的承诺。到了产品的成熟阶段，企业的产品已不再具有垄断性，企业的利润也逐渐趋于行业平均利润，年平均增长率保持相对稳定，所需的研发人员数量大大减少，专业市场营销人员和管理人员数目增多，企业应该从研发项目管理转向企业管理。该阶段企业应落实岗位责任制，内部控制工作成为企业管理工作的重点之一。

　　企业研发项目立项后，应当继续跟踪检查研发项目的进展情况，评估各阶段的研发成果，提供足够的经费支持，确保项目按期、保质完成，有效规避研发失败风险。项目过程管理包含两方面含义：一是对阶段性成果的管理。研发各阶段的成果是研发项目最终成果的组成部分，企业应当制定管理程序和制度，将阶段性成果视同最终成果进行严格管理。二是研发过程中的费用管理。一般来讲，项目费用管理包括涉及费用规划、估算、预算和控制的过程，目的是要保证能在已批准的预算内完成项目，同时在项目研发过程中，研发费用能够与研发发展阶段对费用的需求相匹配。项目的费用管理主要包括项目费用规划、费用结构、费用估算、费用预算和费用控制标准。企业严格执行费用管理的规定，能够降低研发费用，缩短研发时间，提高项目提交成果的质量和绩效，并优化决策过程。

　　企业合作方应当遵循一定的程序，以防止舞弊或者增加研发项目的风险。

　　4. 项目验收制度

　　企业应当建立和完善研发成果验收制度，组织专业人员对研发成果进行独立评审和验收。这本身就是一项重要的控制措施。企业对于通过验收的研发成果，可以委托相关机构进行审查，确认是否申请专利或作为非专利技术、商业秘密等进行管理。企业对于需要申请专利的研发成果，应当及时办理有关专利申请手续，对研发成果进行分级管理。同时，研发活动还会受到企业内部和外部风险因素的影响，其中外部风险包括经济、法律、科学技术进步、工艺改进的科学技术因素，为了避免遭受风险，企业应当保证研发成果的实效性和先进性。企业对研发活动的控制应该是全过程控制，这不仅包括对立项阶段的可行性分析控制与研发过程的控制，还包括研发结束后对研发成果的验收和结题控制。验收时，企业应该组织专家组进行验收，其验收的内容一般包括：项目产品开发与取得成果情况，项目资金落实与支出情况，项目产品市场开拓与销售情况，合同技术、经济、质量、资产指标完成情况，项目验收与立项时企业资产、销售、利税情况，项目执行过程中存在的问题，以及其他相关的说明。

验收后，企业应当采用一些技术方法对研发成果进行保护。例如，信息技术手段、防伪技术等。在法律保护上，一般可以采取的方法是申请专利。申请专利的时间要及时，否则研发成果一旦推迟申请法律保护，就可能被商业竞争对手抢先注册而延误商机。对于作为非专利技术、商业秘密等形式存在的无形资产，企业更应该严加管理。企业应该建立无形资产的管理制度并建立有效的监督机制。

5. 项目保密制度

为了防范掌握关键环节、关键技术、核心技术的研发人员可能被竞争对手"挖墙脚"，对外泄密或者恶意破坏等风险，企业应当建立严格的核心研发人员管理制度，明确界定核心研发人员范围和名册清单，签署符合国家有关法律法规要求的保密协议。企业与核心研发人员签订劳动合同时，应当特别约定研发成果的归属、离职条件、离职移交程序、离职后保密义务、离职后竞业限制年限及违约责任等内容。

对研发骨干人员的管理，应当引起研发型企业的高度重视。企业对于核心研发人员的管理，应该关注两个方面：一是企业应该建立研发项目核心人员的岗位责任制，并与研发人员签订《项目研发责任书》，其内容一般包括研发人员在项目中详尽的责任、利益、时间节点、考核办法等。在此基础之上，明确各岗位的工作职权、责任和范围。二是企业应该建立与研发人员工作业绩挂钩的业绩考核体系。考核指标可以界定为两个方面：一方面是效益指标；另一方面是效率指标。效益指标是研发成果在市场中产生的价值反映，如产品销售额、市场占有率等。效率指标是企业内部的研发效率和阶段成果完成情况，如产品开发周期、研发费用、产品规则符合度、批次整改率、产品数据准确率等。具体操作因企业而异。

研发核心人员应当与企业签订保密协议，以降低企业研发风险，保护企业研发成果。主要约定条款应该包括研发成果归属、离职条件、离职移交程序、离职后保密义务、离职后竞业限制年限及违约责任等内容。

6. 项目成果转化

企业应当加强研发成果的开发与保护，形成科研、生产、市场一体化的自主创新机制，促进研发成果转化为实际生产力。研发成果的开发应当分步推进，通过试生产充分验证产品性能，在获得市场认可后方可进行批量生产。这样做的目的是在了解市场的基础上，防范市场风险。

在市场经济体制下，企业竞争力的大幅提升，离不开自主创新机制。自主创新能力是产品结构升级、推进产业升级、优化企业资源配置的中心环节。企业研发活动的最终目的是将潜在的生产力转化为实实在在的经济效益，因此，企业应该在科研、生产与市场之间建立有机联系，最终促进研发成果的转化。

虽然企业的研发项目在立项之初就应该进行广泛的市场调研，但是研发时间的递延，以及可能存在的潜在的调查偏差都可能使市场消费者偏好发生变化，从而增加市场风险。因此，在成果转化过程中，企业自主创新的成果多数为市场率先上市的产品，尚不清楚消费者的接受能力，因此，企业应首先进行试生产，以充分验证产品性能，在得到市场认可的基础上再进行大规模的批量化生产。否则，一开始就将研发的新产品进行大规模生产，很可能会给企业带来经济损失。

7. 项目成果保护

企业应当建立研发成果保护制度，加强对专利权、非专利技术、商业秘密及研发过程中形成的各类涉密图纸、程序、资料的管理，严格按照制度规定使用。禁止无关人员接触研发成果。

企业应该建立对各项研发成果的保护制度，科研资料和文献的管理是其中重要的环节。企业研发项目在结题、鉴定、验收或者获奖后的一定时间内，项目负责人应该将结题涉及的文本资料（任务书、合同书、实验、测试、图纸、调研、考察等原始资料、论文、专著、结题报告），结题鉴定、验收、报奖及获奖证书等材料收集完整，按行程日期整理后归档专门机构档案室审查，并进行装订。除非发生特殊情况，与研发无关的人员应该遵循禁止原则，不得接触研发成果。

8. 项目研发后评估

企业应当建立研发活动评估制度，加强对立项与研究、开发与保护等过程的全面评估，认真总结研发管理经验，分析存在的薄弱环节，完善相关制度和办法，不断改进和提升研发活动的管理水平，其控制措施为运营分析控制，即通过分析查找风险所在及薄弱环节并进行充分论证，从而制定措施进行改进并提升研发活动的管理水平和效率。

研发项目的评估制度主要包括三个阶段，即立项阶段的评估、研发过程的跟踪评估与信息反馈、研发结果的评估与保护。这三个阶段环环相扣，相互衔接，缺一不可。企业对建立的评估制度的严格执行，能够不断改进和提升研发活动的管理水平。

▶复习思考题

一、单项选择题

1. 采购业务的业务流程包括：①供应商选择；②确定采购价格；③编制采购预算；④申请采购；⑤订立采购合同或协议等环节。下列对这些流程排序正确的是（   ）。

A. ③④②①⑤　　　　　　　B. ③④①②⑤
C. ④③①②⑤　　　　　　　D. ④②③①⑤

2. 销售业务包含以下环节：①销售谈判；②销售计划管理；③销售定价；④客户开发与信用管理；⑤订立销售合同等。按照一般销售业务的业务流程排序正确的是（　　）。

A. ③②①④⑤　　　　　　　B. ②①④③⑤
C. ②④③①⑤　　　　　　　D. ②④③⑤①

3. 在采购业务中，提出采购申请的部门一般为（　　）。

A. 采购部门　　B. 财务部门　　C. 信用管理部门　　D. 物资需求部门

4. 在采购业务管理供应过程环节，下列说法错误的是（　　）。

A. 企业在该环节应该择优选择供应商
B. 企业在该环节应该建立严格的采购合同跟踪制度
C. 企业在该环节应该合理选择运输工具和运输方式，办理运输、投保等事宜
D. 企业在该环节应该实时掌握物资采购供应过程

5. 在销售业务中，处理产品维修、销售退回、维护升级等业务的环节是（　　）。

A. 客户服务　　　　　　　　B. 客户开发与信用管理
C. 销售计划管理　　　　　　D. 会计系统控制

6. 建立和不断更新、维护客户信用动态档案，并对客户付款情况进行持续跟踪和监控的部门是（　　）。

A. 销售部门　　　　　　　　B. 财务部门
C. 信用管理部门　　　　　　D. 独立于销售部门的其他部门

7. 在赊销管理中，负责应收账款催收的部门应该是（　　）。

A. 销售部门　　　　　　　　B. 财务部门
C. 信用管理部门　　　　　　D. 独立于销售部门的其他部门

8. 企业依靠自身的科研力量，独立完成项目，包括原始创新、集成创新和在引进消化基础上的再创新的是（　　）。

A. 自助研发　　B. 委托研发　　C. 合作研发　　D. 委托加工

9. 企业委托具有资质的外部承办单位进行研发的是（　　）。

A. 自助研发　　B. 委托研发　　C. 合作研发　　D. 委托加工

10. 企业研发的基本流程主要涉及：①研发过程管理；②立项申请；③研究成果开发和保护；④项目验收；⑤项目研发后评估环节。正确的顺序是（　　）。

A. ②①③④⑤　　B. ②①④⑤③　　C. ②①④③⑤　　D. ②①③⑤④

二、多项选择题

1. 采购业务流程包括（　　）。

A. 请购　　B. 供应商选择　　C. 订立采购合同或协议
D. 验收　　E. 付款

2. 采购业务供应过程管理的主要内容有（　　）。

A. 对供应商进行信用评估　　　　B. 建立严格的采购合同跟踪制度
C. 选择合理的运输工具和运输方式　　D. 办理运输、投保等事宜

E. 实行全过程的采购登记制度
3. 关于赊销管理，以下控制措施正确的是（   ）。
A. 赊销商品应由信用管理部门按照客户信用等级审核，并经具有相应权限的人员审批
B. 赊销商品一般应取得客户的书面确认
C. 客户信用等级较低时，要求客户办理资产抵押、担保等收款保证手续
D. 应完善应收账款管理制度，落实责任、严格考核、实行奖惩
E. 销售部门负责应收款项的催收，催收记录（包括往来函电）应妥善保存
4. 以下属于销售与收款业务中不相容职务的是（   ）。
A. 销售审批与赊销政策审批 B. 商品销售与应收账款催收工作
C. 退货验收与退货记账工作 D. 应收账款记账与现金保管工作
E. 销售谈判与销售合同订立
5. 研发的基本流程主要包括（   ）。
A. 立项申请   B. 研发过程管理   C. 项目验收   D. 研发成果开发
E. 项目成果保护
6. 研发过程是研发的核心环节，实务中，研发通常分为（   ）。
A. 自主研发   B. 委托加工   C. 委托研发   D. 外包研发
E. 合作研发
7. 采购业务的业务流程包括（   ）。
A. 请购   B. 审批   C. 购买   D. 验收   E. 付款
8. 以下属于销售业务的主要风险点的是（   ）。
A. 销售计划管理   B. 销售过程管理
C. 客户信用管理   D. 订立销售合同
9. 以下属于销售业务的业务流程的是（   ）。
A. 销售计划管理   B. 客户开发与信用管理
C. 销售定价   D. 会计系统控制

▶案例分析题

M公司销售员与客户谈判，根据客户对产品的需求情况，将客户名称、所需产品品种、型号规格、技术指标、价格、数量、交货期限等销货信息传回公司销售部门。销售部门建有客户的信用档案，根据客户的信用情况或新客户的情况确定是否需要预付款、款到交货或赊销等方式。销售部门的合同管理科对销售员发回的销货信息及客户的信用情况进行预审，预审合格及确定收款方式后，销售员与客户签订销售合同并将合同送回公司，合同管理科将签订的销售合同输入电脑，销售部门对于每份销售合同都由具体的项目经理负责，项目经理制订生产计划后交给生产部门。生产部门将生产计划与电脑中的销售合同核对后根据生产计划将生产任务下达给各制造车间，产品完工经仓储保管部门验收入库后，生产部门通知项目经理可以发货。项目经理与运输部门联系发出货物，项目经理开出送货单交给销售部门的结算员与销售合同进行审核无误后，在其中一联上盖出门证章。财务部门对销售部门送达的销售发票、发货清单及收货单位签字的送货单

进行审核并确认收入，财务部门登记应收账款的明细账并负责收取货款。销售货款的催收工作由销售部门负责。财务部门和销售部门分别对账龄进行分析。

要求：

试分析该公司在销售与收款业务中的规定和做法是否符合内部控制的规定。

第六章

企业其他经济业务内部控制

【学习目标】
1. 掌握担保业务的主要风险点及其内部控制。
2. 掌握工程项目的主要风险点及其内部控制。
3. 掌握全面预算的主要风险点及其内部控制。

【导入案例】

预算编制方法的"启示"

某机床股份有限公司采用固定预算法编制预算。但该公司面临的市场有较大的不确定性,导致该公司采用固定预算法编制的销售预算很难准确。这就造成这样一种现象:销售预算的编制不准确,就会影响采购预算和生产预算,而销售部门似乎就可以将一切不确定因素归因于瞬息万变的市场,这样,大家好像都把责任间接或直接地归结为市场。这极大地阻碍了预算作用的发挥。

试分析该公司在编制预算中存在的主要问题。

第一节 担保业务内部控制

一、担保业务概述

(一)担保业务的含义

担保是指企业作为担保人按照公平、自愿、互利的原则与债权人约定,当债务人不履行债务时，依照法律规定和合同协议承担相应法律责任的行为。债权人与债务人及其他第三人签订担保协议后，当债务人由于各种原因违反合同时，债权人可以通过执行担保来确保债权的安全性。担保作为一种法律行为，是债务人在订立合同时为保证合同的履行而向债权人做出的一种承诺。担保既是信用范畴，也是法律范畴。它是商品货币经济发展到一定时期的必然产物，随商品货币经济的产生发展而不断变换其活动领域和表现形式。担保业务活动的领域十分广泛，从范围上看，担保涉及金融、商品担保、信用交易等；从担保品种上看，担保包括贷款担保、租赁担保、发放债券担保、票据担保、工程担保、备用信用担保、商业信用担保、纳税担保等。根据《中华人民共和国担保法》，担保方式分为保证、抵押、质押、留置、定金等五种。其中，抵押、质押、留置、定金等属于物的担保；保证属于人的担保，即通常所说的信用担保。保证与其他四种担保方式最大的区别在于保证人是市场合同交易双方之外的第三方；而抵押、质押、留置和定金四种担保方式都是在合同当事人之间进行，并以物的方式提供的担保。本书主要介绍信用担保方式。

《企业内部控制应用指引第 12 号——担保业务》所称担保，是指企业作为担保人按照公平、自愿、互利的原则与债权人约定，当债务人不履行债务时，依照法律规定和合同协议承担相应法律责任的行为。其中，保证人是指具有代为清偿债务的企业法人、其他经济组织或者公民个人。可见，作为保证人，既可以是专业性保证机构，也可以是非专业性的企业（公司）或其他经济组织，其中以专门的信用担保机构最为常见；保证人既可以是固定的，也可以是一次性的。就银行来说，由于有保证的贷款以借款人以外的第三人的信用作为担保，能将全部或部分贷款风险转嫁给保证人，因而为其贷款债权增加了一道安全屏障，有利于减少贷款损失。就借款人而言，由于有保证人为其债务提供担保，其可以在资信等级较低时获得贷款方的信贷支持，有利于生产经营的持续进行。

（二）担保业务的意义

担保业务是指担保机构凭借资金雄厚、信誉卓越的优越条件，接受客户的委托，以自有财产为客户提供担保，保证其能切实履行义务，保障债权人应享权利实现的一种社会服务。企业可以通过担保业务将闲置资金集中投资，在信用审查的基础上对担保对象进行担保，获得担保利得，可以将该行为视为一项投资行为。企业应当依法制定和完善担保业务政策及相关管理制度，明确担保的对象、范围、方式、条件、程序、担保限额和禁止担保等事项，规范调查评估、审批、担保执行等环节的工作流程，按照政策、制度、流程办理担保业务，定期检查担保政策的执行情况及效果，切实防范担保业务风险。

（三）担保业务的流程

担保机构是信用担保行为的主要承担者。担保机构的运作主要是在银行和企业之间形成一个连接，依据银行与担保机构在这个连接中主导性的强弱，担保机构的运作方式可以分为授权保证方式和直接征信方式两类。

授权保证方式的特点是企业与担保机构不发生直接关系，由银行负责贷款的审查并决定贷款的发放，实际操作中又分为普通授权（或全授权）保证方式和专项授权保证方式两种。主要运作程序如下：由担保机构选定协作银行或金融机构，就信贷审核方式、信贷担保比例、信用担保规模、损失赔付方式等内容进行协商，并签订长期协议；由银行对企业的担保申请进行审查，并同时进行信用审查；在普通授权保证方式下，银行初审后发放贷款，并通知担保机构；在专项授权保证方式下，银行进行审查后，将申请材料交由担保机构再次审查，经批准后，由担保机构签发担保证书，银行发放贷款。

在直接征信方式下，银行、中小企业与担保机构之间是一种三角关系，担保机构是决定银行提供贷款的核心，它与中小企业直接接触，完成信贷审查工作。主要运作程序如下：第一，担保机构选定协作银行或金融机构，就被担保的贷款的担保比例、信用担保规模等内容同协作银行达成协议；第二，中小企业向担保机构提出担保申请，由担保机构对其直接进行信用调查，在批准担保申请后向银行签发担保证书；第三，银行在收到担保证书后，根据与担保机构达成的协议，向中小企业发放贷款。

授权保证和直接征信两种运作机制各有优缺点：第一，在授权保证方式下，银行是信用调查的核心。由于银行对中小企业信息的掌握比较全面，会使调查的成本相对较低，但同时也可能会因担保机构的担保而使银行放松信贷审查，产生银行的道德风险；在直接征信方式下，由担保机构完成信用调查，而银行为保证其资金的安全性可能还要对中小企业进行重复调查，使得贷款担保申请手续复杂、耗时长、成本高。第二，在授权保证方式下，对担保机构的规模要求不高，只要处理好与银行的关系即可；在直接征信方式下，担保机构是信用审查的核心，这就要求其具备一定数量的分支机构和较高素质的信用分析人员。第三，在授权保证方式下，遭到银行拒绝的中小企业没有其他补救方式或者程序继续申请信用担保；在直接征信方式下，中小企业可以向不同的担保机构提出多次申请。两种信用担保运行机制优缺点比较如表 6-1 所示。

表 6-1 两种信用担保运行机制优缺点比较

运行机制		优点	缺点
授权保证方式	银行负责资信调查，担保机构和企业不直接接触	效率高，成本低	易产生银行的道德风险；遭到银行拒绝的中小企业没有其他补救方式或者程序继续申请信用担保
直接征信方式	担保机构负责企业资信调查	担保机构充分发挥中介作用，企业可以向不同的担保机构提出多次申请	易出现重复调查，效率低，成本高

信用担保涉及银行、企业和担保机构三方，担保机构介于银行和企业之间，凭借自身的实力承担数倍于自身资产的担保责任，使担保具有信用放大和增强功能。担保机构为银行和企业之间进行贷款交易提供了信用担保，化解了银行贷款的风险，使银行资产的安全性得到保证。担保机构在对信用进行放大的同时，也对风险进行放大，担保机构的运行机制与其面临的风险密切相关。担保机构为被担保企业进行担保时，其业务流程主要包括以下步骤。

1. 担保业务的受理

担保机构受理担保业务时，要求被担保企业提供完整的资料，如被担保企业出具的担保申请书，被担保事项的经济合同、协议及相关文件资料，有关反担保的资料，等等。在担保业务的受理阶段，对企业担保业务材料审查的主要内容包括：①完整性，主要审查被担保企业提交的文件、资料种类是否完整、齐全；②合法性，主要审查被担保企业提交的文件、资料及申请的担保事项是否真实、合法、有效；③条件，主要审查被担保企业是否符合企业规定的担保原则、担保标准和条件。

2. 调查了解被担保企业的经营和财务状况

担保机构可以以被担保企业经有资格的机构审计的财务报表为基础，通过调查被担保企业财务部门和主要管理者，必要时向与被担保企业有商业往来的客户、供货商和其他债权人询问被担保企业情况，核对财务报表和主要凭证，查看库存，了解和掌握被担保企业的动态情况，以及走访外部管理部门，了解其对被担保企业的评价，核实有关情况等方式，获取第一手资料。

3. 担保业务的审批

担保业务审查人员通过对调查审批报告及相关材料的审查，分析被担保企业的履约能力、反担保情况及担保机构相关利益，对照担保机构的担保责任、担保标准和条件等政策规定，决定是否办理该担保业务。

4. 签订担保合同

根据调查了解的被担保企业的经营与财务状况和担保原则、担保标准和条件，经审批后，担保机构与被担保企业签订担保合同。担保合同一般一式三份，一份交受益人，一份由会计部门作为会计处理的附件，一份由经办部门存档。担保合同签订后，担保业务经办人员应及时登记担保业务台账。

5. 担保检查

在担保有效期内，担保业务经办人员应对被担保企业资格、经营管理和担保等事项进行检查，并了解担保事项的进展情况，促使被担保企业按时履约或在担保机构履行担保责任垫付款项后及时得到追偿。担保机构可以规定检查的时限，如担保期在1年以内或风险较大的担保业务，担保业务经办人员需每个月进行一次跟踪检查；担保期在1年以上的担保业务，至少每季度进行一次跟踪检查。

6. 担保合同的履行

担保合同的履行，是指担保合同签订后，担保机构应被担保企业和受益人要求对担保合同进行修改或应受益人要求履行担保责任，或保证期满注销担保合同的过程，具体包括修改、展期、终止和注销、垫款、收回垫付款项等环节。

（1）担保合同的修改。担保期间，被担保企业和受益人因合同条款发生变更需要修改担保合同内容的，应按要求办理。例如，对增加担保范围或延长担保期时间或者因变更、增加担保责任的,担保机构按拟重新签订的担保合同的变更内容进行审查后,形成调查报告,同时要求被担保企业提出修改担保合同的意向文件。经批准的,担保业务经办部门再重新与被担保企业签订担保合同。

(2)担保合同的展期。对于担保合同的展期,担保机构应视同新担保业务进行审批,重新签订担保合同。

(3)担保合同的终止和注销。当出现以下情况时,担保业务经办部门要及时通知被担保企业,担保合同终止:①担保有效期届满;②修改担保合同;③被担保企业和受益人要求终止担保合同;④担保机构替被担保企业垫付款项。担保机构已经承担担保责任的,在垫付款项未获全部清偿前,担保业务经办部门不得注销担保合同,并要向被担保企业和反担保企业发送催收通知书,通知被担保企业还款。

7. 垫付款项及其催收

(1)担保业务垫付款项的前提条件和内部批准手续。担保期间,核对书面索赔通知是否有有效签字、盖章,索赔是否在担保规定的有效期内,索赔的金额、证据是否与担保合同规定的一致。核对无误后,经负责人同意后对外支付垫付款项。

(2)垫付款项的催收和处理。担保业务经办人员要在垫付款项当日或第二个工作日内,向被担保企业发出垫付款项通知书,向反担保企业发送《履行担保责任通知书》,并加强检查力度,以便及时、全额收回垫付款项。

二、担保业务的主要风险点

(一)总体风险分析

担保机构是提供特殊金融服务的一类非金融机构,承担了银行或其他债权人不愿意或不能够承受的高风险,同时极大地提高了债务人的信用级别。担保机构在担保过程中的每一个业务流程都面临诸多方面的风险。担保机构办理担保业务至少应当关注下列风险:第一,对担保申请人的资信状况调查不深,审批不严或越权审批,可能导致担保机构担保决策失误或遭受欺诈;第二,对被担保人出现财务困难或经营陷入困境等状况监控不力,应对措施不当,可能导致担保机构承担法律责任;第三,担保过程中存在舞弊行为,可能导致担保业务经办、审批等相关人员涉案或使担保机构利益受损。

(二)风险点分析

1. 受理申请风险

受理申请是担保机构办理担保业务的第一道关口。

这一环节的主要风险包括:担保机构担保政策和相关管理制度不健全,导致难以对担保申请人提出的担保申请进行初步评价和审核;或者虽然建立了担保政策和相关管理制度,但对担保申请人提出的担保申请审查把关不严,导致申请受理流于形式。

2. 调查和评估风险

担保机构在受理担保申请后对担保申请人进行资信调查和保险评估，是办理担保业务不可或缺的重要环节，在很大程度上影响甚至决定担保业务的未来走向。

这一环节的主要风险包括：对担保申请人的资信调查不深入、不透彻，对担保项目的风险评估不全面、不科学，导致担保机构担保决策失误或操守欺诈，为担保业务埋下巨大隐患。

3. 审批风险

审批环节在担保业务中具有承上启下的作用，它既是对调查评估结果的判断和认定，也是担保业务能否进入实际执行阶段的必经之路。

这一环节的主要风险包括：授权审批制度不健全，导致对担保业务的审批不规范；审批不严格或者越权审批，导致担保决策出现重大疏漏，可能引发严重后果；审批过程存在舞弊行为，可能导致担保业务经办、审批等相关人员涉案或使企业利益受损。

4. 签订担保合同风险

担保合同是担保机构统一办理担保业务的直接体现，也是约定担保双方权利和义务的基础载体。

这一环节的主要风险包括：未经授权对外订立担保合同，或者担保合同内容存在重大疏漏和欺诈，可能导致担保机构诉讼失败，权利追索被动，经济利益、形象和信誉受损。

5. 日常监控风险

担保合同的签订，标志着企业的担保权利和担保责任进入法律意义上的实际履行阶段。切实加强对担保合同执行情况的日常监控，通过及时、准确、全面地掌握被担保人的经营状况、财务状况和担保项目运行情况，最大限度地实现担保机构的担保权益，减轻担保机构的担保责任，是一项艰巨而重要的任务。

这一环节的主要风险包括：重合同签订，轻后续管理，对担保合同履行情况疏于监控或监控不当，导致担保机构不能及时发现和妥善应对被担保企业的异常情况，可能延误处置时机，加剧担保风险，加重经济损失。

6. 会计控制风险

担保业务直接涉及担保财产、费用收取、财务分析、债务承担、会计处理和相关信息披露等，决定了会计控制在担保业务经办中具有举足轻重的作用。

这一环节的主要风险包括：会计控制不力，可能导致担保业务记录残缺不全，日常监控难以奏效；担保会计处理和信息披露不符合有关监管要求，可能引发行政处罚。

7. 代为清偿和权力追索风险

被担保企业在担保期间如果顺利履行了对银行等债权人的偿债义务，且向担保机构及时、足额地支付了担保费用，担保合同一般应予终止，担保双方可以解除担保权利责任。但在实践中，由于各方面因素的影响，部分被担保企业无法偿还到期债务，"连累"担保机构不得不按照担保合同约定承担清偿债务的责任。因此，在代为清偿后依法主张对被担保企业的追索权，成为担保机构降低担保损失的最后一道屏障。

这一环节的主要风险包括：违背担保合同约定不履行代为清偿义务，可能被银行等债权人诉诸法律成为连带被告，影响担保机构形象和声誉；承担代为清偿义务后如果向被担保企业行使的追索权不力，可能造成较大经济损失。

三、担保业务的内部控制

（一）总体要求

担保业务控制措施要求在对担保对象进行信用调查的基础上，严格按照担保业务流程进行申请、审核与审批、签订和履行担保合同。

（二）具体措施

1. 受理申请业务环节的关键控制措施设计

依法制定和完善担保机构的担保政策和相关管理制度，明确担保的对象、范围、方式、条件、程序、担保限额和禁止担保的事项。严格按照担保政策和相关管理制度对担保申请企业提出的担保申请进行审核。例如，担保申请企业是否属于可以提供担保的对象。一般而言，对于与担保机构存在密切业务关系从而需要互保的企业、与担保机构有潜在重要业务关系的企业、担保机构的子公司及具有控制关系的其他企业等，可以考虑提供担保；反之，则必须十分慎重。又如，对担保申请人整体实力、经营状况、信用水平进行情况了解。如果担保申请企业实力较强、经营良好、恪守信用，可以考虑接受担保申请；反之，不应受理。再如，担保申请企业申请资料的完备情况，如果资料完备、情况翔实，予以受理；反之，不予受理。

2. 调查和评估环节的关键控制措施设计

（1）委派具备胜任能力的专业人员开展调查和评估。调查评估人员与担保业务审批人员应当分离。担保申请企业为担保机构关联方的，与关联方存在经济利益或近亲属关系的有关人员不得参与调查和评估。担保机构可以自行对担保申请企业进行资信调查和风险评估，也可以委托中介机构承担这项工作，同时应加强对中介机构工作情况的监控。

（2）对担保申请企业资信状况和有关情况进行全面、客观的调查和评估。在调查和评估中，应当重点关注以下事项：担保业务是否符合国家法律法规和担保机构担保政策的要求，凡与国家法律法规和担保机构的担保政策相抵触的业务，一律不得提供担保；担保申请企业的资信状况，包括基本情况、资产质量、财务状况、经营情况、信用程度、行业前景等；担保申请企业用于担保和第三方担保的资产状况及其权利归属；担保机构要求担保申请企业提供反担保的，还应对与反担保有关的资产状况进行评估。担保机构应当综合运用各种行之有效的方式、方法，对担保申请企业的资信状况进行调查了解，务求真实准确。例如，在对担保申请企业的财务状况进行调查时，要深入分析其短期偿债能力、长期偿债能力、营利能力、资产管理能力和可持续发展能力等核心指标，从而做到胸有成竹、防患于未然。涉及对境外企业提供担保的，还应特别关注担保申请企业所在国家和地区的政治、经济、法律等因素，并评估外汇政策、汇率变动等可能对担保业务造成的影响。

（3）对担保项目经营前景和营利能力进行合理预测。担保申请企业整体的资信状况和担保项目的预期运营情况，构成判断担保申请企业偿债能力的两大重要方面，应当予以重视。

（4）划定不予担保的"红线"，并结合调查和评估情况做出判断。根据《企业内部控制应用指引第12号——担保业务》，以下五类情形不予担保：①担保项目不符合国家法律法规和担保企业担保政策的；②担保申请人已进入重组、托管、兼并或破产清算程序的；③担保申请人财务状况恶化、资不抵债、管理混乱、经营风险较大的；④担保申请人与其他企业存在较大经济纠纷，面临法律诉讼且可能承担较大赔偿责任的；⑤担保申请人与担保企业已经发生过担保纠纷且仍未妥善解决的，或不能及时足额交纳担保费用的。各担保机构应当将上述五类情形作为办理担保业务的"高压线"，严格遵守，不得突破；可以结合担保机构自身的实际情况，进一步充实、完善有关管理要求，切实防范为"带病"企业提供担保。

（5）形成书面评估报告，全面反映调查和评估情况，为担保决策提供第一手资料。担保机构应当规范评估报告的形式和内容，妥善保管评估报告，并作为日后追究有关人员担保责任的重要依据。

3. 审批环节的关键控制措施设计

（1）建立和完善担保授权审批制度，明确授权批准的方式、权限、程序、责任和相关控制措施，规定各层级人员应当在授权范围内进行审批，不得超越权限审批。担保机构内设部门不得以担保机构名义对外提供担保。担保机构应当加大对分公司对外提供担保的管理控制力度，严格限制分公司的担保行为。避免分公司违规担保为担保机构带来不利后果。

（2）建立和完善重大担保业务的集体决策审批制度。担保机构应当根据《公司法》等国家法律法规，结合章程和有关管理制度，明确重大担保业务的判断标准、审批权限和程序。上市公司的重大对外担保，应取得董事会全体成员 2/3 以上签署同意或者经股东大会批准，未经董事会或者类似权力机构批准，不得对外提供重大担保。

（3）认真审查对担保申请企业的调查和评估报告，在充分掌握有关情况的基础上，权衡比较担保机构净资产状况、担保限额与担保申请企业提出的担保金额，确保将担保金额控制在担保机构设定的担保限额之内。

（4）从严办理担保变更审批。被担保企业要求变更担保事项的，担保机构应当重新履行调查和评估程序，根据新的调查和评估报告重新履行审批手续。

4. 签订担保合同环节的关键控制措施设计

（1）严格按照经审批的担保业务签订担保合同。合同经办人员应当在职责范围内，按照审批人员的批准意见拟定合同条款。

（2）认真审核合同条款，确保担保合同条款内容完整、表述严谨准确、相关手续齐备。在担保合同中应明确被担保企业的权利、义务、违约责任等相关内容，并要求被担保企业定期提供财务报告和有关资料，及时通报担保事项的实施情况。如果担保申请企业同时向多方申请担保的，担保机构应当在担保合同中明确约定担保机构的担保份额和相应的责任。

（3）实行担保合同会审联签。除担保业务经办部门之外，鼓励和倡导担保机构法律部门、财务部门、内审部门等参与担保合同会审联签，增强担保合同的合法性、规范性、完备性，有效避免权利和义务约定、合同文本表述等方面的疏漏。

（4）加强对有关身份证明和印章的管理。例如，在担保合同签订过程中，依照法律法规和担保机构内部管理制度，往往需要提供、使用担保机构法定代表人的身份证明、个人印章和担保合同专用章等。

（5）规范担保合同记录、传递和保管，确保担保合同运转轨迹清晰完整、有据可查。

5. 日常监控环节的关键控制措施设计

（1）指定专人定期监测被担保企业的经营情况和财务状况，对被担保企业进行跟踪和监督，了解担保项目执行、资金使用、贷款归还、财务运行及风险等情况，促进担保合同有效履行。担保机构财务部门要及时，最好是按月或者按季收集、分析被担保企业担保期内的财务报告等相关资料，持续关注被担保企业的财务状况、经营成果、现金流量及担保合同的履行情况，积极配合担保业务经办部门防范担保业务风险。

（2）及时报告被担保企业异常情况和重要信息。担保机构有关部门和人员在实施监控过程中一旦发现被担保企业存在经营困难、债务沉重，或者违反担保合同的其他情况，应当按照《企业内部控制应用指引第17号——内部信息传递》的要求，第一时间向担保机构有关管理人员做出报告，以便及时采取有针对性的应对措施。

6. 会计控制环节的关键控制措施设计

（1）健全担保业务经办部门与财务部门的信息沟通机制，促进担保信息及时、有效沟通。

（2）建立担保事项台账，详细记录担保对象、金额、期限、用于抵押和质押的物品或权利及其他有关事项；及时足额收取担保费用，维护担保机构的担保权益。

（3）严格按照国家统一的会计准则制度进行担保会计处理，发现被担保企业出现财务状况恶化、资不抵债、破产清算等情形的，应当合理确认预计负债和损失。属于上述情形的，还应当区别不同情况予以公告。

（4）切实加强对反担保财产的管理，妥善保管被担保企业用于反担保的权利凭证，定期核实财产的存续状况和价值，发现问题及时处理，确保反担保财产安全完整。

（5）夯实担保合同基础管理，妥善保管担保合同、与担保合同相关的主合同、反担保函或反担保合同，以及抵押、质押的权利凭证和有关原始资料，做到担保业务档案完整无缺。当担保合同到期时，担保机构要全面清查用于担保的财产、权利凭证，按照合同约定及时终止担保关系。

7. 代为清偿和权力追索环节的关键控制措施设计

（1）强化法治意识和责任观念，在被担保企业确实无力偿付债务或履行相关合同义务时，自觉按照担保合同承担代偿义务，维护担保机构诚实守信的市场形象。

（2）运用法律武器向被担保企业追索赔偿权利，在此过程中，担保机构担保业务经办部门、财务部门、法律事务部门等应当通力合作，做到在司法程序中举证有力；依法处置被担保企业的反担保财产，尽力减少担保机构的经济损失。

（3）启动担保业务后评估工作，严格落实担保业务责任追究制度，对在担保中出现重大决策失误、未履行集体审批程序或不按规定管理担保业务的部门及人员，严格追究其行政责任和经济责任，并深入开展总结分析，举一反三，不断完善担保业务内部控制制度，严控担保风险，促进担保机构健康稳健发展。

第二节 业务外包内部控制

一、业务外包概述

（一）业务外包的含义

业务外包是指企业利用专业化分工优势，将日常经营中的部分业务委托给企业以外的服务机构或其他经济组织完成经营的行为。业务外包是一种资源整合的管理模式，即企业确定自己的核心竞争优势后，将一部分非核心业务通过合同的方式承包给外部专门机构，其目的是通过业务外包实现对企业资源的重新配置，促进企业持续、健康的发展。企业在决定是否将非核心业务外包时，应当考虑业务外包的经济效果。如果内部业务流程效率较低，服务成本较高，企业应将该业务外包给效率更高的外部专业化厂商，以便专注于自己的核心业务。业务外包的方式有多种，按照业务职能可将业务外包划分为研发外包、资信调查外包、可行性研究外包、委托加工外包、物业管理外包、客户服务外包、信息技术服务外包等。

1. 研发外包

研发外包是指企业将产品研发项目承包给企业外部研发水平更高的科研机构、组织或者高校，以达到充分利用外部资源弥补自身开发能力的不足，增强企业产品研发水平的目的。产品研发一般需要投入巨大的人力、物力和财力，投资成本和研发风险高，越来越多的企业开始寻求外部技术支持，将研发工作外包给技术实力雄厚的科研机构、组织或者高校。研发外包有助于企业转移研发风险、缩短研发周期，降低产品的研发成本。

2. 资信调查外包

资信调查外包是指企业委托专业的资信调查机构，调查与企业发生交易的另一方的资历、信用状况，调查机构在专业调查的基础上，出具专业调查意见和建议，用做企业决策者评选商业伙伴、签订合同、提供信用额度、处理逾期账款等方面的参考依据。资信调查有助于企业取得商业伙伴的有关资料，了解商业伙伴在历史付款记录、商业信誉、履约能力等方面的真实情况，避免商业欺诈的发生。专业的资信调查机构具有经验丰富的团队、广阔的信息来源、灵活多样的调查方法，越来越多的企业将资信调查业务外包给专业的资信调查机构。

3. 可行性研究外包

可行性研究外包广泛地应用于科学技术、生产、建设领域。它是指国家机构、企事业单位在规划生产、基建、科研等投资活动的前期，通过调查研究、分析论证建设项目，科学研究商业活动是否切实可行而做的相关工作。

项目研究小组通过全面调查影响投资项目的社会、经济、技术、政策、环境等因素，权衡各种投资方案的利弊，预测项目完工后的经济效益和社会效益，为该项目是否值得投资及如何进行建设提供咨询意见。可行性研究的内容一般包括市场需求、原料供应、工程建设条件、建设规模、选址、施工、生产工艺、生产设备、环境影响、融资、经济效益等方面。许多企业没有配备专门的项目分析人员，却反对可行性研究所需信息的搜集、整理和分析过程，导致可行性研究报告的效果不佳。为了确保可行性研究报告的质量，越来越多的企业将项目可行性研究外包给专门的咨询服务机构。

4. 委托加工外包

委托加工外包是指由委托方提供主要材料，受托方只代垫部分辅助材料，并按照委托方的要求加工货物并收取加工费的经营活动。外包业务中，委托加工极为常见。

采用委托加工进行业务外包主要基于三方面原因：①企业不具备相应的加工能力；②企业生产能力不足；③为了降低加工成本。

5. 物业管理外包

物业管理是指受特定业主或业主集体委托的物业管理机构，依据委托合同或契约，运用现代经营手段和修缮技术，维护受托管理的物业设施，监管、保护物业园区的公共秩序，以及为业主或物业使用人提供特约服务，并按合同约定收取一定物业管理费用的专业服务活动。

物业管理的范围一般包括房屋建筑及附属配套设备、公用设施及场地、房屋周围的环境、清洁卫生、安全保卫、公共绿化、道路维护，以及向住户提供的其他各种经营服务。

6. 客户服务外包

客户服务是一种以客户为导向的价值观，帮助客户了解和解决与产品消费有关的各种问题，满足客户消费需求，提高消费满意度。企业提供的客户服务包括：接待和回访顾客；服务咨询；质量"三包"服务；安装和调试服务；技术培训服务；维修服务；其他特种服务。为了更好地接近顾客、方便顾客，许多企业将部分客户服务活动及其业务流程进行外包。例如，电视机厂将维修服务转包给当地的维修部门，航空公司将售票服务外包给各地的售票点。客户服务外包有助于提高客户满意度，降低服务成本。

7. 信息技术服务外包

信息技术服务外包是指企业将信息化建设工作交由专业化服务公司来做。信息技术服务外包包括信息化规划（咨询）、设备和软件的选购或开发代理、网络系统和应用软件系统的建设，以及企业网络系统的日常维护和升级等。信息技术服务外包有助于企业加快数字信息化的建设，提高信息管理质量，节约信息处理成本。

（二）业务外包的意义

1. 提高企业的核心竞争力

通过业务外包将非核心业务转移到企业外部，借助外部优质资源弥补和改善企业的弱势项目，转移弱势项目资源以强化核心业务等，有助于企业提高优势项目的市场服务质量，加速核心产品的创新，优化、升级产业链的结构，提高企业的竞争力。

2. 提高资源利用率，降低成本

将非核心业务外包给专业公司，有利于社会分工合作向纵深化发展，也有利于充分发挥各个生产协作企业的规模经济。企业应当合理区分核心业务与非核心业务，将非核心业务外包给经营运作水平更高、运作成本更经济的承包商，降低终端产品成本，节约管理费用，提高企业经营效率。

3. 降低风险

产品寿命周期不断缩短，市场风云多变。固定资产具有专用性的特点，不利于企业产品的结构调整和战略转向，影响经营的灵活性，业务外包有助于降低固定资产投资，改善企业生产的柔性和敏捷性，提高企业对环境的应变能力，降低企业的经营风险。

（三）业务外包的业务流程

企业实施业务外包需要完成一系列的具体活动，对这些活动按照实施过程的先后顺序进行描述，就形成了业务外包的流程图。业务外包流程中的活动主要包括制订业务外包实施方案、审批、选择承包方、签订业务外包合同、组织实施业务外包活动、业务外包过程管理、商品验收、会计控制等环节。

1. 制订业务外包实施方案

制订业务外包实施方案是指企业根据年度生产经营计划和业务外包管理制度，确定业务外包范围，制订实施方案。

业务外包具有很多优点，在当前信息化、交通便捷的条件下，世界各国掀起业务外包的新高潮。但在实施业务外包的过程中，也伴随着外包业务失控、导致产权纠纷、核心能力丧失等风险。为了减轻或避免业务外包过程中所面临的各种风险，企业在制订业务外包实施方案时，应当全面、系统地分析企业内部环境和外部环境，考虑和解决好以下问题：①企业的经营战略是什么；②在当前内部和外部环境下，企业存在什么样的问题可能影响企业的生存和发展；③企业采用业务外包是否有助于解决这些问题，企业业务外包将对企业经营活动产生什么影响，业务外包是否有助于改善企业战略目标的实现，是否有利于提高组织的核心竞争力；④如果业务外包可行，如何决定业务外包的方式；⑤业务外包的风险如何控制。

企业应在分析、权衡业务外包利弊的基础上决定是否实施业务外包，制订业务外包详细计划和实施方案。

2. 审批

审批是指企业审批人应当按照规定的权限和程序审核、批准业务外包实施方案。为了防范业务外包过程中的风险，企业应当遵守《企业内部控制基本规范》，建立业务外包的审批控制制度，以帮助企业管理人员对业务外包的真实性、可行性、合法性进行监督和控制，减少舞弊行为和不恰当决策给企业带来的损失。

3. 选择承包方

选择承包方是指企业应当按照批准的业务外包实施方案选择承包方。承包方的选择在制定业务外包策略中占有比较重要的位置。在业务外包过程中，厂商与承包方之间形成一种经营协作的伙伴关系，承包方的服务水平、服务效果在很大程度上影响到企业的经营活动。因此，如何选择最为适当的承包方是企业管理者需要认真考虑的问题，一旦选择失当，企业将会面临重大风险。

4. 签订业务外包合同

业务外包合同是企业开展外包服务工作的法律依据，签订业务外包合同有助于合同双方明确各自的权利和义务，减少不必要的纠纷，维护双方的正当权益。企业选定承包方后，应及时与承包方签订合同，约定业务外包的内容和范围、双方的权利和义务、服务质量标准、保密、费用结算标准和违约责任等事项。

5. 组织实施业务外包活动

组织实施业务外包活动是指企业严格按照业务外包管理制度、业务流程和相关合约的要求，组织实施资源配置，建立与承包方的合作机制，为业务外包下一环节的管理工作做好准备，确保承包方严格履行业务外包合同。与承包方签订业务外包合同后，企业相关部门应当做好与承包方的对接工作，落实双方应当投入的人力资源、资金及其他专有资产，协商制订服务项目的培育计划、质量标准、工艺流程等内容，并将与外包业务相关的技术资料提交给承包商。

6. 业务外包过程管理

尽管业务外包合同受到法律保护，但合同双方并不能对所有不确定事项都加以预料并写入合同条款，并且合作双方存在理念、文化、利益追求的差异，导致业务外包服务可能偏离预期，给外包业务造成一定的风险。企业通过建立管理、协调机构，监督承包方的服务质量和服务进度，协商解决业务过程中存在的问题，确保服务合同能够按质、按量完成。

7. 商品验收

商品验收是指企业按照业务外包验收业务作业流程，对外包业务进行数量和质量检验。企业应当按照合同约定的验收方法，组织相关部门或人员对承包方提交的服务成果进行验收并办理相关验收手续。仅当验收合格后，承包方才算对相关义务履行完毕。

8. 会计控制

会计控制是指企业应当根据国家会计准则和企业会计制度，加强对外包业务的核算与监督，并做好外包费用结算等工作。外包服务的结算方式主要有阶段结算和完工结算两种：阶段结算是指根据外包业务进展情况分阶段、分次进行结算；完工结算是指在项目全部验收合格后一个月内进行结算。企业应当依照合同的相关规定进行结算，并做好相关会计记录。

二、业务外包的主要风险点

（一）总体风险分析

20世纪90年代以后，为了降低成本，发达资本国家的跨国公司将一些劳动密集型的低端产业转向新兴经济体，而将高端的核心产业保留在自己国家，既实现了发达国家的产业调整和升级，也推动了业务外包的发展。随着业务外包的不断发展，业务外包也从最初的信息技术领域逐步发展到人力资源、金融、保险、会计服务等多个领域。然而，调查表明，许多企业在业务外包过程中并没有达到预期目的，最终将外包业务收回企业经营。为了防止业务外包失败，企业应当建立、健全业务外包的风险管理制度，强化外包业务的风险防范和管理。

（二）风险点分析

1. 制订业务外包实施方案的风险

业务外包是对企业资源的重新配置，是企业对经营活动的重新调整。一些重大的业务外包项目将对企业未来的经营和发展产生深远的影响。企业应当在风险评估、科学决策的基础上，科学、合理地制订业务外包实施方案。制订业务外包实施方案存在的风险主要有以下几方面。

1）缺乏完善的业务外包管理制度

规范化、制度化的工作流程管理制度有助于企业在进行外包决策、制订外包方案、组织实施外包工作时做到有据可依、有章可循，防止企业资产因外包管理混乱而发生流失。业务外包发展迅速，企业容易出现外包管理制度不健全、不完善的情形，导致企业在业务外包管理过程中出现一系列失误和损失，给企业造成重大的经营风险，主要体现为决策机制不健全、不科学，出现业务外包决策失误；缺乏业务外包流程管理制度，容易出现舞弊行为；对业务外包风险认识不足，缺乏风险应对措施，引起风险损失；缺乏业务外包流程监督措施，导致企业业务外包预期目标难以实现。

2）将不宜外包的核心业务进行外包

从长期看，核心业务是企业增长的发动机，直接影响企业未来的创新能力和市场竞争能力，一般应保留在企业的内部，不宜进行外包。研究表明，部分企业将核心业务进行外包，是业务外包失败的原因之一。不恰当地将核心业务外包的原因主要有以下几方面。

（1）不能正确地识别核心业务，将核心业务与主营业务相混淆。核心业务是指企业内部那些最具行业竞争力的业务，核心业务的识别主要根据企业在行业中所处的地位及企业技术的领先程度来决定。而主营业务的识别主要根据业务规模的大小（如收入、利润）来决定。一些企业将主营业务视同核心业务，而将一些正处于成长阶段的非主营核心业务视作非核心业务进行外包。

（2）对企业优势业务做出错误评价。企业评估自身业务时，常常低估业务部门的能力，忽视其未来的潜在价值，没有考虑其熟悉业务、沟通便利的优势；同时，企业又过高估计外部承包方的能力和经验，对企业业务部门的竞争能力不能做出科学、合理的评价。例如，某企业研发部门的员工在该行业具有较强的研发能力，然而该企业低估了研发部门的研发能力，将研发部门解散，并将研发工作外包给某科研机构。然而，这个科研机构重新招聘该企业研发部门的员工继续为该企业进行服务。

（3）追求短期利益。企业管理层为了追求短期利益，将一些具有潜在核心竞争力的业务外包出去，导致企业长期利益受损。

（4）舞弊行为。企业没有指定明确的业务外包范围，部分领导为了谋求私利，擅自将企业的核心经营业务外包出去，给企业造成难以挽回的重大损失。

3）实施方案不合理或不完善

每个企业在所处的行业、地域、市场、经营理念、资源占有等方面都存在差异，企业需要根据实际情况决定自己的发展战略和投资规模，并根据战略目标确定具体的经营方式和工艺流程，由此形成各自的生产经营特点。企业在制订业务外包实施方案时，应当充分考虑到企业的生产经营特点。如果外包服务与企业的生产经营活动出现冲突，将会给企业造成难以估量的损失。

（1）外包服务与企业的发展战略不一致。企业将业务外包基于多种原因，或是为了发展低成本战略，或是为了取得外部技术支持，或者为了满足顾客季节性需求，等等。不论基于什么原因，业务外包的根本目的是增强企业的核心竞争能力，提高企业的经济效益。企业应当围绕企业的战略目标合理确定业务外包策略。有些企业本末倒置，往往只注重降低成本，没有考虑业务外包是否会损害企业内部的研发能力、资源获取能力及市场竞争能力，没有关注业务外包是否会导致核心技术泄密，是否会引起企业服务质量降低，而是简单地将业务外包理解成为削减成本，从而导致企业的长期战略受损，危害企业的长期发展。

（2）外包服务与企业经营运作不相匹配。企业外包服务的一个关键问题是外包业务如何与企业的生产经营活动紧密衔接，保证经营活动顺畅、有序、高效地运转。如果企业在业务外包时，忽略企业自身的情况，一味追求高质量、高标准，要求服务的内容超出企业的经营现状，或者取得的服务跟不上企业生产经营的发展变化，难以与企业业务进行对接，都将给企业的经营活动造成重大损失。

（3）业务外包模式选择不当。业务外包模式有多种，企业可以选择整体外包、部分外包或者复合外包，也可以选择国内外包或者离岸外包。每种模式都有一定的优点和缺点。企业在选择业务外包模式时，需要结合自身实际情况、业务外包预期目的等进行综合权衡，确定外包服务的具体策略和模式。企业选择不恰当的业务外包模式主要有以下两方面的因素。

一方面，企业在确定业务外包模式时，单纯为了降低业务外包成本，盲目引入竞争机制，导致企业选择业务外包模式不恰当，服务成果达不到预期的目标。在选择业务外包模式时，企业应当充分搜集资料、详细考察、充分论证后做出决定。

另一方面，企业将一些重要的隐性成本忽略。业务外包成本不只局限于支付给承包方的外包费用。事实上，业务外包还存在许多隐性成本。例如，业务外包前企业的专用固定资产可能出现报废，业务外包后支付员工解散的费用，业务外包发生的通信费用、文化培训成本、外包规划和启动成本、监控成本、外包交付时间延后引起的潜在损失。另外，承包双方文化、利益冲突引起的摩擦，也将占用和耗费高层管理人员大量精力。企业在业务外包时，应当充分预计到这些隐性成本和潜在不确定因素，否则，可能导致业务外包成本过高，造成经营损失。例如，一些产品（如飞机发动机）的生产过程极为精密，其质量需要经过严格监控。如果将发动机的生产业务外包，将会导致企业监控成本大幅上升，或者产品出现重大质量事故而引起质量成本增加。

（4）承包周期不恰当。企业应当根据企业战略、外包业务的性质等确定承包周期。承包周期过短，可能会导致企业耗费大量时间重新寻找承包方，重新拟定合同，也容易导致企业的外包目标难以见到成效。例如，一些企业急功近利，花费大量资金聘请高级营销策划师，希望通过营销外包在短期内实现销售业绩的大幅上升，然而给予对方了解企业、制订方案、实施计划的时间过于短暂。在短期未见成效时，企业又选择新的营销策划伙伴，从而给企业造成损失。承包期过长则不利于引入竞争机制，不利于企业生产经营的调整。

2. 审批的风险

企业建立审批制度是为了确保外包业务在外包之前都经过相关部门的认真分析和论证，企业外包业务相关人员严格按照外包业务操作流程实施业务外包活动，业务外包归口管理部门应严格遵守企业业务外包管理制度。尽管业务外包审批制度对于防范业务外包过程中可能出现的各种违规、违法操作行为具有重要意义，但是，部分企业在执行业务外包审批的过程中，仍然存在以下问题。

（1）审批制度不健全，业务外包审批不规范。尽管有的企业明确规定业务外包应当经过审批，但是对于审批人的权限、责任、审批依据等并没有做出详细、具体的说明。

这将导致未能对外包业务审批人建立约束机制，容易出现舞弊行为；审批人在审批时没有明确的审批依据，容易出现依赖个人经验判断实施方案是否符合企业战略目标、是否遵循成本效益原则，或者在审批时完全忽略这方面的分析和判断，导致业务外包不经济或者业务外包不恰当的风险。

（2）审批不严格或者越权审批。有的企业具有严格的业务外包审批制度，但是缺少相应的监督机制（如企业内部的审计部门），导致企业在实施业务外包的过程中没有严格按照企业制度执行，出现审批不严格或者越权审批，导致业务外包决策出现重大疏漏，从而引发严重后果。

（3）业务外包未经适当审核。有的企业管理极为混乱，存在内部控制缺失，或者内部控制没能得到认真执行的情形，导致业务外包未经适当审核就已实施，由此引发外包业务出现重大差错、舞弊、欺诈等行为。

3. 选择承包方的风险

1）承包方选择不当

一般而言，具有较好资质的承包方一般具有成熟的管理方法、标准化的质量控制体系，拥有具有专业技能的员工，能够较好地完成发包方交付的目标任务。正确选择承包方是业务外包成功的关键。许多业务外包失败，一个重要原因就是企业选择了不恰当的承包方，导致服务成果达不到预期要求。企业选择承包方的风险主要有以下几方面。

（1）承包方不是合法设立的法人主体。按照国家法律合法设立的法人主体具有稳定的场所，有明确的宗旨和业务范围，有与其业务范围相适应的从业人员、开办资金和经费来源，能够独立承担民事责任，具有较好的技术、财务实力，风险承受能力较强，能够较好地履行合同义务。而不具有法人主体身份的承包商，难以全面提供外包服务所需的人力、物力、财力和技术保证。如果企业选择的承包方不是合法设立的法人主体，可能会出现承包方不能全面、认真地履行业务外包合同中相关义务的情形，甚至可能出现欺诈行为，一旦发生法律纠纷，企业的正当权益难以得到法律的保护。

（2）承包方资历不足，缺乏应有的专业能力和项目经验。承包方接受外包业务后，应当依据合同要求按时、按质、按量地完成外包服务。这就客观要求承包方应当具备胜任该项工作的能力，配备具有专业技能的从业人员，拥有完成外包业务所需的设施、资金。一些承包方为了揽取业务，在不具备相关资质，或者缺乏相关项目经验的情形下，夸大自身的实力，骗取承包合同，造成交货时间严重滞后，或者所提供的服务成果不能达到合同要求，给企业的经营活动造成重大损失。企业在评估承包方的资质时，应当合理考虑供应商的交货质量、交货速度等诸多方面是否能够达成企业目标的实现，能否及时满足客户的需求变化。

（3）承包方的信誉不佳。信誉较差的承包方容易出现故意违约或毁约的情形，给企业的利益造成重大损失。承包方信誉不佳主要表现如下：承包方未按合同要求按时、按质、按量地完成工作任务；承包方故意毁约，不再继续履行合同条款；承包方故意欺诈；承包方管理不善，缺乏适当的知识产权保护机制，将企业的商业机密、专有技术泄露出去，使企业遭受重大损失。例如，2004年，某承包方为客户加工雷达，该承包方在研发过程中没有按事先约定为有功人员颁发奖金，引起一名员工不满，并将机密信息盗取。无独有偶，2002年，在一家印度公司中，一名被解聘的员工将客户的源程序代码盗取，打算将其出售给客户的竞争对手。

（4）承包方的地理位置不符合外包条件。承包方所处的地理位置是选择承包方的重要影响因素。承包方所处的地理位置不同，其所在地的人力资源、运输成本、税收制度、地理气候等方面都存在差异。这些因素会对业务外包的成功与否产生重要影响。企业在选择承包方时，常常忽略这些问题。例如，日本一家销售时尚生活用品的企业，为了降低成本，将业务外包给一家沿海企业，虽然承包方的报价较低，但由于该地处于台风多发地带，导致交货时间经常被延误，产品错过销售季节。

（5）将外包业务承包给自己的直接竞争对手或潜在竞争者。将业务外包给自己的竞争对手或潜在竞争者，将会壮大竞争者的实力，削弱企业的竞争优势。

2）外包价格不合理

企业进行业务外包是为了改善和提高企业的经营效益。外包价格过高将难以实现业务外包的初衷，损害企业的经营效益。外包价格过高主要有以下四方面的原因：企业没有对外包业务的生产成本进行认真测算，对业务外包的价格底线不清楚；企业没有引入价格竞争机制，导致外包价格过高；企业内部受到资金、技术等方面因素的制约，而外包市场又处于垄断状态；企业业务外包制度不健全，存在舞弊嫌疑。

3）承包方以商业贿赂或者不正当关系取得业务外包合同

企业没有健全的内部控制体系时，容易出现商业贿赂或舞弊行为。承包方利用金钱或者其他方式贿赂业务外包人员，或者利用不正当关系发挥影响力，寻求获取业务外包合同。个别业务人员为了一己私利，滥用职权或者利用内部控制存在的漏洞，将业务外包给不合格的承包方。一般情况下，通过这种方式签订的业务外包合同一般容易出现服务质量问题或是价格过高问题，给企业造成经济损失。

4. 签订业务外包合同的风险

1）合同条款不完善

合同条款是合同双方当事人在协商一致的基础上，共同订立的、用以明确合同双方各自权利、义务的具体条文。合同条款是否齐备和准确决定着合同能否顺利履行。如果订立的合同条款不完善，就容易引起法律纠纷，甚至还会承担败诉的后果。业务外包合同条款不完善主要是由于合同双方没有对外包服务所要达到的要求进行合理量化，或者没有做出详细、明确的规定。企业外包服务包括人力资源、物流、信息技术、客户服务等，对这些业务的质量界定相对比较困难。如果定义不清晰，就易导致合同双方在理解上出现偏差，难以保证服务要求的顺利实现。

2）违约责任规定不明确

为了保证合同的切实执行，企业应当在合同条款中对违约责任做出明确约定。如果未能对业务外包的违约责任做出明确约定，或者对违约的界定不够清晰，合同一方发现继续履行该合同将对自己产生不利影响时，就容易出现违约行为，导致业务外包失败。

5. 组织实施业务外包活动的风险

签订外包合同只是企业与供应商建立协作伙伴关系的开始。完成合同签订后，企业需要对外包业务进行具体落实，包括建立与供应商的沟通渠道，确定具体服务品质标准，说明服务流程与工艺，制定业务外包实施过程的跟踪与控制方式，将业务外包组成资产、原料、资金落实到位等内容。部分企业在订立合同后就撒手不管，导致业务外包的组织工作未落实到位，影响业务实施的进度及业务执行的正确性。

6. 业务外包过程管理的风险

业务外包过程管理是为了确保承包方按照合同条款履行合约，并在出现不可抗力事件或者出现违约行为时，采取补救办法进行解决。在业务外包管理过程中，导致承包方可能出现违约的情形包括以下几方面。

1）因不可抗力事件而难以履行合约

承包方在合同期内因经营失败、财务困难而破产，或出于技术能力不足等原因，导致原合同难以继续执行下去，引起合同终止。

2）承包方未按合同要求履行合约

承包方未按照业务外包合同约定的质量要求持续提供合格的产品或服务，或者单方面决定终止合约，导致难以继续履行合约。

3）管理控制不力

企业没有设立专门的监管机构，缺少业务监管的评价体系，监管方法不当，监管人员缺乏责任心，都会造成监管失控。监管不力将会导致企业信息缺失、外包服务不到位，给企业造成重大影响，具体影响如下。

（1）难以及时了解承包方的工作规划及工作进度，影响对交货时间的控制。

（2）缺乏对业务外包实施过程的跟踪和控制，难以保证外包业务的质量。例如，企业将物流部门的业务外包给专门的物流公司，如果企业未对货运的准时率、投诉率、货物破损率等方面进行监督，可能会导致物流服务质量低，造成企业的客户流失。

（3）难以及时改进外包服务存在的问题。如果承包方在服务质量方面存在问题，企业应当及时与承包方进行沟通，要求承包方提出整改意见，并监督和评价整改活动，防止类似问题再度发生。如果企业缺乏监管，可能导致服务质量长期不能得到有效解决。

7. 商品验收的风险

1）验收方式与业务外包成果交付方式不匹配

业务外包服务的类型多样，服务成果也存在多种形式，如软件、物流运输、客服服务、委托加工的产品等，企业应当针对不同类型的服务成果制定不同的验收方法。例如，外包信息技术业务一般在服务结果完成后采取一次性验收，全面测试软件程序是否达到合同规定的要求。而物流运输、客户服务则采取分阶段验收，以便结算服务费用和加强监督。部分企业在验收时，没有考虑业务外包服务的具体特点，选用不恰当的验收方式，导致验收效果不佳。

2）验收标准不明确，验收程序不规范

企业在验收业务外包服务时，没有依据规范的程序，或者没有规定具体、明确的验收方法和标准，造成验收混乱。例如，一家企业将人力资源培训业务进行外包，尽管企业领导和职工对培训的效果均不满意，但是由于在合同中没有规定具体的验收标准和验收方法，企业最后只能全额支付相关业务外包费用。

3）验收工作流于形式

企业在验收服务成果时，应当严格遵守企业的验收程序和检测方法，对服务质量进行认真测试。由于部分业务外包服务（如客户服务、销售策划）极为特殊，验收比较困难，有的员工在验收时流于形式，未能认真查处外包业务的质量问题，导致企业遭受损失。

8. 会计控制的风险

1）缺乏健全的业务外包会计控制系统

企业应当构建完善的业务外包信息系统，记录和反映交付承包方代管的固定资产、材料、预付款、接收的服务成果等，真实、公允地反映业务外包的交易事项，保护企业资产的安全。部分企业由于各种原因未能建立与业务外包相关的会计控制系统，未能全面、真实地记录和反映业务外包各个环节的资金、实物流动状况，容易引起企业资产流失。

2）业务外包相关会计处理不当

业务外包涉及诸多不确定因素和复杂交易，要真实、公允地反映这些经济业务，财务人员需要认真分析交易的实质，预计业务外包可能存在的损失。如果财务人员对业务不熟悉，或者对业务外包信息了解不充分，都将可能导致会计信息失真。

3）结算审核不严格、支付方式不恰当

部分企业内部的财务管理混乱，企业员工在办理业务外包结算时，容易违反业务外包合同规定的结算进度、结算金额、结算方式，提前或延后支付货款，损害企业的商业信誉。

三、业务外包的内部控制

（一）总体要求

业务外包是企业内部经营活动的外部化，企业提供业务外包形成了与承包方的经营协作关系。承包双方属于不同的经济主体，双方之间信息不对称，并存在一定的利益冲突，如果企业对外包业务监管不到位，就有可能引发重大违约事件，给企业造成重大损失。为了防范业务外包可能存在的各种风险，企业应当建立完善的业务外包控制体系，对业务外包的整个流程进行全面、系统的监管。

(二)具体措施

1. 建立、健全业务外包的管理机构

企业应当建立业务外包的岗位责任制,确定负责业务外包的具体部门和岗位,明确各个部门的职责权限及工作流程。在确定业务外包的具体部门和岗位时,应当遵循不相容职务分离的原则,将业务授权与执行职务相分离,将业务执行、验收、付款、记录相互分离,实现各岗位之间相互制约和相互监督。

1) 集团公司职责

集团公司的主要职责是建立业务外包的规章制度,对重大业务外包事项进行审批,并对集团内部的业务外包进行监督和考核。集团公司的主要职责具体包括:①制定业务外包质量管理规章;②制定业务外包实施办法和评估标准;③对子公司的业务外包进行监督、指导和考核;④对重大业务外包实施方案进行审批;⑤对承包方提供的产品或服务质量信息进行汇总、分析和发布,及时通报集团内部所属各有关企业;⑥对子公司提供的合格承包方名单进行审批和建档;⑦组织对重大业务承包方和承包方提供的产品或服务质量保证情况进行审核和监督检查。

2) 集团内部各企业职责

集团内部各企业应当依照集团相关制度制定具体的业务外包管理工作程序和要求,具体负责实施业务外包项目。集团内部各企业的工作职责主要包括:①明确业务外包各归口管理部门的职责;②分析、评价业务外包风险(如战略风险、法律风险、声誉风险、国别风险等);③调查和评估承包方;④确定合格承包方名单,并按规定上报审批;⑤招标和签订外包合同;⑥审查承包方的业务设计、工艺和质量控制体系;⑦负责外包业务的质量管理或者参与监制;⑧对承包方提供的产品或服务进行验收;⑨负责解决企业的外包业务在进度、质量等方面存在的问题;⑩及时记录和上报外包业务质量信息。

2. 明确各归口管理部门的职责

负责管理业务外包的归口部门一般包括:人力资源部门负责对承办方工作人员的培训工作;质监部门负责对外包业务的质量监督检查;财务部门负责外包费用的核算与结算;法律事务部门对业务外包涉及法律法规的部分进行监督检查,加强对业务外包合同的管理,处理业务外包法律纠纷;业务外包部门负责与承包方进行沟通,对承包方的履约能力进行评价。

3. 制订业务外包方案

业务外包方案是企业对业务外包做出的总体规划,是企业实施业务外包的依据。科学制订业务外包方案,有助于保证业务外包的成功,降低业务外包的风险。企业应对业务外包制订详细的实施计划,并经相关部门审批后实施。业务外包方案主要包括以下内容。

1) 业务外包的经营目标

企业实施业务外包存在多种动机,按照外包动机将业务外包分为:①专业性外包。

企业为了促进专业化大生产，提高企业效率或者降低成本，将企业原来的某些效率低下的非核心业务承包给企业外部的一些专业化公司，建立起专业化协作关系。②扩大再生产分包。当市场需求量迅猛增加，而企业现有流程和资源难以完全满足业务的快速扩张时，企业将新增生产任务承包给外部企业，利用外部资源解决企业业务活动的弹性变化。③弥补自身技术水平的不足，将业务外包给专业化的大公司或科研机构。多数情况下，企业实施业务外包是为了满足经营战略的需要。

企业在进行业务外包决策时，除了考虑企业经营目标外，还需要分析业务外包的内部和外部条件是否满足。内部条件是企业在进行业务外包后，需要在企业内部重组组织架构，对工作流程进行重组。外部条件包括企业所在的产业已具备相当程度的标准化，使承包方提供的产品或服务能为企业所用等。

只有业务外包符合企业经营目标，并且具备内部和外部条件时，企业才能进一步考虑需要对哪些业务实施业务外包。

2）业务流程的划分

业务流程是企业为完成某一任务（目标）而执行的一系列逻辑相关的活动、作业的集合。通过执行这些业务活动，企业对外输出产品或服务。业务流程一般可以划分为两大类：一是企业后勤支援服务流程，如人力资源服务、会计服务、供应服务、财务中心、信息处理中心、客户服务等企业内部服务活动。二是企业基本业务运作流程，如技术研发、生产制造业务、产品销售及售后服务（售后电话指导、维修服务）及其他业务流程。这些业务流程又可进一步细分为具体的各项活动，如供应流程包括采购、运输、验收、仓储等具体活动。通过流程分析，企业可以明确包含哪些具体的业务项目。

3）确定业务外包的具体范围

一般情形下，企业不能将具有核心竞争力的业务进行外包。在制订业务外包方案时，首先需要识别出企业内部具有核心竞争力的业务。具有核心竞争力的业务一般具有三方面特征：①有助于扩大企业的市场规模和经营能力；②能够满足企业客户最关注、最核心的需求；③难以被竞争对手模仿。业务的核心竞争力受到多种因素影响，包括经营业务的管理水平、技术水平、战略性资产的获取能力、市场竞争能力等方面。通过评比企业内部各个业务在这些因素上的得分高低，逐一识别出企业内部具有核心竞争力的业务。依据企业业务与核心业务的关联程度，初步将企业业务划分为四类：①核心业务；②与核心业务密切相关的业务；③支持性业务；④可抛弃性业务。在此基础上，综合考虑业务外包的风险、效益及企业的经营目标，确定业务外包的范围。企业既可以将企业的后勤服务（如供应业务、会计业务、信息处理业务等）进行外包，也可以将企业部分基本主营业务（如生产业务、研发业务、销售业务）进行外包。

4）业务外包模式的选择

企业应当根据自身的实际情况，合理选择业务外包的模式。业务外包既可以采用整体外包，也可以选用部分外包或者复合外包。

整体外包是指企业将业务的整个流程及相关资源全部委托给承包方运营管理，双方根据该业务运营所承担的工作量、材料和管理成本等为基础确定外包价格，企业一般对结果性指标进行管理，对承包方内部运营过程和方式不做干预。例如，A企业将公司法人审计业务完全委托给专业会计公司负责，企业不再设立专门的审计机构。整体外包有利于实现企业之间的分工协作。

部分外包是指在外包过程中，企业仍然以某种形式参与业务运营的部分流程环节，或者承担业务运营的部分职能，双方以承包方负责环节的成本费用为基础确定外包价格。例如，B 企业设有内部审计机构，负责组织日常的财务审计和经营管理审计，同时委托外部专家对企业内部审计中的特殊项目进行审计。

复合外包是指企业将某项业务的全部或者某项业务的部分按业务的不同环节分别外包给不同服务供应商，或者企业将几项业务的部分或全部承包给一个服务供应商。例如，C 企业将人力资源业务、会计业务全部承包给一家咨询服务公司。

企业在确定业务外包模式时，应以成本效益原则为基础，综合考虑业务运营具体特点、外包市场成熟程度、企业管理控制水平等因素，选择最有利于企业的业务外包模式。

5）制定业务外包的实施程序

随着外包业务不断发展和日益复杂，外包厂商需要为承包方提供广泛的协作和监管，包括物料供应、现场管理、质量检验、技术支持等。这就要求企业建立管理协调机制，制订业务外包实施计划，详细说明业务外包的组织方式、作业程序、监管方法及风险应对措施，以保证业务外包的顺利实施。

6）复核、评估业务外包实施方案

业务外包实施方案应经过相关部门的复核和评估，检查业务外包方案是否存在缺陷。复核人员应当根据企业的年度预算、生产经营计划，对业务外包实施方案的重要方面进行深入评估和复核，检查业务外包实施方案编制是否正确，方案本身是否可行。复核内容包括检查承包方的选择方案、外包业务的成本效益及风险、外包合同期限、外包方式、员工培训计划等。在复核、评估的过程中，企业应当认真听取外部专家的意见和建议，完善业务外包实施方案。

4. 审批

1）建立和完善审批制度

为了加强对外包业务的监管，防范业务外包过程中可能出现的违规、舞弊行为，企业应当建立业务外包审批制度，明确规定授权批准的范围、方式、程序、权责及相关奖惩制度。审批人员应当在授权范围内进行审批，避免越权审批业务外包给企业带来不利后果。

2）审批机构

重大业务外包方案应当提交董事会或类似权力机构审批。

3）外包决策参与者

总会计师或企业分管会计工作的负责人应当参与重大业务外包决策，对业务外包的经济效益做出合理评估。当外包业务特别重大或者特别复杂时，企业应当考虑聘请外面的专家、机构协助进行评估工作。

4）明确审批的依据

业务外包批准前，审批人员应当对业务外包实施方案进行审查和评价，着重检查业务外包是否符合企业的战略目标，对比分析该业务项目在自营与外包两种情形下的风险和收益，检查业务外包实施方案是否与企业的经营特点相适应，确定业务外包是否合理、可行。

5. 选择承包方

企业在选择承包方时，应当建立科学的评价体系，对候选承包方进行考察、评估，综合考察、评估候选承包方的品质、成交价格、服务水平、交货能力、协作便利程度等方面，择优选取承包方。

1）对候选承包方的考察、评估

企业对承包方进行候选，是对承包方进行初步了解和考察，评估承包方是否能够按照企业的预期完成承包工作。考察、评估承包方主要分为以下步骤。

（1）调查候选承包方的资质。调查候选承包方的合法性，即考察承包方是否为依照国家相关法律成立的合法经营机构，是否具有相应的固定办公场所，以及了解承包方的经营范围；考察候选承包方的基础专业背景、从业人员的履历和专业技能；现场了解承包方的企业文化、质量管理体系、生产经营组织能力；考察候选承包方从事类似项目的成功案例和业界评价；评价过去的业务外包合作情况。

（2）划分候选承包方的质量层次。在对候选承包方进行综合考评的基础上，完成对候选承包方的综合评分工作，确定合格承包方的名单，将不符合企业备选条件的候选承包方剔除。

（3）确定业务外包价格。一方面，要确定业务外包价格的底线。企业在确定外包价格时，应当做到胸中有数。一般情况下，业务外包价格的确定是参照企业自制成本，测算分析自制业务的人工成本、营销成本、业务收入、人力资源等指标，结合考虑企业内部和外部因素，合理确定业务外包价格，防止业务外包成本报价过高。另一方面，引入承包方竞价机制。对于重大的外包业务，企业应当按照有关法律法规，依照公开、公平、公正的原则，选用招标等适当方式，按照规定的程序择优选择承包方。在招标过程中，企业应当严格执行回避制度和监督处罚制度，避免相关人员在选择承包方过程中出现受贿和舞弊行为。

2）对承包方的选择

企业应按照规定的程序和权限从候选承包方中做出选择，并建立相应的制度和措施。

6. 签订业务外包合同

选定承包方后，企业应与承包方将业务外包的相关事宜以合同的方式确定下来，签订一份完善的业务外包合同。签订业务外包合同有助于界定业务外包合同双方各自的权利和义务，了解业务外包双方可能发生的争议行为，化解企业在业务外包中可能遭遇的风险，保证业务外包的顺利实施。

1）建立和完善业务外包合同的管理制度

企业应当确定业务外包合同的归口管理部门，制定合同归口管理部门的管理权限和职责，建立业务外包合同草拟、复核、审批流程，确定解决业务外包合同争议的方法。

2）合同风险评估

业务外包的内容越来越复杂，不确定因素增多，定义服务范围、服务质量的难度加大。企业在订立业务外包合同前，应当充分考虑业务外包方案中因定义不当而容易引发法律纠纷的重要风险。

3）完善业务外包合同的内容

企业应当在识别合同风险的基础上，明确界定业务外包服务合同的内容与范围、双方的权利与义务、有效规避或降低外包风险。针对业务外包的特殊性，拟订业务外包合同条款时应当注意以下几方面。

（1）合同的内容和范围方面，详细界定要求承包方提供的服务类型、质量标准、服务数量和成本，明确服务环节、作业配备要求、作业方式、作业时间、服务费用支付标准与方式、考核标准、激励与惩罚，以及合同变更、终止、解除条件等细节内容，规定承包方最低的服务水准及针对未达标服务应实施的补救措施。

（2）合同的权利和义务方面，应当约定企业有权了解、监督承包方的服务进度，监控外包服务的质量，督促承包方改进不合规定或不合理的作业流程及方法；承包方有责任按照合同规定，将业务外包实施的进度和现状告知企业，并对存在的问题及时沟通和协商解决。

（3）合同的保密事项方面，应当评估企业的知识产权、商业秘密被承包方泄露的可能性，并在合同中具体确定数据资料的所有权及保密事项，以及承包方违约应当承担的补救措施或者相关责任。承包方应当按约定严格履行保密业务，加强保密管理。

（4）费用结算标准、结算方式方面，在确定费用结算标准，选择结算方式时，应当严格控制业务外包成本，防范违约风险。企业应当综合考虑业务外包的成本、外包方式及风险等因素，合理确定外包价格、结算方式。

（5）违约责任方面，企业应当在合同条款中明确违约责任。由于部分合同的履行期限较长，为了适应环境、技术和企业自身业务的变化，合同条款应当既注重原则性，又具有一定的灵活性。

7. 组织实施业务外包

为了开展业务外包工作，企业相关部门应在签订业务外包合同后，与承包方进行沟通、接洽，开展业务外包的前期准备工作，组织实施业务外包项目。

1）建立顺畅的沟通机制，收集和反馈业务外包实施过程中的相关信息

顺畅的信息交流渠道有助于合约双方及时交流业务外包的开展、落实和推进情况，协调和沟通需要相互协作的事项，了解和处理业务外包实施过程中可能出现的问题，及时收集和反馈业务外包实施过程中的相关信息。

2）做好与承包方的对接工作

在实施业务外包前，企业需要将外包资产、外包原料、资金落实到位，负责对承包方的员工进行培训，确保承包方相关人员充分了解任务目标、技术工艺标准、工作流程、质量要求及相关注意事项，防止承包方理解差异引起服务成果与预定目标出现重大偏离。

3）建立和落实业务外包实施全过程的管理控制措施

企业应当对工作流程进行梳理，分析业务外包工作流程的各个环节，评估业务外包偏离预定目标的各种风险，提出业务外包岗位职责分工、运营模式、管理机制、质量水平等方面的具体要求，并建立对应的检查和监控机制，对业务外包工作流程的运行状况进行检查。

4）建立应急机制

企业应当充分估计重大业务外包可能出现的各种意外情况，事先建立应急机制，设计适当的临时替代方案，避免业务外包失败造成企业生产经营活动中断。

8. 业务外包过程管理

1）建立和完善监控机制

检查承包方的员工配备是否适当，工作规划是否合理，以及外包业务的完成进度和质量是否符合合同要求。如果发现存在偏离合同的情形，企业应及时查明原因，并根据具体情况要求承包方做出相应的改进和调整，以保证任务顺利实施。

2）定期考核、评价承包方

在业务外包过程中，企业应当对承包方进行考核、评价，一旦考核、评价认为承包商难以胜任或者难以按时完成服务，企业应当及时采取应对办法，防止业务外包服务出现长期拖延现象或者服务质量不合格。对承包方的履约能力进行评估的内容包括：承包方的人力资源、财务状况、生产能力、技术创新能力能否继续满足该项目的要求；承包方是否投入了足够的资源以满足外包服务的需要；承包商的信誉能力；等等。

3）解除、终止合同

通过考核、评价，如果有确凿证据表明承包方因缺少足够资源，难以继续履行该项业务时，企业应当与承包方进行协商，讨论解决方案。如果经协商仍然难以解决，或者有确凿证据表明承包方存在重大违约行为，企业应当终止合同，并按照合同的约定向承包方提出索赔。

9. 验收

1）建立业务外包服务验收管理制度

企业应当根据业务外包合同的相关规定、业务外包服务的具体特点，制定一套与业务外包相适应的验收方式、验收标准。

（1）验收方式。企业可以根据业务外包的实际情况，对最终产品或服务选用一次性验收，也可以在整个业务外包过程中分阶段验收。

（2）验收标准。企业应当根据业务外包合同的相关规定，结合日常绩效评价，对业务外包质量是否达到预期目标进行总体评价，并确定评价方法体系和评价标准。

2）组织验收

负责验收的各职能部门相关人员，应当严格按照验收标准对承包方交付的产品或服务进行验收、测试，以评价产品或服务是否符合合同要求，并出具相应的验收证明文件。如果在验收过程中发现存在异常情况，各职能部门应当向企业有权处理部门汇报，有权处理部门在查明原因的基础上，与承包方协商解决。

3）总体评价和业务改进措施

根据验收结果，企业对业务外包是否达到预期目标做出总体评价，并针对业务外包存在的问题，改进和优化管理制度和流程。

10. 会计控制

企业应当建立业务外包的会计控制流程和会计控制制度及实施细则，明确相关职能部门在业务外包活动中的权限和职责。

1）结算管理制度

（1）确定业务外包支付结算的归口管理部门。确定支付结算的归口管理部门，有助于分清各个部门的具体职责，保证支付结算工作的顺利实施。业务外包管理部门一般负责协调、办理付款申请事宜，财务部门负责办理业务外包费用的结算工作。相关结算部门应当按照业务外包管理制度的规定，认真、负责地办好业务外包费用结算，以保证业务外包的顺利实施。

（2）设计业务外包结算管理流程。每个企业的业务外包结算管理流程不尽相同。

对于直接付款，一般涉及以下具体结算程序：①承包方提出结算申请报告；②业务外包管理部门牵头组织相关业务部门对服务成果的质量、数量进行核实和检测，出具验收报告；③财务部门负责按照合同的结算条款、验收报告对结算申请报告的支付金额进行核实并签署意见；④财务部门将核实后的结算申请报告转总经理批准；⑤出纳根据批准文件及承包方提交的发票支付相关款项。

对于预付款，具体结算程序一般如下：①承包方提出预付款申请报告；②业务外包管理部门对合同进行审核后移交财务部门；③财务部门负责合同的结算条款，对预付款进行复核并签署意见；④财务部门将复核后的结算申请报告转总经理批准；⑤出纳根据批准文件支付相关款项。

2）会计核算

（1）企业财务部门应当根据企业会计准则的要求，对业务外包过程中交由承包方使用的资产、涉及资产和负债变动的事项及外包合同诉讼等进行会计核算与会计监督。

（2）企业应根据企业会计准则的规定，结合业务外包特点、企业管理机制建立完善业务外包成本的会计核算办法，进行相关会计处理，并在财务报告中进行合理披露。

第三节 工程项目内部控制

工程项目的流程复杂、环节较多、风险较大，故对于工程项目的管理要求较高。制定《企业内部控制应用指引》的目的就是加强工程项目管理，提高工程质量，保证工程进度，控制工程成本，防范商业贿赂等舞弊行为。如果不能很好地加以控制和防范，就可能导致项目失败，给国家和企业带来严重的经济损失，甚至还有可能破坏环境，造成人员伤亡，酿成严重后果。反之，则能够产生巨大的经济效益和社会效益。因而，工程项目内部控制对于企业实现工程项目管理目标，提高企业资金使用效率具有重要的意义。

一、工程项目概述

（一）工程项目的含义

企业自行委托其他单位进行的建造安装工程，是企业扩大再生产规模、企业实施发展战略的需要，是企业做大做强的重要手段。例如，建造厂房、扩大再生产等具有一定的专业性，通常企业通过招标或发包方式，委托建筑企业或安装公司承建，企业也可自行组织安装建造。

《企业内部控制应用指引》是针对发包单位而言的，而并非施工单位。企业做大做强的两种方式如下：第一，通过固定资产投资、扩建厂房等项目建设；第二，通过兼并、重组等方式扩充企业实力。但对于第二种方式而言，根基也脱离不开项目投资。因此，工程项目建设对于所有企业都是很重要的。

工程项目，是指企业根据经营管理需要自行或者委托其他企业进行的建造、安装工程，其方式通常为自行建造和委托他人代建。自行建造是指企业参与工程项目建造的全过程或绝大部分，并在该过程中发挥主导作用。委托他人代建是指企业将工程项目的主要部分或全部以出包的方式交由其他企业，企业主要负责筹集工程项目所需的资金、按期与承包商结算、参与竣工决算等。工程项目包括企业自行建造的房屋、建筑物、各种设施，以及进行大型机器设备的安装工程，固定资产的建筑工程、安装工程、技术改造工程、大修理工程、信息化工程等，工程项目会形成新的固定资产，可以维护、提升既有固定资产的性能。

工程项目具有的特点决定了工程项目管理与一般的企业管理有很大不同。一次性、不重复的工程项目与虽具阶段性但循环的、可重复的企业日常经营管理有着显著的区别。工程项目具备如下特征。

1. 投入资金多，开发期限长

工程项目的规模往往很大，涉及大额物流、资金流。因为工程建设需要大量砖石、水泥等物料，且要与不同的施工单位、监理单位办理工程价款结算，故物流、资金流较大，耗资也从几十万元到上亿元，甚至更多。

工程项目需要一定的建设时间，通常跨越一个会计年度，我国的特大型项目更耗时，短则半年，长则三五年，甚至长达十几年。同时，工程项目建设涉及的部门也极广，如建设、规划、银行、税务、法律、设计、施工、材料供应、设备、交通、城管等部门，要做大量的协调工作。这就需要企业具备高水平的管理手段，否则项目一旦失败，将会给企业、社会造成巨大损失。

2. 关联方较多

工程项目涉及建设企业、施工企业、设计企业、监理企业、政府部门，如工程设计监理、土地征用、环保规划、建设许可等诸多方面均要与不同部门或单位进行接洽协调。

3. 技术要求高，工艺复杂

工程项目的使用寿命往往较长，因而对工程项目的质量提出了很高的要求。随着科学技术的发展，越来越多的新材料、新工艺、新设备被用于工程项目建设中，对技术和工艺的要求日臻提高。

4. 影响因素多，环境复杂

工程项目必须是在其使用地点建设，受到气候条件、水温地质、地形地貌等环境制约，不可控因素多且复杂，为工程项目建设目标的实现带来了很大困难。

5. 具有一次性，风险较大

工程项目是典型的一次性事业，任何工程项目都有一个独立的管理过程，其计划、控制、组织都是一次性的，即使是相同的设计，因为空间、时间及其他外界条件的不同，建设过程也会有很大区别，必须针对不同的工程项目进行管理和协调。正因为工程项目的一次性使其不确定性要比其他经济活动大，因而其风险的可预测性也就差得多。重复性的生产和业务活动若出现问题，常常可以在以后找机会补偿，而工程项目一旦出现问题，就很难补救。

（二）工程项目的意义

工程项目周期长、投资多、风险大且建成后无法逆转，由许多前后衔接的阶段和各种各样的生产技术活动构成，所处环境开放、复杂多变，有较大的风险性和不确定性，涉及包括建设企业、承包商、供应商、设计企业及咨询中介机构等多个不同的利益主体。原本在管理体系中实现良好的内部控制就比较困难，再加上随着科技的发展和项目自身环境的变化，其所涉及的不确定因素、随机因素和模糊因素越来越多且不断变化，因而面临的风险也越来越大，造成的损失越来越严重，直接威胁工程项目的顺利实施和建设。因此，为了保护工程项目的安全和保证其质量可靠，并保证建设中资产的安全性、完整性和有限性及工程信息的真实性、正确性和合法性，提高项目资金使用效率，企业就更应该遵循客观规律，按特定目的、原则和程序建立和实施比较完善的内部控制体系来保证工程项目建设目标的实现。

（三）工程项目的业务流程

根据工程项目的特点可以将工程项目的全过程划分为工程立项、工程设计、工程招标、工程建设、工程验收五个环节。各环节既有明显的界限，又相互有机衔接，并且有些阶段之间互有穿插，如招标工作可能会贯穿工程项目的全过程。

1. 工程立项环节业务流程

工程立项是建设企业在调查分析的基础上，根据自己的需要对投资方向、投资规模、投资结构进行决策的一种判断行为，以确定工程项目是否有必要进行及是否可以实施。这实际上就是选择和决定投资行动方案的过程，是对拟建项目的必要性和可行性进行技术、经济论证，对不同建设方案进行技术、经济比较及做出判断和决定的过程。这一阶段的工作量虽然不大，在整个项目周期中却最为重要。项目决策正确与否，直接关系到项目建设的成败，关系到投资的多少及投资效果的好坏，它对投资项目的长远经济效益和战略方向起着决定性的作用，任何一项决策的失误都有可能导致整个项目建设的失败。

工程立项环节的业务流程主要包括编制项目建议书、可行性研究、项目评审和项目决策等阶段，应在这些阶段进行相应的内部控制。

1) 编制项目建议书

项目建议书是拟建项目的承办企业（项目法人和其代理人）向其主管部门上报的法定文件，它主要根据国民经济和社会发展的长远目标、行业和地区规划、国家的技术经济政策及企业的经营战略目标，结合地区、企业的资源状况和物质条件，经过市场调查，分析需求、供给、销售状况，寻找投资机会，构思项目投资概念，并用文字形式对项目的轮廓进行描述，从宏观上论证项目设立的必要性和可能性。概括地说，项目建议书就是把对工程项目投资的设想变为概略的投资建议。

项目建议书应当包含以下几项内容：项目提出的目的、必要性和依据；项目的产品方案、市场需求、拟建生产规模、建设地点的初步设想；资源情况、建设条件、协作关系和引进技术的可能性及引进方式；投资估算和资金筹措方案及偿还能力预计；项目投资的经济效益和社会效益的初步估计；项目建设进度的初步安排计划。

项目建议书编制完成后要经过内部审批和外部审批。内部审批是指编制人员应将项目建议书连同其依据的原始市场调研资料一并转交建设企业的审批部门进行审批，审批部门组织相关专业技术人员对项目建议书进行技术、经济分析和论证，并发表具体的书面意见。外部审批是指为实现工程项目建设的总体协调统一，实行的分级审批制度。项目建议书编制完成后，应按照国家的有关规定，根据建设总规模和限额划分权限进行严格审批。

2) 可行性研究

工程项目可行性研究是指对工程项目做出是否投资的决策之前，先对与该项目相关的技术、经济、社会、环境等方面进行调查研究，对工程项目各种可能的拟建方案进行技术、经济分析和论证，研究工程项目在技术上的先进性和实用性、在经济上的合理性、在建设上的可能性，对工程项目建成后的经济效益、社会效益、环境效益等进行科学的预测和评价，据此提出该项目是否应该投资建设及选定最佳投资建设方案等结论性意见，为项目投资决策提供依据。可行性研究是工程立项环节中的一个决定性阶段，是项目前期工作的核心内容。

工程项目可行性研究内容一般包括市场、资源、技术、经济和社会等五大方面，其中比较重要的有以下三个方面：市场研究分析、技术分析、财务状况和经济分析。

（1）市场研究分析占重要地位，市场现存或潜在的需求是一切投资的动因，原料的投入或者基础设施情况是重要内容，具体包括建设必要性分析、市场研究、生产规模的确定等。

（2）技术分析主要指建设和生产条件分析，包括工程项目适用技术在一定范围的同行中的地位、具体制造与工艺技术、设备选型、土建施工、安装和经营管理技术等。

（3）财务状况和经济分析是确定工程项目是否可行的决定因素，其包括投资估算和资金筹措的来源、方式及成本，财务数据估算、财务效益分析、不确定分析等，此外还有国民经济评价、社会评价、结论与建议等。

在市场经济条件下，企业进行机会研究或可行性研究时对市场需求、价格及项目投产后的生产与销售不可能掌握得很准确；即使当时是准确的，但因为各种因素也会发生变化，如供求与价格受进口或国内同行竞争的影响发生变动，故需要对可盈利率进行敏感性分析。

企业可以自行编制可行性研究，也可以委托或招标具有相关专业技术能力的设计企业或咨询企业编制可行性研究报告，实际上后一种方式在实际工作中更为普遍和可行。

3）项目评审和项目决策

可行性研究报告形成后，建设企业应安排专门人员及时将可行性研究报告上报有关部门审批，有关部门组织或委托具有相应资质的专业机构对可行性研究报告进行全面审核和评价，并提出评审意见。特别是注意收集聘请的项目评估机构在评估之后提出的问题和意见，这将作为项目决策的重要依据。对该评审意见应由决策者组织各专业人员进行讨论修改和审核，一方面提高审核效率，另一方面确保工程项目的可行性研究报告编制完整，在技术、经济、市场等关键方面论证充分，防范评审咨询企业出于种种原因导致可行性研究报告结果出现偏差。

2. 工程设计环节业务流程

工程项目在获准立项、做出投资决策后还需要进行一些准备工作，包括建设企业将要开展的勘察、设计、概预算等一系列有利于工程项目顺利开展的工作，这些都属于工程设计环节。工程设计环节是工程项目管理的龙头，是工程施工的依据、质量的基础，对工程质量、功能、造价有着重大影响。

完整的大型工程建设项目的工程设计环节基本流程分为设计合同、技术协调、总体设计、初步设计、施工图设计、审查等。其中，根据规定，一般工业项目工程设计可按初步设计和施工图设计两个阶段进行；对于技术上复杂而又缺乏设计经验的重要工程，经主管部门批准，在初步设计经审批后可以增加技术设计阶段；有些大型建设项目，如大型矿区、油田、大型联合企业的工程，还应在上述三个阶段外进行总体规划设计；技术上较为简单的小型工程项目经批准后也可以简化为施工图设计一个阶段。

1）总体设计

总体设计是依据设计任务书编制的文件，主要由设计说明书、设计图纸、投资估算、透视图等组成。一些大型或重要的建筑，根据工程的需要可加做建筑模型。首先，建设企业应该了解国家及地方有关工程建设的政策和法令，工程项目应该符合国家现行的工程建设标准、设计规范和制图标准，以及确定投资的有关指标、定额和费用标准规定。其次，总体设计的内容和深度应符合有关规定的要求，一般应包括自然条件、城市规划对建筑物的要求、基础设施状况等，如建筑工程总体设计应当包含总平面、建筑、结构、给排水、电气、采暖通风及空调、动力和投资估算等专业。除总平面和建筑专业应绘制图纸外，其他专业以设计说明简述设计内容，但当仅以设计说明难以表达设计意图时，可以用设计简图进行表示。

工程项目总体设计可以由建设企业直接委托有资格的设计企业进行设计，也可以采取竞选的方式进行设计。总体设计竞选可采用公开竞选和邀请竞选两种方式。对于非大型建设项目，总体设计可以并入初步设计阶段的工作中。

2）初步设计

初步设计是根据批准的可行性研究报告或设计任务书编制初步设计文件。初步设计文件由设计说明书（包括设计总说明和各专业的设计说明书）、设计图纸、主要设备及材料表、工程概预算书等四部分内容组成。

在初步设计阶段，各专业应对本专业内容的设计方案或重大技术问题的解决方案进行综合技术、经济分析，论证技术上的适用性、可靠性和经济上的合理性，并将其主要内容写进本专业初步设计说明书中。设计总负责人对工程项目的总体设计在设计总说明中予以论述。为编制初步设计文件，应进行必要的内部作业，有关的计算书、计算机辅助设计的计算资料、方案比较资料、内部作业草图、编制概算所依据的补充资料等，均需妥善保存。其中最为重要的一部分内容是编制设计概算。

设计概算，是指设计企业在初步设计或扩大初步设计阶段，根据设计图样及说明书、设备清单、概算定额或概算指标、各项费用取费标准等资料及类似工程预（决）算文件等资料，用科学的方法计算和确定建筑安装工程全部建设费用的经济文件。

根据初步设计或技术设计编制的工程概算是设计文件的重要组成部分，是编制基础建设计划、实行基本建设投资大包干、控制基本建设拨款和贷款的依据，也是考核设计方案和建设成本节约或超支的标准。总概算按规定的程序经有权机关批准后，就成为国家控制该建设项目总投资额的主要依据，不得任意突破。

3）施工图设计

施工图设计是建筑设计的最后阶段。施工图设计的主要任务是满足施工要求，将初步设计的内容具体化，即在初步设计或技术设计的基础上，综合建筑、结构、设备各工种，相互交底，核实校对，深入了解材料供应、施工技术、设备等条件，把满足工程施工的各项具体要求反映在图纸上，做到整套图纸齐全，准确无误。

施工图设计的主要内容包括确定全部工程尺寸和用料，绘制建筑结构、设备等全部施工图纸，编制工程说明书、结构计算书和预算书等。

施工图设计阶段的关键环节在于施工图预算。施工图预算是指在施工图设计阶段根据设计要求编制的预算，是对工程建设所需资金做出较精确计算的设计文件，也是关系建设企业和施工企业经济利益的技术经济文件。施工图预算是建设企业和施工企业签订承包合同和办理工程结算的依据，也是施工企业编制计划、实行经济核算和考核经营成果的依据。在实行招标承包制的情况下，施工图预算是建设企业确定标底和施工企业投标报价的依据。

3. 工程招标环节业务流程

工程招标环节是招标人（建设企业）通过招标文件对拟建的工程发布公告、价格内容和要求告知自愿参加的投标人，投标人按规定的条件提出实施计划或价格，然后通过评审比较选出中标人，并以合同的形式完成委托的一种经济活动。

根据《中华人民共和国招标投标法》，在我国境内进行下列工程建设项目包括项目的勘察、设计、施工、建立及与工程建设有关的重要设备、材料等的采购，必须进行招标：①大型基础设施、公用事业等关系社会公共利益、公众安全的项目；②全部或者部分使用国有资金投资或者国家融资的项目；③使用国际组织或者外国政府贷款、援助资金的项目。

工程招标主要有设计招标、监理招标、施工招标和物资采购招标等，通过招标投标程序可以选择优质优价的参建企业，以确保工程质量，控制投资成本。

国际通行的招标方式主要有三类，分别是竞争性招标、谈判招标和两段招标。其中，竞争性招标又分为公开招标和选择性招标（又称邀请招标）。我国法律规定招标分为公开招标和邀请招标。工程项目金额在一定数额之上的必须进行公开招标并报上级主管部门备案。

公开招标基本可以分为三个阶段：①招标准备阶段。招标准备阶段的工作由招标人单独完成，投标人不参与。公开招标的主要工作内容包括选择招标方式、办理招标备案、编制招标有关文件。②招标阶段。公开招标是从发布招标广告开始，邀请招标则是从发出投标邀请函开始到投标截止日期为止的期间。其主要工作内容包括发布招标广告或发出投标邀请函、资格预审（对于公开招标）、出售招标文件、现场考察、解答投标人的质疑。③决标成交阶段。从开标日到签订合同这一期间称为决标成交阶段。其主要工作内容包括开标、评标和定标。其中，公开招标最主要的有招标、投标、开标、评标和定标五个环节。

1）招标

招标这一环节的主要工作包括建设企业提出工程项目招标申请、编制招标文件、发布招标公告、资格预审、发售招标文件。其中，招标公告内容应当包含招标企业名称、建设项目资金来源、工程项目概况和该次招标工作范围的简要介绍，以及购买资格预审文件的地点、时间和价格等有关事项；招标文件的内容应当包含投标须知、合同条件、技术规范、图纸和技术资料及工程量清单等。只有资格预审合格的承包商才能购买招标文件。

2）投标

投标是与招标相对应的概念，它是指投标人应招标人的邀请或投标人满足招标人最低资质要求而主动申请，按照招标的要求和条件，在规定的时间内向招标人递价，争取中标的行为。

投标的基本流程是投标人先购买招标文件，经分析研究和现场考察后编制和递交投标文件。其中，标底是工程造价的表现形式之一，是建设企业对工程的期望价格，主要包括招标企业对投标人的技术力量情况、信誉、预期工程造价和质量标准等综合文件。标底反映的是建筑工程产品的价格，而不是市场行情价，其主要根据现行的国家定额、费用、设备、材料价格、设计工程量等规定计算出来。投标文件必须对招标文件的实质性要求和条件做出响应。

3）开标

招标企业在规定的时间、地点内，在有投标人出席的情况下当众拆开投标资料（包括投标函件），宣布投标人（或企业）的名称、投标价格的修改过程。开标应当按招标文件规定的时间、地点和程序，以公开方式进行。开标时间在招标文件中已事先确定，与投标截止时间应为同一时间。

4）评标

评标是指按照规定的评标标准和规范，对各投标人的投标文件进行评价、比较和分析，从中选出最佳投标人的过程。评标是招标投标活动中十分重要的阶段，评标是否真正做到公平、公正，决定着整个招标投标活动是否公平和公正；评标的质量决定着能否从众多投标竞争者中选出最能满足招标项目各项要求的中标者。

根据《中华人民共和国招标投标法》，评标由招标人依法组建的评标委员会负责，即由招标人按照法律的规定，挑选符合条件的人员组成评标委员会，负责各投标文件的评审工作。招标人组建的评标委员会应当按照招标文件中规定的评标标准和方法进行评标工作，对招标人负责，从投标竞争者中评选出最符合招标文件各项要求的投标者，最大限度地实现招标人的利益。

5）定标

定标即授予合同，是招标人决定中标人的行为。定标是招标人的单独行为，但需由使用机构或其他人一起进行裁决。在这一阶段，招标人所要进行的工作有决定中标人，通知中标人其投标已经被接受，向中标人发放授标意向书，通知所有未中标的投标人，并向他们退换投标保函等。招标人应当从评标委员会推荐的中标候选人中确定中标人。中标的投标人应当符合下列条件之一：①满足招标文件各项要求，并考虑各种优惠及税收等因素，在合理条件下所报投标价格最低的；②最大限度地满足招标文件中规定的综合评价标准的。

4. 工程建设环节业务流程

工程建设环节虽然不是风险控制最为重要的阶段，却是整个项目周期中工作量最大，投入的人力、财力、物力最多的一个阶段，也是将施工建设目标变为现实最为主要、重要的阶段，因而工程项目经理的管理、协调、配合难度也最大，成为历来工程项目控制的重点阶段。

1）工程监理

工程监理就是在贯彻执行国家有关法律法规的前提下，促使工程承包合同得到全面履行。工程监理的主要工作内容：控制工程建设的投资、建设工期、工程质量；进行安全管理、工程建设合同管理，协调有关企业之间的工作关系。《中华人民共和国建筑法》规定，"国家推行建筑工程监理制度"，"建筑工程监理应当依据法律、行政法规及有关的技术标准、设计文件和建筑规模承包合同，对承包单位在施工质量、建设工期和建设资金使用等方面，代表建设单位实施监督"。

2）工程价款结算

工程价款结算主要涉及工程预付款、工程进度款、工程竣工价款的给付及结算问题。

一般在确定项目施工大纲后，财务部门准备好所需资金，在施工企业开始施工后，根据施工进度要求支付工程款，工程进度经项目管理部门和相应审批部门审核后，由财务部门审核工程价款支付情况并进行账务处理。

3）工程变更

工程变更是指承包人在工程项目实施过程中，按照合同约定的程序对部分或全部工程在材料、工艺、功能、构造、尺寸、技术指标、工程数量及施工方法等方面做出改变。变更是指承包人根据监理签发设计文件及监理变更指令进行的，属于合同工作范围之内各种类型的变更，包括合同内容的增减，合同工程量的变化，地质原因引起的设计更改，根据实际情况引起的结构物尺寸，标高的更改，合同外的任何工作，等等。

5. 工程验收环节业务流程

在工程项目竣工决算阶段，一般要经过工程验收、竣工决算、竣工结算等几个环节。工程验收是在建设企业、勘察设计企业、施工企业分别对工程项目的决策论证、勘察设计及施工过程进行最后的评价后，办理工程项目的交接手续，交付使用。

工程项目结算一般由施工企业编制，再交由建设企业和监理工程师审查签证，其编制不涉及建设企业。

工程项目决算是以实物数量和货币指标为计量单位，以日常核算资料为主要依据，通过编制报表和文字说明书的方法，综合反映竣工项目从筹建开始到项目竣工交付使用为止的全部建设费用、建设成果和财务情况的总结性报告文件，是整个工程项目控制中非常重要的一个环节。竣工决算由竣工决算报表和竣工财务决算情况说明书两部分组成。竣工决算报表一般包括竣工工程概况表、竣工财务决算表、交付使用资产总表、建设成本总表、未完工程项目表等。

二、工程项目的主要风险点

（一）总体风险分析

工程项目风险指所有对工程项目目标的实现和生产运营产生消极后果的潜在可能性，或可能导致项目受到损失或损害的潜在可能性。工程项目的不同阶段会有不同的风险。风险大多数随着项目的进展而变化，不确定性也随之减少；最大的不确定性存在于项目早期，因此早期阶段做出的决策对以后阶段和项目目标的实现影响最大。为减少损失而在早期阶段主动付出必要的代价，比拖到后期阶段才迫不得已采取措施要好得多。因此，如何识别工程项目的风险，并采取有效的措施将风险控制在最低限度是有效地加强工程项目管理亟须研究的重要课题之一，也是保证工程项目建设的顺利进行，达到项目目标的重要前提之一。

《企业内部控制应用指引第 11 号——工程项目》指出，企业应当建立和完善工程项目各项管理制度，全面梳理各个环节可能存在的风险点，规范工程立项、招标、造价、建设、验收等环节的工作流程，明确相关部门和岗位的职责权限，做到可行性研究与决策、概预算编制与审核、项目实施与价款支付、竣工决算与审计等不相容职务相互分离，强化工程建设全过程的监控，确保工程项目的质量、进度和资金安全。

（二）风险点分析

1. 工程立项环节的主要风险点分析

工程立项是整个工程项目开展的前期阶段，也是风险控制最为重要的阶段。工程立项环节的风险是指在工程立项环节中缺乏科学有效的可行性研究或决策不当引起的风险。工程立项环节的主要风险点具体表现在以下三个阶段。

1）编制项目建议书阶段

该阶段的风险主要包括：项目建议书内容不合规、不完整；项目性质、用途模糊；拟建规模、标准不明确；项目投资估算和进度安排不协调。例如，编制人员人为掺加水分，扭曲预测的真实性，压低或抬高投资估算。又如，编制人员将偏多的销量、偏高的价格、偏低的投资额、偏低的成本等失实数据套入固定公式进行机械的计算，分析得出财务内部收益率、资本金利润率等财务指标高、盈亏平衡点低等结论。

2）可行性研究阶段

该阶段的风险主要包括：缺乏可行性研究或者可行性研究流于形式，决策不当，盲目上马，可能导致难以实现预期效益或项目失败；可行性研究的深度达不到质量标准和实际要求，无法为项目决策提供充分、可靠的依据。

3）可行性报告编制阶段

该阶段的风险主要包括项目评审流于形式、误导项目决策、权限配置不合理，决策程序不规范导致决策失误，给企业带来巨大的经济损失。

2. 工程设计环节的主要风险点分析

工程项目的设计和概预算工作是工程施工的依据和基础，对工程质量、功能、造价有着重大影响。如果在工程设计环节忽视设计深度和质量而开始施工，则会为以后工程项目的施工和质量埋下隐患。例如，有的企业施工设计流于形式，设计内容不科学，存在严重问题，还有的企业甚至不进行勘察设计，导致工程施工无依据可循，增加了工程施工的随意性，同时也就增加了工程的风险，给工程项目带来巨大损失。

该阶段的主要风险点主要表现在以下几方面。

（1）在初步设计阶段表现如下：设计企业未达到相关资质要求、初步设计未进行多方案比较选择、初步设计出现较大疏漏、设计方案不合理、设计深度不足，导致工程质量存在隐患、投资失控及投产后运行成本过高等。

（2）在施工图设计阶段表现如下：概预算脱离实际、技术方案未能有效落实、设计标准引用不当、设计错误或缺陷、设计变更频繁等问题，可能增加工程项目的质量风险和投资风险。

3. 工程招标环节的主要风险点分析

工程招标包括招标、投标、开标、评标、定标等环节。

（1）招标环节的主要风险表现如下：招标人肢解建设项目，致使招标项目不完整，或逃避公开招标；投标资格条件因人而设，未做到公平、合理，可能导致中标人实质上难以承担工程项目、中标价格失实及相关人员涉案。

（2）投标环节的主要风险表现如下：招标人与投标人串通投标，存在商业贿赂等舞弊行为；投标人的资质条件不符合要求或挂靠、冒用他人名义投标，可能导致工程质量难以达到规定标准。

（3）开标、评标、定标环节的主要风险表现如下：开标不公开、不透明，损害投标人利益；评标委员会成员缺乏专业水平，或者建设企业向评标委员会施加影响，使评标流于形式；评标委员会与投标人串通作弊，损害招标人利益。

4. 工程建设环节的主要风险点分析

工程建设环节的主要风险包括施工进度、施工质量和施工安全方面的风险，以及工程物资采购、工程价款结算、工程变更方面的风险。具体表现如下：盲目赶进度，牺牲质量、费用目标带来的质量低劣、费用超支；质量、安全监管不到位带来的质量隐患；工程物资质次价高引起的成本风险；工程监理不到位；项目资金不落实、使用管理混乱可能导致工程质量低劣、进度延迟或中断；现场控制不当、工程变更频繁导致的费用超支、工期延误。

5. 工程验收环节的主要风险点分析

工程验收环节的风险主要表现如下：竣工验收不规范，最终质量检验把关不严，可能导致工程交付使用后存在重大隐患；虚报投资项目完成额、虚列建设成本或者隐匿结余资金，竣工决算失真；固定资产达到预定可使用状态时，未及时进行估价、结转。

三、工程项目的内部控制

（一）总体要求

企业应当建立和完善工程项目各项管理制度，全面梳理各个环节可能存在的风险点，规范工程立项、招标、造价、建设、验收等环节的工作流程，明确相关部门和岗位的职责权限，做到可行性研究与决策、概预算编制与审核、项目实施与价款支付、竣工结算与审计等不相容职务相互分离，强化工程建设全过程的监控，确定工程项目的质量、进度和资金安全。内部控制原则中的制衡性原则就要求不相容职务相互分离，不相容职务相互分离对于整个工程项目都是极为重要的。工程项目是由立项、设计、招标、施工、验收等各个环节构成的，各环节既有明显的界限，又相互有机衔接。工程项目内部控制是阶段性的控制，工程项目每一个环节控制程度的好坏对下一个环节工程能否顺利进行有很大影响，在控制体系中呈现出一种因果关系。

（二）具体措施

1. 工程立项环节的关键控制措施设计

1）项目建议书

企业应当指定专门机构或委托具有相应资质的企业，根据发展战略和年度投资计划提出项目建议书。项目建议书的呈报可以供项目审批机关做出初步决策。它可减少项目选择的盲目性，为下一步可行性研究打下基础，因而对项目建议书的控制就显得尤为重要。可以从以下几方面入手。

第一，项目建议书的内容控制。项目建议书的主要内容必须包括项目提出的目的、必要性和依据及项目获利能力的财务决策；项目的产品方案、市场需求、拟建生产规模、建设地点、项目建设进度等初步设想；企业现有资源情况；投资估算和资金筹措方案及偿还能力预计；项目投资的经济效益和社会效益的初步估计、环境影响的初步评价等，侧重分析其合理性，稽核其引用数据的正确性，检验其使用方法的恰当性，并发表书面意见。

第二，项目建议书的编制控制。应当坚持真实客观的原则，不得随意缩小或扩大项目的投资规模，不得人为压低或提高投资估算，不得夸大项目的经济效益。

第三，项目建议书的审批控制。在该阶段不相容的岗位或职务有，工程项目需求申请与审核、审定分离，项目建议书编制与审查、审定决策分离。根据不相容职务相互分离的控制原则，不得由一人或同一批人完成所有工程项目建议书的工作。

2）可行性研究报告

由相关职能部门根据企业的发展战略提出项目建议书，再根据项目建议书编制可行性研究报告，项目建议书主要包括施工时间、地点、资金来源等未来规划。通常可行性研究是委托专业机构进行的，是工程项目非常重要的研究手段，主要是保证决策的科学合理。工程项目的可行性研究报告可作为工程项目投资决策和编制设计任务书的依据，作为向银行申请贷款的依据，作为环保部门审查工程项目对环境影响的依据，作为工程项目设计、设备订货、施工准备等建设前期工作的依据，作为工程项目目标考核的依据，因而对其控制也是至关重要的。可以从以下方面加以控制。

第一，可行性研究报告的内容控制。可行性研究报告的内容控制应当包括项目概况，项目建设的必要性，市场预测，项目建设选址及建设条件论证，建设规模和建设内容，项目外部配套建设，环境保护，劳动保护与卫生防疫，消防、节能、节水，总投资及资金来源，经济、社会效益，项目建设周期及进度安排，以及《中华人民共和国招标投标法》规定的相关内容，应重点关注国家产业政策和环境保护要求等因素。

第二，可行性研究报告的编制控制。可行性研究具有一定的专业性，需要根据不同研究对象的性质特点而有所侧重，使研究的内容和深度达到行业标准和决策者的需求。企业应当自行或委托具有相关资质的设计企业或咨询部门编制项目的可行性研究报告，不得要求设计企业或咨询部门编制虚假的可行性研究报告，选择中介机构时应严格审核其专业能力，并经过集体决策。在委托或招标决定中介机构时，必须确保拟定的委托或招标方案合理合规,确保委托或招标过程公开、公平、公正,防范招标投标过程中的舞弊现象。建设企业的财务人员应当参与可行性研究报告编制的全过程,从经济合理性方面进行研究并发表意见。

第三,可行性研究报告的审批控制。可行性研究报告的审批控制包括两方面内容。一是大中型建设项目的可行性研究报告(总投资在3 000万元以上),通常要交由各主管部门及各省、市、自治区或全国性专业公司负责预审,报国家发展和改革委员会审批,或由国家发展和改革委员会委托有关单位审查。重大和特殊项目的可行性研究报告(投资总额超过2亿元)则由国家发展和改革委员会会同有关部门预审,报国务院审批。小型项目的可行性研究报告,按隶属关系由各主管部门及各省、市、自治区或全国性专业公司审批。二是从事项目可行性研究的专业机构不得再从事可行性研究报告的评审。在项目评审过程中,应当重点关注投资规模、资金筹措、生产规模、投资效益、布局选址、技术、安全、设备、环境保护等方面,核实相关资料的来源和取得途径是否真实、可靠和完整。

第四,可行性研究报告的不相容职务。根据岗位分工的原则,可行性研究的执行、可行性研究报告的编制和可行性研究报告的审查评定、可行性研究报告方案的制定与审核、招标的组织实施与监督等都应由不同的人员来完成。

3)项目评审和项目决策

企业应当组织规划、工程、技术、财务、法律事务等部门的专家对项目建议书和可行性研究报告进行充分论证和评审,出具审计意见,作为项目决策的重要依据。工程项目决策失误应当实行责任追究制度。任何单位不得单独决策或者擅自改变集体决策意见。企业可以自行论证评审,也可以委托专业机构进行评审。企业应记录评审意见,作为项目决策的重要依据。但需要注意的是,要保持可行性研究的独立性,不相容职务相互分离,从事可行性研究的专业机构不得再进行项目评审。

该环节的控制措施主要是指决策控制。企业应当按照规定的权限和程序对工程项目进行决策。决策依据应当充分、适当,决策过程应当科学规范。对于重大工程项目,企业应当实行集体决策,报经董事会或者类似决策机构集体审议批准,并根据客观经济条件的变化及时做出调整。企业应当按照规定的权限和程序对工程项目进行决策,决策过程应当留有完整的书面记录,明确相关部门及人员的责任,定期或不定期地进行检查。授权决策是一项非常重要的控制措施,涉及企业的组织架构(内部控制的基础),但决策过多,不可能全部报由董事会决策,故要各司其职,做好分工授权,依据企业的管理制度执行。

2. 工程设计环节的关键控制措施设计

企业应加强对工程项目施工前的设计、概预算等准备工作的控制,以降低其潜在风险扩大化的可能性和引发风险的可能性。

1)初步设计

第一,初步设计的前期工作。通过招标程序,遵循公平、公正的原则,依据设计方案比选确定设计企业。设计企业资质应能满足工程建设的要求,并且设计企业具有类似项目成功的设计业绩，鼓励设计企业优化设计。企业应为概预算人员提供收集和应用信息资料的必要条件，以保证概预算编制合理、准确。

第二，合同的完整性控制。初步设计合同的内容应该包含以下几方面：①初步设计的对象和内容；②初步设计依照的质量标准，设计结果所要达到的质量要求；③初步设计费用的计算依据和计算方法，以及支付方式、地点、期限等；④违约责任，明确双方的权利和义务，以及在一方违约时应承担的责任、支付的赔偿金额等。

第三，初步设计的编制控制。初步设计的深度应满足施工图编制、设计概算编制、施工准备及主要设备和材料订货的要求，概算工程量应与初步设计图纸、设备和材料清册保持一致；初步设计概算、施工图预算编制范围应当完整，编制依据及采用规范、标准应严格执行国家有关概算的编制规定和费用标准，设计方案应经济合理；概算文件内容应包括总概算表、单项工程综合概算表和企业工程概算表。概算编制的建设规模和建设标准应控制在核准文件标准范围内，初步设计提出的总概算不得超过可行性研究报告确定的总投资估算的规定比例。

2）施工图设计

第一，施工图设计预算的编制控制。施工图设计预算必须控制在初步设计概算之内。当某些单项工程的施工图设计预算超过设计概算时，应当分析原因，如果是设计造成的，应修改施工图设计，直至与批准的设计概算平衡为止。

第二，概预算审查控制。首先，企业自行组织各相关专业人员对编制的概预算进行审核，主要审核概算编制依据的合法性、初步设计深度、概算文件内容是否完整，设计概算是否完整地包括全部投资；其次，应按规定履行初步设计及概算报批手续，请内部审计或工程部门参与概算对比分析与修改。设计概算如果超过经报批的投资估算的规定比例，应重新办理报批。详细的设计和设计概算是项目投资审批的重要依据。要深入现场进行调查，弄清工程建设的内外部条件，了解设计是否经济合理，概算采用的定额、指标、价格、费用标准是否符合现行规定和施工现场实际，了解有无扩大规模、多估投资或预留缺口等情况。财务人员还应根据工程的特点，选择适当的方法对施工图预算进行审核，审查的内容包括工程量的准确性、定额套用的正确性、费用计取和汇总的合理性。同时，企业还可以聘请会计师事务所参与概预算演算和复核。

3. 工程招标环节的关键控制措施设计

企业的工程项目一般应当采用公开招标的方式，择优选择具有相应资质的承包单位和监理单位。在选择承包单位时，不得违背工程施工组织设计和招标设计计划，将应由一个承包单位完成的工程肢解为若干部分发包给几个承包单位。企业应当依法组织工程招标的开标、评标和定标，并接受有关部门的监督。企业应当组建评标委员会，评标委员会应当按照招标文件确定的标准和方法，对投标文件进行评审和比较，择优选择中标候选人；要按照《中华人民共和国招标投标法》的规定，防止暗箱操作，保证客观、公正；要做好招标投标工作，应加强招标、投标、开标、评标、定标五个环节的控制。

1）招标和投标

企业应当按照《中华人民共和国招标投标法》的规定，遵循公开、公正、平等竞争的原则，发布招标公告，提供招标文件。企业可以根据项目特点决定是否编制标底，标底编制过程和标底应当严格保密。确定中标人之前，企业不得与投标人就投标价格、投标方案等实质性内容进行谈判。企业对于标底必须保密，不可泄露给投标单位，也不可与投标单位就投标价格等因素进行谈判，否则即构成舞弊行为。企业应当根据项目性质和标底金额，明确招标范围和要求，规范招标程序，不得人为肢解工程项目规避招标。企业应当采用招标形式确定设计企业和施工企业，明确构成项目预期实现的目标和具体要求，确保招标工程公开、公正、透明，重点在于对投标人资格的审查、招标文件的编制、标底的制定与保护三个方面。

第一，对投标人资格的审查控制。按照工程建设规模和设计文件的要求，从企业资质、施工等级、人员资格、企业和负责人业绩、经营状况、企业信誉等方面对潜在投标人的资格进行审查，选择确定合格的投标人，以更好地体现公平、公正的原则，提高评标质量和效果。

第二，招标文件的编制控制。招标文件的内容控制：按照《建设工程施工招标文件范本》，施工招标文件应包括投标须知、评分标准、投标文件格式、个体格式、履约担保书格式、技术规范标准、工程的技术要求、图纸和资料、已批准的项目建议书或者可行性研究报告、对投标人资格审查的标准、投标报价要求等所有实质性要求和条件及拟签订合同的主要条款。企业应当根据招标项目的特点和需要自行或委托相关机构编制招标文件。招标文件中关于审查投标人资格的财务标准和投标报价要求等内容必须经过企业财务部门的认可。

第三，标底制定与保护控制。标底的合理性和准确性控制：为了保证标底的合理性，企业编制标底必须给予足够的时间，自行或委托具有相应资质的中介机构编制标底。企业财务部门应当审核标底计价内容、计价依据的准确性和合理性，以及标底价格是否在经批准的投资限额内。标底的规范性和保密性控制：工程招标应体现"统一量、指导价、竞争费"这一基本指导原则，不能任意压低工程直接费和背离定额计价依据，否则一旦中标，受损的不仅是承包商，建设单位的损失也会更大；从标底的编制开始，实施责任人制度，指定专门部门，由专人负责。标底一经审定应密封保存至开标时，所有接触过标底的人员均负有保密责任，不得泄露。一旦出现泄露，即按照规定追究有关责任人的法律责任。

2）开标控制

招标人在招标文件约定的时间和地点如期组织开标，开标前需检查各投标人投标文件的密封情况是否符合招标文件要求，开标时应当当众予以拆封、宣读，开标过程应当记录，并存档备查。

3）评标控制

（1）评标组织控制。招标人应当根据招标项目的性质，分别成立招标领导小组和评标小组，评标小组人数应为5人以上单数，技术、经济方面的专家应不少于成员总数的2/3，内聘专家应不超过专家总数的1/3，小组成员与投标人之间不得有利害关系。

（2）评标过程控制。评标小组应采取招标文件规定的评标标准和方法进行评标，评标小组不得违规采取招标文件以外的标准和方式进行评标；评标小组对评标过程应进行记录，评标结果应有充分的评标记录作为支撑。

（3）评标的公正性控制。企业应依法组建评标委员会负责评标。评标委员会成员应由企业的代表和有关技术、经济等方面的专家组成。企业的代表应当包括会计人员。评标委员会应当按照招标文件确定的标准和方法，对投标文件进行评审和比较，并择优选择中标人。

4）定标控制

评标小组将评标结果上报招标领导小组，招标领导小组按照规定对评标结果进行审查，并按照招标文件的规定确定中标企业，及时发出中标通知，按程序对中标结果进行公示。

4．工程建设环节的关键控制措施设计

企业应当加强对工程建设的监控，实行严格的概预算管理，切实做到及时备料，科学施工，保障资金，落实责任，确保工程项目达到设计要求。工程项目建设结算不是风险控制最为重要的阶段，却是整个项目周期中工作量最大，投入的人力、财力、物力最多的一个阶段，也是将工程建设目标变为现实最为主要、重要的阶段，因而工程建设环节成为历来工程项目控制的重点阶段。工程建设环节的关键控制措施包括以下几方面。

1）工程物资采购控制

企业自行采购工程物资的，应当按照《企业内部控制应用指引第7号——采购业务》等相关指引的规定，组织工程物资采购、验收和付款。由承包单位采购工程物资的，企业应当加强监督，确保工程物资采购符合设计标准和合同要求。严禁不合格的工程物资投入工程项目建设。重大设备和大宗材料的采购应当根据有关招标采购的规定执行。企业可自行采购，也可由承包单位采购，对于重大设备和大宗材料的采购应当根据有关招标采购的规定执行。在实际工作中，建筑材料等用料一般由施工单位采购（因一般是包工包料），但建造生产线所用的生产设备、专业设备一般由企业自行采购，具体按照《企业内部控制应用指引第7号——采购业务》进行。企业对于采购物资的监管必须注意，要严格按照规格把关，遏制豆腐渣工程。

2）工程监理制度控制

企业应当实行严格的工程监理制度，委托招标确定的监理单位进行监理，监理人员应当具备良好的职业操守，保持客观、公正。未经监理人员签字，工程物资不得在工程上使用或者安装，不得进行下一道工序施工，不得拨付工程价款，不得进行竣工验收。监理人员需要对工程项目的全过程——工程物资质量、施工工序、工程进度等各方面进行监管，故对监理人员的专业素质、职业操守有着极高的要求。工程建设监理的控制重点主要包括以下几点。

第一，企业应当指定工程项目的负责人及组织机构，或委托具有相应资质的监理单位，对项目施工全过程的质量、投资、进度和安全进行管理控制。财务部门要配备专人管理基本建设财务与会计核算。

第二，工程监理人员应当深入施工现场，监控工程进度和质量，及时发现和纠正建设过程中的问题。工程监理人员应当具备相应的资质和良好的职业操守。在开工前，建设企业应该核查监理单位编制的监理规划、监理细则,了解其具体内容是否切合工程项目的实际情况,是否有针对性、可操作性,工作目标是否明确,机构的人员配备是否齐全,等等。建设企业应要求监理单位严格执行原材料进厂报审和见证取样送检制度,主动出击进行随机抽查,既抽查现场的实物质量情况,又抽查现场监理人员的旁站、巡查到位情况及隐蔽验收资料的签证情况。

3)工程价款结算控制

企业财务部门应当加强与承包单位的沟通,准确掌握工程进度,根据合同约定,按照规定的审批权限和程序办理工程价款结算,不得无故拖欠。建设周期长、资金流大的项目,一般都是分批支付工程价款。每次付款都需按照企业程序进行。企业应当加强对工程价款结算的管理,按照规定使用工程资金,将实际投资额控制在批准的范围内。企业应对价款支付的条件、方式及会计核算程序做出明确规定,确保价款支付及时、正确。财务部门应对各项建设资金的筹集和到位情况进行审查,保证工程项目资金来源的合法性、可靠性,不得非法集资,不得挤占生产资金。在未经批准开工之前,不得支付工程款。财务人员要督促企业不得将项目资金用于计划外项目,不得随意列支工程管理费。

(1)严格工程款、材料设备款和其他费用的支付审批制度。工程预付款应在建设工程或设备、材料采购合同签订、施工或供货企业提交了经财务部门认可的银行履约保函后,按合同规定的条款支付。工程进度款应严格按建设工程合同规定条款、实际完成工作量及工程监理情况结算和支付。设备、材料款按采购合同规定的条款支付。工程结束后,建设企业应按合同规定的金额或比例提留质量保证金,并在质量保证期满,经有关部门验收合格后,将其支付给施工方。

(2)严格控制材料用量,合理确定材料价格。按照合同内容的规定严格控制材料用量,合理确定材料价格,从而实现对工程造价的有效控制。材料的供应渠道多种多样,品种繁杂,价格不一,因而预算人员和现场管理人员要及时了解建筑材料的市场行情,掌握最新的施工情况及材料信息,为施工过程的竣工决算提供可靠的依据。工程进度款的支付要按工程项目进度或者合同、协议约定进行,不得随意提前支付,企业会计人员在办理价款支付业务过程中如果发现拟支付的价款与合同、协议约定的价款支付方式及金额不符,或与工程实际完工进度不符等异常情况,应当及时报告。

(3)对于自行建造的工程项目,以及以包工不包料方式委托其他企业承担的工程项目,企业应当建立与材料采购、收发、保管和记录相关的控制程序。计划部门应当合理安排施工任务和进度,选择最佳施工方案,配合财务部门做好成本计划的编制工作。材料供应部门应当建立、健全材料制度,加强对材料采购和收、发、领、退的管理,努力降低材料的采购成本,节约仓储保管费,降低材料费支出。劳动工资部门应当加强对劳动力的管理,改善劳动关系,严密控制非生产用工,调动职工的积极性,提高劳动效率,节约工资支出。生产技术部门则需做好技术组织措施计划的编制和贯彻工作,以保证降低成本计划的实现。设备管理部门必须加强机械设备的调度和维修,以保证企业机械设备的完好率和利用率。行政管理部门应当精简机构,紧缩开支,节约行政管理费用等。建立、健全材料的收、发、领、退制度。实行限额领料制度是节约材料费支出的重要措施。

（4）企业应当加强对工程项目资金筹集与运用、物资采购与使用、财产清理与变现等业务的会计核算，真实、完整地反映工程项目成本费用发生情况、资金流入流出情况及财产物资的增减变动情况。企业会计人员应当定期清查工程物资，核实基本建设支出，及时编制准确、完整的会计报告，如实反映建设资金的来源和占用、建设成本和投资效果、概预算和年度投资计划的完成情况。同时，企业应建立工程项目定期或不定期会计分析制度，财务部门应及时发现各种问题，并向有关部门反映，有关部门及责任人员必须纠正并做出书面报告。

4）工程变更控制

企业应当严格控制工程变更。对于确需变更的工程项目，应当按照规定的权限和程序，经过相关部门或中介机构（如工程监理、财务监理等）的审核。重大的项目变更应比照项目决策和概预算控制的有关程序加以严格控制。企业不得通过设计变更扩大建设规模、增加建设内容、提高建设标准。对于工程变更等造成的价款支付方式及金额的变动，企业应当提供完整的书面文件和其他相关资料。企业会计人员应当对工程变更所涉及的价款支付进行审核。需要追加投资的重大变更，必须经过财务部门的审查论证，并落实资金来源。

5. 工程验收环节的关键控制措施设计

1）竣工决算控制

企业收到承办单位的工程竣工报告后，应当及时编制竣工决算，开展竣工决算审计，组织设计、施工、监理等有关企业进行竣工验收。整个项目的竣工决算要依据国家相应的要求和规定进行。工程项目的确认、计量和报告应当符合国家统一的会计准则制度的规定。企业应当组织审核竣工决算，重点审查决算依据是否完备，相关文件资料是否齐全，竣工清理是否完成，决算编制是否正确。企业应当建立竣工决算审计制度，及时组织竣工决算审计。竣工决算的编制和审核属于不相容职务，不相容职务需相互分离，应由企业的不同人员进行。审核之后必须进行审计，未经审计的工程项目不得办理竣工验收手续，审计需由专门的中介机构、会计师事务所、工程监管部门等进行，保持独立性。

具体控制政策和措施应当包括以下方面。

第一，建立竣工清理制度，明确竣工清理的范围、内容和方法，如实填写并妥善保管竣工清理清单。财务部门在工程竣工后，应及时开展各项清理工作，主要包括各类会计资料的轨迹整理、账务处理、财产物资的盘点核实及债权债务的清偿，做到账账、账证、账实、账表相符。

第二，企业应当依据国家法律法规的规定及时编制竣工决算。在工程完工后，应当依据工程项目合同及项目管理部门签字认可的设计、施工、监理工作等完工资料及工程结算情况等，对施工企业提交的竣工结算书进行审核，并及时办理工程项目的财务决算，编制财务决算报告，以降低财务决算滞后造成的财务风险。

第三，企业应当建立竣工决算审计制度，应当委托具有工程决算审计资质的中介机构对工程项目财务决算报告进行审计，对建设成本、交付使用财产、结余资金等内容进行全面审查，及时核实工作量，正确计算全部工程决算金额，并出具决算审计报告。未实施竣工决算审计的工程项目，原则上不得办理竣工验收手续。

2）竣工验收控制

企业应当及时组织工程项目竣工验收，确保工程质量符合设计要求。验收合格的工程项目，应当及时编制交付使用财产清单，办理资产移交手续，并加强对资产的管理。这是工程项目的最后一道关口，若验收通过，项目便可投入使用；若工程验收把关不严，验收不合格却通过，便对整个项目的未来埋下很大的隐患。企业应会同监理企业、设计企业对施工企业报送的竣工资料的真实性、完整性进行审查，并依据设计与合同的要求组织竣工预验收。对存在的问题，企业应及时要求施工企业进行整改；对符合竣工验收条件的工程项目，企业应及时组织竣工验收。对于验收合格的工程项目，财务部门应建立交付使用财产明细表，并转增固定资产；未经验收或验收不合格的工程不得交付使用；对于竣工验收后留有收尾工程的项目，企业应按照验收中审定的收尾工程内容、数量、投资和完成期限组织扫尾。企业应加强对工程剩余物资的管理，对需处置的剩余物资，应当明确处置权限和审批程序，并将处置收入及时入账。对竣工验收进行审核的重点是审查验收人员、验收范围、验收依据、验收程序等是否符合国家有关规定，企业可聘请专业人士或中介机构帮助企业进行验收。验收合格的工程项目，应当及时编制财产清单，办理资产移交手续，并加强对资产的管理。竣工决算应如实反映工程项目的实际造价和投资效果，不得将应计入当期经营费用的各种支出计入建设成本。

3）工程项目后评估制度

应由财务部门负责对完工工程项目进行成本效益分析，如果其经济性严重低于项目建议书和可行性研究报告提出的预期经济目标，则应作为绩效考核和责任追究的基本依据，追究相关人员的决策责任。企业应当建立由财务部门参与的概算、预算及决算分析考评制度，在竣工决算后组织分析概算、预算执行情况及差异产生原因。对于实际投资规模超过审定的投资规模的项目，应当追究相关决策者和执行人员的责任。后评估制度及绩效考核制度都属于控制措施。尤其对于绩效考核措施，作为内部控制基本规范的基本控制措施之一，其重要性不言而喻，前提是进行评估，根据评估结果进行绩效考核，奖惩分明。此外，企业应当按照国家有关档案管理的规定，及时收集、整理工程建设各环节的文件资料，建立完整的工程项目档案，便于以后有据可查。

第四节 全面预算内部控制

一、全面预算概述

全面预算是贯彻落实企业发展战略的需要，是很重要的控制手段，也是协调各部门、各单位、各有关人员行动的需要，还是有效配置资源和科学评价企业绩效和考核的需要，能实现防范和降低企业经营和财务风险的目标。全面预算是企业对一定期间经营活动、投资活动、筹资活动等做出的预算安排。全面预算管理系统主要由预算编制、执行、分析、调整和考核等一系列程序组成，往往涉及企业的整体业务和管理。因此，规范预算编制、审批、执行、分析与考核等的控制流程，建立、健全全面的预算管理制度，强化预算约束，提高预算的科学性和严肃性，是企业完善内部控制体制，提高企业经济效益，实现企业发展战略和经营目标的首要任务。

（一）全面预算的含义

1. 预算的含义

计划是为了达到预期的目标而对未来事项进行安排的过程。预算是计划的一种形式，它是企业为达到一定目的而在一定时期对资源进行配置的计划，是用货币或数字编制出来的某一时期的计划。可见，预算是计划的一种形式，计划可分为总目标或使命、一定时期目标、策略、程序、规划和预算等类别和层次。

预算是计划的有机组成部分，是计划的基础和落脚点。预算的计划职能反映了预算的本质，因此，也有人将预算称为预算计划。预算的内涵可概括为三个方面：第一是反映"多少"，如为实现经营目标的投入和产出是多少等；第二是说明"为什么"，即为什么投入和产出是这些；第三是反映"何时"，即什么时候发生投入和产出。

尽管预算与计划之间存在密切的联系，但是，由于转轨经济时期的国有企业长期受计划经济时代的影响，计划经济痕迹依然明显，人们通常将预算与计划混为一谈，认为预算与计划是一回事，甚至认为在市场经济体制之下企业如果有计划就没有必要搞预算。预算与计划本质上是一致的，都是对未来经营活动的一种预测与安排，但是预算所具有的功能与计划经济时代的计划还是存在区别的。国有企业的计划往往侧重于经营计划，是对未来经营活动的一种量化说明，但不是以货币形式反映的，也就是没有对未来经营活动进行价值量化，如销售计划只是对计划年度销售品种、数量及时间进行安排，生产计划只是对计划年度的生产品种、数量及进度进行安排，一般不涉及价值量。预算则主要以货币或价值形式对未来经营活动进行说明，不仅仅包括财务预算，还包括经营预算，并且侧重于价值量的反映，如销售预测，不仅有销售量预算，还有销售收入预算。

2. 全面预算的定义

全面预算是一系列预算的总称，是企业根据其战略目标与战略规划编制的经营、资本、财务等方面的年度总体计划，包括日常业务预算（经营预算）、特种决策预算（资本预算）与财务预算三大类。

（1）日常业务预算也叫经营预算，它是企业关于日常经营活动（如销售、采购、生产等）需要多少资源及如何获得和使用这些资源的计划，如销售预算、采购预算、生产预算等。

（2）特种决策预算也叫资本预算，它是企业对将要着手的长期工程（如厂房、开发）和将要引进的固定资产（如生产设备）等的投资和筹资计划，如研发预算、固定资产投资预算、银行借款预算等。

（3）财务预算是一系列专门反映企业未来一定预算期内预计财务状况和经营成果

及现金收支等价值指标的各种预算的总称。它具体包括预计资产负债表、预计利润表和现金收支预算等内容。

一个完善的全面预算体系应该包括财务预算、经营预算和资本预算三方面的内容，它们之间具有清晰的逻辑关系。财务预算的编制需要以经营预算和资本预算为支撑和基础，没有经营预算和资本预算，财务预算的编制就缺乏依据，会成为"无米之炊"；经营预算和资本预算分别反映了企业的经营活动和投资活动，如果最终不汇总编制成财务预算，就难以使管理者从整体层面把握企业的财务状况、经营成果和现金流量。财务预算不仅是全面预算体系的中心环节，而且是经营预算和资本预算的最终反映。

3. 全面预算管理的含义

预算管理是以预算为依据和主线的一种企业管理模式，具体是指企业围绕预算展开的一系列管理活动和制度安排，包括预算目标确定、预算编制、预算控制、预算考评等方面。全面预算管理本质上是以预算为主线，涉及全方位、全过程和全员的一种整合性管理控制系统，对企业的所有经营活动和所有组织机构具有全面控制和全面约束的效力。理解全面预算管理的"全面"本质，可从以下三方面入手。

第一，全面覆盖。预算管理应该覆盖整个企业，包括企业本部各职能部门、企业下属各事业部及其职能部门、企业控股的其他非事业部企业及其职能部门。许多企业的预算仅仅关注费用预算和资金预算，这只是权宜之计，全面预算应该扩充到其他预算，如销售预算、采购预算、生产预算、资本预算和财务预算等；许多企业的预算管理部门以财务部门为主，实际上全面预算涉及生产经营的所有活动，包括销售活动、生产活动、采购活动、研发活动、财务活动等。这就意味着一个企业要控制其经营业务，不仅需要编制经营预算和资本预算，而且需要编制财务预算。

第二，全面控制。以预算为主线对企业各种经营活动及经营活动过程的各个环节进行控制，包括事前控制、事中控制和事后控制。事前控制通过预算目标确定和预算编制环节完成，事中控制通过预算执行环节完成，事后控制则依赖于预算分析与预算考评，以上环节构成完善的预算控制循环。要发挥预算控制系统的控制作用，这几个环节缺一不可。一些企业往往只重视预算的编制，而忽视预算的事中控制，既不积极执行，也不有效控制，更不进行系统分析；一些企业的预算执行与预算考评脱钩，对预算执行部门和执行者的考评并不以预算为主要依据，完全忽略预算的事后控制作用。

第三，全员参与。预算管理体系的设计和运行是一项复杂的系统工程，需要各级领导高度重视和常抓不懈，需要改善各企业、各部门"一把手"积极推动和亲自落实，需要各个层次员工的积极参与和主动配合。预算控制系统实施的过程就是将预算的总体目标分解、落实到各个部门的过程，从而使各部门都明确自己的工作目标和任务。一个企业的整体目标只有在各个部门和各个岗位的共同努力下才能得以实现；相反，如果各个部门各行其是，各个岗位相互推诿，企业整体目标就难以实现，企业整体利益就会受到损害。

(二)全面预算的意义

全面预算作为一种全方位、全过程、全员参与编制与实施的预算管理模式,凭借其计划、协调、控制、激励、评价等综合管理功能,整合和优化配置企业资源,提升企业运行效率,成为促进企业实现发展战略的重要助手。正如美国著名管理学家戴维·奥利指出的那样:全面预算管理是为数不多的几个能把组织的所有关键问题融合于一个体系之中的管理控制方法之一。它曾经对现代工商企业的发展起到至关重要的作用。总体而言,全面预算在企业管理实践中能够发挥以下四种基本功能。

1. 确立目标

预算是企业实现发展战略和年度经营目标的有效手段。现阶段强调预算管理的作用,是由于战略实施已经成为现代企业获得突破性业绩的普遍手段和主要措施,美国著名教授罗伯特·A.安东尼曾专门做过一项调查,发现超90%以上的营利性企业和非营利组织在战略实施或成长方面存在着问题。战略管理专家罗伯特·西蒙斯通过研究发现,在过去的二十多年中经济学家和管理学家花费了大量的精力探索如何制定适应市场竞争的战略规划,却往往忽视了如何实施和控制战略。因此,企业在任何时期都应该牢记"三分战略,七分执行",企业战略制定得再好,如果得不到有效实施,终不能将美好蓝图和愿景转变为现实,甚至可能因实际运营背离战略目标而经营失败。通过实施全面预算,企业将根据发展战略制定的年度经营目标进行分解、落实,可以使长期战略规划和年度具体行动方案紧密结合,从而实现"化战略为行动",确保企业发展目标的实现。《企业内部控制应用指引第2号——发展战略》明确规定企业应当编制全面预算。

预算是对企业战略目标的进一步分解与细化,是企业预算责任的逐层分担与落实,也是企业内部各部门实现其预算目标的具体行动方案与措施。这样,就可以使各个部门从价值上了解本部门的经济活动与企业整体目标之间的关系。

2. 整合资源

一个企业的资源有限是客观存在的现实,因此,在实现企业战略目标的过程中,长期目标与短期目标之间、整体目标和部门目标之间、企业内部不同部门之间不可避免地存在冲突,企业需要站在整体的角度和战略的高度,利用一种工具围绕既定目标有效地整合资金、技术、物质、人力等各种资源。实践证明,预算就是这样一种资源整合工具。通过预算,企业可以把各方面的工作纳入统一计划,促使内部各部门的预算相互协调,环环紧扣,达到平衡,在保证企业整体目标的前提下,根据企业的资源条件组织各项业务活动。

3. 控制业务

控制是预算最基本的功能,预算的控制作用贯穿于整个经营活动过程中。预算制定是一种事前控制,预算执行与分析是一种事中控制,预算考评是一种事后控制。尤其是通过预算执行结果反馈及与预算目标之间的差异分析,有助于发现经营和管理的薄弱环节并予以纠正,从而改进工作,实现企业的整体目标。

4. 评价业绩

各项预算控制指标和预算控制标准为企业提供了评价各部门及其员工实际经营业务的客观依据。定期或不定期地检查、考评各部门所承担的经济责任和工作任务的完成情况，并将预算执行的实际结果与预先设置的预算目标进行比较，确保企业整体目标的实现，是企业管理的核心。

（三）全面预算的业务流程

1. 全面预算管理环节

企业全面预算的业务基本流程一般包括预算制定、预算执行和预算考核三个阶段。其中，预算制定阶段包括预算编制、预算审批、预算下达等具体环节；预算执行阶段涉及预算指标分解和责任落实、预算执行控制、预算分析、预算调整等具体环节；预算考核包括业绩评价和落实奖惩两个方面。这些业务环节相互关联、相互作用、相互衔接，并周而复始地循环，从而实现对企业全面经济活动的控制。

财政部会计司在解读《企业内部控制应用指引第15号——全面预算》时指出，全面预算是企业加强内部控制、实现发展战略的重要工具和手段，也是企业内部控制的对象。企业应当参照全面预算的基本业务流程，结合自身情况及管理要求，制定全面预算的具体业务流程。

1）预算制定

预算制定是企业预算总目标的具体落实及将其分解为责任目标并下达给预算执行者的过程。预算制定是预算管理循环的一个重要环节，预算制定质量的高低直接影响预算执行结果的好坏，也影响对预算执行者的业绩评价。

2）预算执行

预算执行是预算的具体实施，是预算目标能否实现的关键，因此，它在预算管理循环中处于核心环节。

预算指标分解和责任落实是预算执行的基础环节，企业需要将制定的预算细化到各个部门，形成分解指标并落实各个部门的预算责任。

预算执行控制是指对各个部门预算的执行情况进行有效控制，按照控制的时间先后顺序可以分为事前控制、事中控制及事后控制。

预算分析是指企业各级预算执行部门需要反馈和报告预算执行的结果，比较分析预算偏差并追查预算执行出现偏差的原因，在此基础上需要采取措施纠正不利偏差。

预算调整是指当企业内外部环境发生改变，预算与客观情况出现较大偏差，原有预算不再适宜时对其进行的一定修正。

3）预算考核

业绩评价是对企业内部各级责任部门或责任中心预算执行结果进行评价。要促使预算执行者主动积极地执行预算，需要将预算的考评结果与预算执行者的薪酬相挂钩，实行奖惩制度。

2. 全面预算的组织

要使得全面预算能够有效运行，企业首先要解决全面预算的组织问题，即解决"谁来做"这个关键问题。全面预算组织领导与运行体制健全，是防止预算管理松散、随意，预算制定、预算执行、预算考核等各环节流于形式，以及预算管理的作用得不到有效发挥的关键。为此，全面预算指引提出了明确的控制要求，即企业应当加强对全面预算工作的组织领导，明确全面预算管理体制及各预算执行企业的职责权限、授权批准程序和工作协调机制。

1）健全全面预算管理体制

企业设置的全面预算管理体制，应遵循合法科学、高效有力、经济适度、全面系统、权责明确等基本原则。健全的预算管理体制一般具备全面预算管理决策机构、工作机构和执行主体三个层次的基本架构。

（1）全面预算管理决策机构——预算管理委员会。企业应当设立预算管理委员会，作为专门履行全面预算管理职责的决策机构。预算管理委员会成员由企业负责人及内部相关部门负责人组成，总会计师或分管会计工作的负责人应当协助企业负责人负责企业全面预算管理工作的组织领导。具体而言，预算管理委员会一般由企业负责人（董事长或总经理）任主任，总会计师（或财务总监、分管财务工作的副总经理）任副主任，其成员一般还包括各副总经理、主要职能部门（财务、战略发展、生产、销售、投资、人力资源等部门）和分（子）公司负责人等。

预算管理委员会的主要职责如下：制定、颁布企业全面预算管理制度，包括预算管理的政策、措施、办法、要求等；根据企业战略规划和年度经营目标，拟定预算目标，并确定预算目标分解方案、预算编制方法和程序；组织编制、综合平衡预算草案；下达经批准的正式年度预算；协调解决预算制定和执行中的重大问题；审议预算调整方案，依据授权进行审批；审议预算考核和奖惩方案；对企业全面预算总的执行情况进行考核；其他全面预算管理事宜。

（2）全面预算管理工作机构。由于预算管理委员会一般为非常设机构，企业应当在预算管理委员会下设立全面预算管理工作机构，由其履行预算管理委员会的日常管理职责。全面预算管理工作机构一般设在财务部门，其主任一般由总会计师（或财务总监、分管财务工作的副总经理）兼任，工作人员除了财务部门人员外，还应有计划、人力资源、生产、销售、研发等业务部门人员参加。

全面预算管理工作机构的主要职责一般包括 12 项：拟定企业各项全面预算管理制度，并负责检查落实全面预算管理制度的执行；拟定年度预算总目标分解方案及有关预算编制程序、方法的草案，报预算管理委员会审定；组织和指导各级预算企业开展预算编制工作；预审各预算企业的预算初稿，进行综合平衡，并提出修改意见和建议；汇总编制企业全面预算草案，提交预算管理委员会审查；跟踪、监控企业预算执行情况；定期汇总分析各预算企业预算执行情况，并向预算管理委员会提交预算执行分析报告，为预算管理委员会进一步采取行动拟定建议方案；接受各预算企业的预算调整申请，根据企业全面预算管理制度进行审查，集中制订年度预算调整方案，报预算管理委员会审议；

协调解决企业预算制定和执行中的有关问题；提出预算考核和奖惩方案，报预算管理委员会审议；组织开展对企业二级预算执行企业［企业内部各职能部门、所属分（子）公司等］预算执行情况的考核，提出考核结构和奖惩建议，报预算管理委员会审议；预算管理委员会授权的其他工作。

（3）全面预算执行主体。全面预算执行主体是指根据其在企业预算总目标实现过程中的作用和职责划分的，承担一定经济责任，并享有相应权利和利益的企业内部单位，包括企业内部各职能部门、所属分（子）公司等。企业内部预算责任主体的划分应当遵循分级、分层，权、责、利相结合，责任可控，目标一致的原则，并与企业的组织机构设置相适应。根据权责范围，企业内部预算责任主体可以分为投资中心、利润中心、成本中心、费用中心和收入中心。

预算执行主体在预算管理部门（指预算管理委员会及其工作机构）的指导下，组织开展本部门或本企业全面预算的编制工作，严格执行批准下达的预算。

各预算执行主体的主要职责一般包括：提供编制预算的各项基础资料；负责企业全面预算的编制和上报工作；将企业预算指标层层分解，落实到各部门、各环节和各岗位；严格执行经批准的预算，监督检查本企业预算执行情况；及时分析、报告企业的预算执行情况，解决预算执行中的问题；根据内外部环境变化及企业全面预算管理制度，提出预算调整申请；组织实施企业内部的预算考核和奖惩工作；配合预算管理部门做好企业总预算的综合平衡、执行监控、考核奖惩等工作；执行预算管理部门下达的其他预算管理任务。

各预算执行主体负责人应当对企业预算的执行结果负责。

2）明确各环节授权批准程序和工作协调机制

在建立、健全全面预算管理体制的基础上，企业应当进一步梳理、制定预算管理工作流程，按照不相容职务相互分离的原则细化各部门、各岗位在预算管理体系中的职责、分工与权限，明确预算制定、执行、分析、调整、考核各环节的授权批准制度与程序。预算管理工作各环节的不相容岗位一般包括预算制定与预算审批、预算审批与预算执行、预算执行与预算考核。

在全面预算管理各个环节中，预算管理部门主要起决策、组织、领导、协调、平衡的作用。企业可以根据自身的组织结构、业务特点和管理需要，责成内部生产、市场、投资、技术、人力资源等各预算归口部门管理预算的制定、执行监控、分析等工作，并配合预算管理部门做好企业总预算综合平衡、执行监控、分析、考核等工作。

二、全面预算的主要风险点

（一）总体风险分析

全面预算作为一种全方位、全过程、全员参与编制与实施的预算管理模式，通过将企业的资金流、实物流及信息流进行整合，优化企业的资源配置，提高资金的使用效率。然而，企业要想使全面预算管理达到预期效果，必须要特别关注和防范预算管理中的风险，这些风险主要包括：不贬值预算或预算不健全，可能导致企业经营缺乏约束或盲目发展；预算目标不合理、制定不科学，可能导致企业资源浪费或发展目标难以实现；预算缺乏刚性、执行不力、考核不严，可能导致预算管理流于形式。

（二）风险点分析

1. 预算制定环节的主要风险点分析

预算制定是企业实施全面预算管理的起点。就预算制定环节而言，其主要风险点具体可细分为以下几方面。

（1）预算制定以财务部门为主，业务部门参与度较低，可能导致预算制定不合理，预算管理责、权、利不匹配；预算制定范围和项目不全面，各个预算之间缺乏整合，可能导致全面预算难以形成。

（2）预算制定依据的相关信息不足，可能导致预算目标与战略规划、经营计划、市场环境、企业实际等相脱离；预算制定基础数据不足，可能导致预算制定准确率降低。

（3）预算制定程序不规范，横向、纵向信息沟通不畅，可能导致预算目标缺乏准确性、合理性和可行性；预算制定的时间太早或太晚，可能导致预算准确性不高，或影响预算的执行；全面预算未经适当审批或超越权限审批，可能导致预算权威性不够、执行不力，或可能出现重大差错、舞弊导致损失；全面预算下达不力，可能导致预算执行或考核无据可查。

（4）预算制定方法选择不当，或强调采用单一的方法，可能导致预算目标缺乏科学性和可行性。

（5）预算目标及指标体系设计不完整、不合理、不科学，可能导致预算管理在实现发展战略和经营目标、促进绩效考评等方面的功能难以有效发挥；预算指标分解不够详细、具体，可能导致企业的某些岗位和环节缺乏预算执行和控制依据；预算指标分解与业绩考核体系不匹配，可能导致预算执行不力；预算责任体系缺失或不健全，可能导致预算责任无法落实，预算缺乏强制性与严肃性；预算责任与执行企业或个人的控制能力不匹配，可能导致预算目标难以实现。

2. 预算执行环节的主要风险点分析

预算执行环节是整个全面预算管理系统的中心环节，它上承预算制定，下启预算考核。制定的预算执行得如何，会直接影响到预算管理制度的成效。预算执行环节的主要风险点可以按照其具体环节分为以下几方面。

（1）预算执行控制环节的主要风险：缺乏严格的预算执行授权审批制度，可能导致预算执行的随意性；预算审批权限及程序混乱，可能导致越权审批、重复审批，降低预算执行的效率和严肃性；预算执行过程中缺乏有效监控，可能导致各个部门在执行预算时无所作为，预算目标难以实现；缺乏健全有效的预算反馈和报告体系，可能导致预算执行情况得不到及时反馈和沟通，预算差异得不到及时分析，预算监控难以发挥作用。

（2）预算分析环节的主要风险：预算分析不正确、不科学、不及时，可能削弱预算执行控制的效果，或可能导致预算考核不客观、不公平；对预算差异原因的解决措施不得力,可能导致预算分析形同虚设。

（3）预算调整环节的主要风险：预算调整依据不充分、方案不合理、审批程序不严格,可能导致预算调整随意、频繁,预算失去严肃性和"硬约束"的基本功能。

3. 预算考核环节的主要风险点分析

预算考核环节是对预算制定和预算执行情况的系统考核、评价,也是对预算执行人进行业绩评价的基础工作。一般来说,预算考核存在的风险主要有以下几方面。

（1）预算考核不严格、不合理、不到位,可能导致预算目标难以实现、预算管理流于形式。其中,预算考核是否合理受到以下因素的影响：考核主体和对象的界定是否合理；考核指标是否科学；考核过程是否公开、透明；考核结果是否客观、公正；奖惩措施是否公平、合理且是否能够落实等。

（2）预算考核的结果没有和相关人员的业绩评价相挂钩或者关联度不是很大,这样一方面会引发员工的不满情绪,另一方面也会使得相关人员在下个预算周期缺乏执行预算的动力。

（3）预算考核只是停留在预算期末的考核,没有将考核延伸到整个预算执行过程中去,这样会降低预算考核作为促进预算执行的作用。

三、全面预算的内部控制

（一）总体要求

针对全面预算管理各个环节存在的风险,企业应遵循全面预算管理应用指引的要求,在加强全面预算管理工作的组织领导,明确全面预算管理体制,以及在各预算执行企业的职责权限、授权批准程序和工作协调机制的基础上,着重关注关键控制措施的设计。

（二）具体措施

1. 预算制定环节的关键控制措施设计

针对预算制定环节存在的主要风险,企业可采取以下关键控制措施。

1）全面性措施

（1）明确企业各个部门的预算制定责任,使企业各个部门的业务活动全部纳入预算管理。

（2）将企业经营、投资、筹资等各项经济活动的各个方面、各个环节纳入预算制定范围,形成由经营预算、资本预算、财务预算等一系列预算组成的相互衔接和钩稽的综合预算体系。

2）制定依据和基础控制

（1）制定明确的战略规划,并依据战略规划制定年度经营目标和计划,作为制定预算目标的首要依据,确保预算制定真正成为战略规划和年度经营计划的年度具体行动方案。

（2）深入开展对企业外部环境的调研和预算，包括对企业预算期内客户需求、同行业发展等市场环境的调研，以及对宏观经济政策等社会环境的调研，确保预算制定以市场预测为依据，与市场、社会环境相适应。

（3）深入分析企业上一期间的预算执行情况，充分预计预算期内企业资源状况、生产能力、技术水平等自身条件的变化，确保预算制定符合企业生产经营活动的客观实际。

（4）重视和加强预算制定基础管理工作，包括历史资料记录、定额制定与管理、标准化工作、会计核算等，确保预算制定以可靠、翔实、完整的基础数据为依据。

3）制定程序控制

企业应当按照上下结合、分级制定、逐级汇总的程序，制定年度全面预算，其基本步骤及其控制如下。

（1）建立系统的指标分解体系，并在与各预算责任中心进行充分沟通的基础上分解下达初步预算目标。

（2）各预算责任中心按照下达的预算目标和预算政策，结合自身特点及预测的执行条件，认真测算并提出各预算责任中心的预算草案，逐级汇总上报预算管理工作机构。

（3）预算管理工作机构进行充分协调、沟通，审查平衡预算草案。

（4）预算管理委员会应当对预算管理工作机构在综合平衡基础上调整的预算方案进行研究论证，从企业发展全局角度提出进一步调整、修改的建议，形成企业年度全面预算草案，提交董事会。

（5）董事会审核全面预算草案，确保全面预算与企业发展战略、年度生产经营计划相协调。

4）制定方法控制

企业应当本着遵循经济活动规律，充分考虑符合企业自身经济业务特点、基础数据管理水平、生产经营周期和管理需要的原则，选择或综合运用固定预算、弹性预算、零基预算、滚动预算等方法制定预算。

5）预算目标及指标体系设计控制

按照"财务指标为主体、非财务指标为补充"的原则设计预算指标体系，将企业的战略规划、经营目标体现在预算指标体系中，也将企业产、供、销、投融资等各项活动的各个环节、各个方面的内容纳入预算指标体系，将预算指标体系与绩效评价指标协调一致。企业按照各责任中心在工作性质、权责范围、业务活动特点等方面的不同，设计不同或各有侧重的预算指标体系。

6）制定时间控制

企业可以根据自身规模大小、组织结构和产品结构的复杂性，各种预算制定工具的特点及对其掌握的熟练程度，全面预算开展的深度和广度等因素，确定合适的全面预算制定时间，并应当在预算年度开始前完成全面预算草案的制定工作。主要控制措施包括以下几方面。

（1）企业全面预算一经批准下达，各预算执行企业应当认真组织实施，将预算指标层层分解，将预算指标在横向上分解为若干相互关联的因素，寻找影响预算目标的关键因素并加以控制；将各项预算指标在纵向上层层分解落实到最终的岗位和个人，明确责任部门和最终责任人；在时间上将年度预算指标分解细化为季度、月度预算，通过实施分期预算控制，实现年度预算目标。

（2）建立预算执行责任制度，对照已确定的责任指标，定期或不定期地对相关部门及人员责任指标完成情况进行检查，实施考核。可以通过签订预算目标责任书等形式明确各预算执行部门的预算责任。

（3）分解预算指标和建立预算执行责任制应当遵循定量化、全局性、可控性原则。预算指标的分解要明确、具体，便于执行和考核；预算指标的分解要有利于企业经营总目标的实现；赋予责任部门和责任人的预算指标应当是通过该责任部门或责任人的努力可以达到的，责任部门或责任人以其责权范围为限，对预算指标负责。

2. 预算执行环节的关键控制措施设计

预算执行环节的各个具体环节具有不同性质的风险，对此，企业针对各个具体环节可以分别采取以下关键控制措施。

1）预算执行控制环节的关键控制措施

（1）加强资金收付业务的预算控制，及时组织资金收入，严格控制资金支付，调节资金收付平衡，防范支付风险。

（2）严格资金支付业务的审批控制，及时制止不符合预算目标的经济行为，确保各项业务和活动都在授权范围内进行。企业应当就涉及资金支付的预算内事项、超预算事项、预算外事项建立规范的授权批准制度和程序，避免越权审批、违规审批、重复审批现象发生。对于预算内非常规或金额重大事项，应经过较高的授权层（如总经理）审批。对于超预算事项或预算外事项，应当实行严格、特殊的审批程序，一般必须报经总经理办公会或类似权力机构审批；金额重大的，还应报经预算管理委员会或董事会审批。预算执行企业提出超预算或预算外资金支付申请的，应当提供有关发生超预算或预算外资金支付的原因、依据、金额测算等资料。

（3）建立预算执行实时监控制度，及时发现和纠正预算执行中的偏差。确保企业办理采购与付款、销售与收款、成本费用、工程项目、对外融资、研发、信息系统、人力资源、安全环保、资产购置与维护等各项业务和事项均符合预算要求；对于涉及生产过程和成本费用的，还应严格执行相关计划、定额、定率标准。

（4）建立重大预算项目特别关注制度。对于工程项目、对外投融资等重大预算项目，企业应当密切跟踪其实施进度和完成情况，实行严格监控；对于重大的关键性预算指标，也应密切跟踪、检查。

（5）建立预算执行情况预警机制，科学选择预警指标，合理确定预警范围，及时发出预警信号，积极采取应对措施。有条件的企业，应当推进和实施预算管理的信息化，通过现代电子信息技术手段控制和监控预算执行，提高预警与应对水平。

（6）建立、健全预算执行情况内部反馈和报告制度，确保预算执行信息传输及时、畅通、有效。预算管理工作机构应当加强与各预算执行企业的沟通，运用财务信息和其他有关资料监控预算执行情况，采取恰当方式及时向预算管理委员会和各预算执行企业报告、反馈预算执行进度、执行差异及其对预算目标的影响，促进企业全面预算目标的实现。

2）预算分析环节的关键控制措施

（1）企业预算管理工作机构和各预算执行企业应当建立预算执行情况分析制度，定期召开预算执行分析会议，通报预算执行情况，研究、解决预算执行中存在的问题，认真分析原因，提出改进措施。

（2）企业应当加强对预算分析流程和方法的控制，确保预算分析结果准确、合理。预算分析流程一般包括确定分析对象、收集资料、确定差异及分析原因、提出措施及反馈报告等环节。企业分析预算执行情况时，应当充分收集有关财务、业务、市场、技术、政策、法律等方面的信息资料，根据不同情况分别采用比率分析法、比较分析法、因素分析法等，从定量与定性两个层面充分反映预算执行企业的现状、发展趋势及其存在的潜力。

（3）企业应当采取恰当措施处理预算执行差异。企业应针对造成预算差异的不同原因采取不同的处理措施；对于内部执行导致的预算差异，应当分清责任归属，与预算考核和奖惩挂钩，并将责任企业或责任人的改进措施的实际执行效果纳入业绩考核；对于外部环境变化导致的预算差异，应分析该变化是否长期影响企业发展战略的实施，并作为下期预算编制的影响因素。

3）预算调整环节的关键控制措施

（1）明确预算调整条件。市场环境、国家政策或不可抗力等客观因素导致预算执行发生重大差异确需调整预算的，应当履行严格的审批程序。企业应当在有关预算管理制度中明确规定预算调整的条件。

（2）强化预算调整原则。一是预算调整应当符合企业发展战略、年度经营目标和现实状况，重点放在预算执行中出现的重要的、非正常的、不符合常规的关键性差异方面；二是预算调整方案应当客观、合理、可行，在经济上能够实现最优化；三是预算调整应当谨慎，调整频率应予以严格控制，年度调整次数应尽量少。

（3）规范预算调整程序，严格审批。预算调整一般由预算执行企业逐级向预算管理委员会提出书面申请，详细说明预算调整理由、调整建议方案、调整前后预算指标的比较、调整后预算指标可能对企业预算总目标的影响等内容。企业预算管理工作机构应当对预算执行企业提交的预算调整申请进行审核分析，集中编制企业年度预算调整方案，提交预算管理委员会。预算管理委员会应当对年度预算调整方案进行审议，根据预算调整事项的性质或原调整金额的重要性，根据授权进行审批，或提交原预算审批机构审议批准，然后下达执行。

企业预算管理委员会或董事会审批预算调整方案时，应当依据预算调整条件，并考虑预算调整原则，严格把关，对于不符合预算调整条件的，坚决予以否决；对于预算调整方案欠妥的，应当协调有关部门和企业研究改进方案，并责成企业预算管理工作机构予以修改后再履行审批程序。

3. 预算考核环节的关键控制措施设计

针对预算考核环节的主要风险，企业可设计以下关键控制措施。

（1）建立、健全预算执行考核制度。首先，考核制度的建立必须科学，能将各预算主体和个人的预算目标执行情况与考核和奖惩的具体措施密切挂钩，切实做到奖惩合理、奖惩有据。其次，对于制定的预算执行考核制度或办法，要积极、严格、认真地组织实施。考核工作应定期开展，预算考核的周期一般应当与年度预算细分周期相一致，即一般按照月度、季度实施考评，预算年度结束后再进行年度总考核。

（2）合理界定预算考核主体和考核对象。预算考核主体分为两个层次：一是预算管理委员会和预算管理工作机构，其中，预算管理委员会负责对企业预算总的执行情况进行考核，预算管理工作机构具体负责组织开展企业二级预算主体执行情况的考核；二是企业内部各级预算主体。预算考核对象为企业内部各级预算主体和相关个人。

界定预算考核主体和考核对象应当遵循以下原则：一是上级考核下级原则，即由上级预算主体对下级预算主体实施考核；二是逐级考核原则，即由预算主体的直接上级部门对其进行考核，间接上级不能隔级考核间接下级；三是预算执行与预算考核相互分离原则，即预算主体的预算考核应由其直接上级部门来进行，而不能自己考核自己。

（3）科学设计预算考核指标体系。设计预算考核指标体系时应主要把握以下原则：预算考核指标要以各责任中心承担的预算指标为主，同时本着相关性原则，增加一些全局性的预算指标和与其关系密切的相关责任中心的预算指标。考核指标应以定量指标为主，同时根据实际情况辅以适当的定性指标；考核指标应当具有可控性、可达到性和明晰性。

（4）按照公开、公平原则实施预算考核。一是考核程序、标准、结果要公开。企业应当将全面预算考核程序、考核标准、奖惩办法、考核结果等及时公开。二是考核结果要客观、公正。预算考核应当以客观事实为依据。预算主体上报的预算执行报告是预算考核的基本依据，应当经企业负责人签章确认。企业预算管理委员会及预算管理工作机构定期组织预算执行情况考核时，应当将各预算主体负责人签字上报的预算执行报告和已掌握的动态监控信息进行核对，确认各预算主体预算完成情况。必要时，实行预算执行情况内部审计制度。三是奖惩措施要公平合理并得以及时落实。预算考核的结果应当与各执行主体及员工的薪酬、职位等挂钩，实施预算奖惩。企业设计预算奖惩方案时，应当以实现全面预算目标为首要原则，还应遵循公平合理、奖惩并存的原则。预算奖惩方案要注意各部门利益分配的合理性，要根据各部门承担的工作难易程度和技术含量合理确定奖惩差距。要奖罚并举，不能只奖不罚，并防止奖惩实施中的人情添加因素。

复习思考题

一、单项选择题

1. 一项工程的进度、质量和安全的具体控制主要在（　　）阶段。
   A. 工程立项　　B. 工程建设　　C. 工程招标　　D. 工程设计
2. 根据国家规定，一般工业项目设计可分为两个阶段进行，即（　　）。
   A. 技术设计和总体设计　　　　B. 初步设计和技术设计
   C. 初步设计和施工图设计　　　D. 总体设计和施工图设计
3. 工程项目的流程主要包括五个阶段，依次是（　　）。

A. 工程建设、立项、设计、招标和竣工验收
B. 工程设计、立项、招标、竣工验收和建设
C. 工程立项、设计、招标、建设和竣工验收
D. 工程立项、招标、设计、竣工验收和建设

4. 工程项目竣工后由建设单位会同设计、施工、监理单位及工程质量监督部门等，对该项目是否符合规划设计要求及建筑施工和设备安装质量进行全面检验的过程是（　　）。
A. 竣工结算　　B. 工程设计　　C. 竣工验收　　D. 工程监理

5. 承包单位按照合同规定的内容全部完成所承包的工程，经验收质量合格并符合合同要求之后，与建设单位进行的最终工程价款结算的是（　　）。
A. 竣工结算　　B. 工程设计　　C. 竣工验收　　D. 工程监理

6. 工程立项阶段的业务流程包括：①可行性研究；②项目评审；③编制项目建议书；④项目评审和项目决策。正确的排序是（　　）。
A. ①②③④　　B. ③①②④　　C. ①③②④　　D. ④①②③

7. 可以明确拟建工程在指定地点和规定期限内建设的技术可行性和经济合理性，同时确定主要技术方案、工程总造价和主要技术经济指标的是（　　）。
A. 施工图设计　　B. 项目设计　　C. 初步设计　　D. 项目评审

8. 通过图纸，把设计者的意图和全部设计结果表达出来，作为施工建造依据的是（　　）。
A. 施工图设计　　B. 项目设计　　C. 初步设计　　D. 项目评审

9. 担保机构办理担保业务，一般包括流程如下：①审批；②调查评估；③受理申请；④进行日常监控；⑤签订担保合同。正确的顺序是（　　）。
A. ①②③④⑤　　B. ③②①⑤④　　C. ②①③④⑤　　D. ④①③⑤②

10. 被担保人不能如期履行偿债责任，作为担保人以下做法不正确的是（　　）。
A. 赔偿第三方经济损失　　B. 追究有关人员的责任
C. 向被担保人追偿债务　　D. 履行代为清偿义务

11. 对于担保机构的担保业务，关键内部控制中既是对调查评估结果的判断和认定，也是担保业务能否进入实际执行阶段必经之路的是（　　）。
A. 受理申请　　B. 审批环节　　C. 风险评估　　D. 担保执行控制

12. 关于业务外包，下列说法错误的是（　　）。
A. 是企业资源的重新配置　　B. 是一种经营管理策略
C. 实质上就是销售代理　　D. 合理的业务外包不会削弱企业核心竞争力

二、多项选择题

1. 关于工程项目评审和项目决策内部控制，以下说法正确的是（　　）。
A. 项目评审组成员不得参与可行性研究
B. 评审组的决策机制采用"少数服从多数"原则
C. 项目评审应实行问责制，评审组成员要对其出具的评审意见承担责任
D. 重大工程项目应当报经董事会或者类似决策机构集体审议批准
E. 任何个人不得单独决策或者擅自改变集体决策意见，防止出现"一言堂""一支笔"

2. 工程招标的主要环节包括（　　）。
A. 招标
B. 投标
C. 开标
D. 评标
E. 定标

3. 投标主要包括（　　）。
A. 项目现场考核
B. 投标文件的编制和递交
C. 资格预审公告的编制与发布
D. 投标预备会
E. 招标公告

4. 对于技术上复杂、在设计时有一定难度的工程，可以按（　　）阶段进行。
A. 初步设计
B. 项目设计
C. 技术设计
D. 施工图设计
E. 工程设计

5. 工程建设环节的主要工作有（　　）。
A. 工程物资的采购
B. 工程价款结算
C. 工程监理
D. 施工及施工组织
E. 资金管理

6. 在工程建设过程中，施工质量、施工进度和施工安全环节存在的主要风险有（　　）。
A. 建设资金使用管理混乱；项目资金不落实，导致工程进度延迟或中断
B. 工程物资采购过程控制不力，材料和设备质次价高，不符合设计标准和合同要求
C. 质量、安全监管不到位，存在质量隐患
D. 现场控制不当，工程变更频繁，导致费用超支、工期延误
E. 盲目赶进度，牺牲质量、费用目标，导致质量低劣

7. 在竣工验收环节，除对工程质量进行验收外，还有（　　）两项重要工作。
A. 工程物资采购
B. 工程变更
C. 工程验收
D. 竣工结算
E. 竣工决算

8. 项目正式竣工验收前，根据合同规定应当进行试运行，参与试运行的单位或成员包括（　　）。
A. 建设单位
B. 设计单位
C. 施工单位
D. 监理单位
E. 相关方面专家

9. 重大项目的验收，验收组的组成成员包括（　　）。
A. 建设单位
B. 设计单位
C. 施工单位
D. 监理单位
E. 相关方面专家

10. 被担保人出现下列（　　）情形之一的，企业不得提供担保。
A. 担保项目不符合国家法律法规和本企业担保政策的

B. 已进入重组、托管、兼并或破产清算程序的
C. 担保申请人财务状况恶化、资不抵债的、管理混乱、经营风险较大的
D. 担保申请人与其他企业存在较大经济利益纠纷，面临法律诉讼且可能承担较大赔偿责任的
E. 不能提供反担保的

11. 担保执行控制主要包括（   ）。
   A. 日常监控　　　　　　　　　　B. 风险评估
   C. 会计控制　　　　　　　　　　D. 受理申请
   E. 建立担保业务责任追究制度

12. 业务外包范围包括（   ）。
   A. 研发　　　　　　　　　　　　B. 资信调查
   C. 可行性研究　　　　　　　　　D. 物业管理
   E. 委托加工

13. 业务外包中，对承包方的选择条件包括（   ）。
   A. 依法成立、合法经营的经济组织或服务机构
   B. 有一定经验和技术水平，有类似项目的成功案例
   C. 有相应的经营范围和固定的办公场所
   D. 有相应的专业资质，从业人员有相应的专业技术资格
   E. 报价低

▶案例分析题

A 公司下属主要子公司 B 公司自 2012 年 9 月起违规为 A 公司实际控制的 C 公司提供信用担保累计达 1.64 亿元。另外，2014 年以来，B 公司向 C 公司实际控制的甲公司和乙公司采购原材料 2.40 亿元，开出银行承兑汇票融资 8.45 亿元。A 公司对以上事项未按有关规定履行必要的审批手续和信息披露义务。A 公司历年定期报告中均未披露与上述关联企业之间的关系，对 B 公司向其采购原材料及资金往来的交易未履行必要的审批手续和信息披露义务。

要求：
分析 A 公司担保业务的违规之处。

第七章

财务报告及信息系统内部控制

【学习目标】
1. 了解财务报告概述、财务报告主要风险点；内部信息传递概述、内部信息传递的主要风险点；信息系统概述、信息系统的主要风险点。
2. 掌握财务报告编制的控制、财务报告对外提供的控制、财务报告分析利用的控制；内部报告形成的控制要素、内部报告使用的控制要素；信息系统开发的控制要素、信息系统的运行与维护的控制要素。

【导入案例】

从年报审计中看内部控制"漏洞"

B公司属于国有控股的有限责任公司，2013年4月聘请某会计师事务所在年报审计时对公司内部控制制度的健全和有效性进行检查与评价。检查中发现以下问题。

（1）2013年1月，B公司在总经理范某的推动下进入大豆期货市场，公司高层管理人员对期货交易并不十分了解，仅仅是根据当前市场的行情进行大额投资。公司董事会虽然知道公司进行期货投资，但总经理并没有向董事会报告，董事会也没有及时制止。

（2）2012年6月，B公司董事长刘某经朋友介绍认识了自称是甲投资公司（以下简称甲公司）总经理的彭某，双方约定，由B公司向甲公司投入1 000万元，期限1年，无论资金的回报如何，甲公司均按固定收益率20%支付给B公司收益。考虑到这项投资能给B公司带来巨额回报，且收益固定，为避免错失良机，刘某指令财务部先将1 000万元资金汇往甲公司，之后再向董事会补办报批手续，补签投资协议。财务部汇出资金后向对方核实是否收到汇款时，却始终联系不到彭某。后经查实，甲公司纯系子虚乌有。

（3）2012年3月，B公司某车间员工持领料单到仓库领取一种特殊材料，该材料属于稀有金属，价格比黄金贵重。根据规定，领料单必须经公司副总经理以上职位的高层人员签字,且必须由车间主任亲自领取,但是车间主任已经病休10天,车间又急用,且公司副总经理已经签字,为避免生产部门停工,材料保管员向持单车间员工发出了相关材料。后经查实,高层人员签字系伪造,车间员工携带材料于领料当晚潜逃。

(4) 2012年4月,B公司准备采购一批原材料,采购部门接到一个不熟悉人员的电话,表示可以送货上门,并分两批送货。采购经理认为风险较小,且价格优惠,故双方签订了采购合同。由于是首次交易,根据公司内部控制制度,验货合格后付款,第一批货物到达并经检验合格后付款,在第二批货物到达前,对方来电说明因资金紧张,让B公司先付款。由于经过检验第一批批货物质量很好,公司采购经理指示财务人员可以先付款。财务人员先行付款,但对方未及时送货,经查该公司系空壳公司,公司负责人已潜逃。

(5) 2012年5月,为加强财务管理,公司规定会计和出纳人员分设,出纳人员不得兼任账目登记工作,B公司的银行预留印鉴的印章和票据全部由财务经理统一保管。

(6) 2012年8月,B公司有一笔对外提供重大担保的业务,根据公司相关控制制度的规定,由总经理批准。后经查实,被担保方已资不抵债,给B公司带来较大资产损失。

(7) 2012年12月30日,B公司根据内部控制制度的规定进行存货盘点,但是对于位于东北地区的一家露天仓库,因为下大雪无法进行盘点,所以直接根据会计记录给予确认。公司内部控制制度规定每两年进行一次存货的全面盘点清查。

试分析该公司应从哪些方面完善内部控制制度。

第一节 财务报告内部控制

《企业内部控制应用指引第14号——财务报告》第一章"总则"规定:"为了规范企业报告,保证报告的真实、完整,根据《中华人民共和国会计法》等有关法律法规和《企业内部控制基本规范》,制定本指引。"

一、财务报告概述

财务报告是反映企业财务状况和经营成果的书面文件,包括资产负债表、利润表、现金流量表、所有者权益变动表、附表及会计报表附注和财务情况说明书。

财务报告是企业投资者、债权人等利益相关者做出科学决策的重要依据。近年来,国内外发生的诸如安然事件、世通事件、银广夏事件、琼民源事件等财务丑闻事件产生了较为严重的不良后果,严重挫伤了投资者信心,一个重要的原因是企业财务报告内部控制缺失或不健全。为了防范企业法律责任,确保财务报告信息真实、可靠,提升企业治理和经营管理水平,促进资本市场和市场经济健康、可持续发展,应当强化企业财务报告内部控制的设计和实施。

财务报告内部控制由财务报告编制控制、财务报告对外提供控制和财务报告分析利用控制三个环节构成。

二、财务报告的主要风险点

企业编制、对外提供和分析利用财务报告，至少应当关注下列风险。

（1）编制财务报告违反会计法律法规和国家统一的会计准则制度，可能导致企业承担法律责任和声誉受损。

（2）提供虚假财务报告，误导财务报告使用者，造成决策失误，干扰市场秩序。

（3）不能有效利用财务报告，难以及时发现企业经营管理中存在的问题，可能导致企业财务和经营风险失控。

企业应当严格执行会计法律法规和国家统一的会计准则制度，加强对财务报告编制、财务报告对外提供和财务报告分析利用全过程的管理，明确相关工作流程和要求，落实责任制，确保财务报告合法合规、真实完整和有效利用。总会计师或分管会计工作的负责人负责组织和领导财务报告的编制、对外提供和分析利用等相关工作。企业负责人对财务报告的真实性、完整性负责。

三、财务报告的内部控制

（一）财务报告控制的总体要求

1. 规范企业财务报告控制流程，明晰各岗位职责

企业应当制定明确的财务报告编制、对外提供及分析利用等相关流程，职责分工、权限范围和审批程序应当明确、规范，机构设置和人员配备应当科学合理，并确保全过程中财务报告的编制、披露和审核等不相容岗位相互分离。

2. 健全财务报告各环节授权审批制度

企业应当健全财务报告编制、财务报告对外提供和财务报告分析利用各环节的授权审批制度，做好以下工作：第一，根据经济业务性质、组织机构设置和管理层级安排，建立分级管理制度；第二，规范审核、审批的手续和流程，确保报送和进行审核、审批的级别符合管理权限，申报材料翔实、完整，签字、盖章齐全，用印、用章符合要求，切实履行检查审核业务而非流于形式；第三，建立相关政策，限制对现有财务报告流程进行越权操作。

3. 建立日常信息定期核对制度

企业应当从会计记录的源头做起，建立日常信息定期核对制度，以保证财务报告的真实、完整，防范出于主观故意地编造虚假交易，虚构收入、费用的风险，以及会计人员业务能力不足导致的会计记录与实际业务发生的金额、内容不符的风险。

企业在日常会计处理中应及时对账，将会计账簿记录与实物资产、会计凭证、往来单位或者个人账目等进行相互核对，发现差异及时查明原因，予以解决，并记录在适当的会计期间，以保证账证相符、账账相符、账实相符，确保会计记录的数字真实、内容完整、计算准确、依据充分、期间适当。

4. 充分利用会计信息技术

企业应当充分利用信息技术，提高工作效率和工作质量，减少或避免编制差错和人为调整因素。同时，企业也应当注意防范信息技术带来的特有风险，做好以下工作：第一，定期更新和维护会计信息系统，确保取值、计算公式及数据钩稽关系准确无误；第二，建立访问安全制度，操作权限、信息使用、信息管理应当有明确规定，确保财务报告数据安全保密，防止对数据的非法修改和删除；第三，对正在使用的会计核算软件进行修改，对通用会计软件进行升级和对计算机硬件设备进行更换时，企业应有规范的审批流程，并采取替代性措施确保财务报告数据的连续性；第四，做好数据源管理，保证原始数据从录入环节的真实、准确、完整，满足财务分析的需要；第五，制定业务操作规范，保证系统各项技术和业务配置维护符合会计准则要求和内部管理规定，月结和年结流程规范、及时；第六，指定专人负责信息化会计档案的管理，定期备份，做好防消磁、防火、防潮和防尘等工作，对于存储介质保存的会计档案应当定期检查，防止介质损坏而使会计档案丢失。

（二）财务报告编制的控制要素

1. 财务报告编制准备

企业编制财务报告，应当重点关注会计政策和会计估计，对财务报告产生重大影响的交易和事项的处理应当按照规定的权限和程序进行审批。

企业在编制年度财务报告前，应当进行必要的财产清查、减值测试和债权债务核实。

2. 如实编报，金额可靠

企业应当按照国家统一的会计准则制度，根据登记完整、核对无误的会计账簿记录和其他有关资料编制财务报告，做到内容完整、数字真实、计算准确，不得漏报或者随意取舍。

企业财务报告列示的资产、负债、所有者权益金额应当真实可靠。各项资产计价方法不得随意变更，如有减值，应当合理计提减值准备，严禁虚增或虚减资产。各项负债应当反映企业的现时义务，不得提前、推迟或不确认负债，严禁虚增或虚减负债。企业应当做好所有者权益保值增值工作，严禁虚假出资、抽逃出资、资本不实。

企业财务报告应当如实列示当期收入、费用和利润。各项收入的确认应当遵循规定的标准，不得虚列或者隐瞒收入，推迟或提前确认收入。各项费用、成本的确认应当符合规定，不得随意改变费用、成本的确认标准或计量方法，虚列、多列、不列或者少列费用、成本。利润由收入减去费用后的净额、直接计入当期利润的利得和损失构成。不得随意调整利润的计算和分配方法，不得编造虚假利润。

企业财务报告列示的各种现金流量由经营活动、投资活动和筹资活动的现金流量构成，应当按照规定划清各类交易和事项的现金流量的界限。

3. 按规定编制报表附注

报表附注是财务报告的重要组成部分，对反映企业财务状况、经营成果、现金流量的报表中需要说明的事项，做出真实、完整、清晰的说明。企业应当按照国家统一的会计准则制度编制报表附注，方便报表使用者分析和利用财务报告。

4. 按规定编制合并财务报表

企业集团应当编制合并财务报表，明确合并财务报表的合并范围和合并方法，如实反映企业集团的财务状况、经营成果和现金流量。

5. 提高编制的质量和效率

企业编制财务报告，应当充分利用信息技术提高工作效率和工作质量，减少或避免编制差错和人为调整因素。

（三）财务报告对外提供的控制要素

1. 及时对外提供财务报告

企业应当依照法律法规和国家统一的会计准则制度的规定，及时对外提供财务报告。

2. 装订成册，手续完善，妥善保管

企业财务报告编制完成后，应当装订成册，加盖公章，由企业负责人、总会计师或分管会计工作的负责人、财务部门负责人签名并盖章。

财务报告必须经注册会计师审计的，注册会计师及其所在的会计师事务所出具的审计报告，应当随同财务报告一并提供。

企业对外提供的财务报告应当及时整理归档，并按有关规定妥善保存。

（四）财务报告分析利用的控制要素

1. 财务报告分析利用

企业应当重视财务报告分析工作，定期召开财务分析会议，充分利用财务报告反映的综合信息，全面分析企业的经营管理状况和存在的问题，不断提高经营管理水平。

企业财务分析会议应吸收有关部门负责人参加。总会计师或分管会计工作的负责人应当在财务分析利用工作中发挥主导作用。

2. 资产负债表分析利用

企业应当分析企业的资产分布、负债水平和所有者权益结构，通过资产负债率、流动比率、资产周转率等财务指标分析企业的偿债能力和营运能力；分析企业净资产的增减变化，了解和掌握企业规模和净资产不断变化的过程。

3. 利润表分析利用

企业应当分析各项收入、费用的构成及其增减变动情况，通过净资产收益率、每股收益等财务指标，分析企业的营利能力和发展能力，了解和掌握当期利润增减变化的原因和未来发展趋势。

4. 现金流量表分析利用

企业应当分析经营活动、投资活动、筹资活动现金流量的运转情况，重点关注现金流量能否保证生产经营过程的正常运行，防止现金短缺或闲置。

企业定期的财务分析应当形成分析报告，构成内部报告的组成部分。财务分析报告结果应当及时传递给企业内部有关管理层级，充分发挥财务报告在企业生产经营管理中的重要作用。

第二节 内部信息传递内部控制

《企业内部控制应用指引第17号——内部信息传递》第一章"总则"规定："为了促进企业生产经营管理信息在内部各管理层级之间的有效沟通和充分利用，根据《企业内部控制基本规范》，制定本指引。"

一、内部信息传递概述

信息资源是企业赖以生存的重要资源之一，企业在制定决策和日常运作过程中需要各种形式的信息。内部信息传递，是指企业内部各管理层级之间通过内部报告形式传递生产经营管理信息的过程。企业的内部控制活动离不开信息的沟通和传递。信息在企业内部进行有目的的传递，对贯彻落实企业发展战略，执行企业全面预算管理，识别企业生产经营过程中的内外部风险具有重要作用。

企业应当加强内部报告管理，全面梳理内部信息传递过程中的薄弱环节，建立科学的内部信息传递机制，明确内部信息传递的具体要求、传递内容、保密要求、密级分类、传递方式、传递范围及各管理层级的职责权限等，关注内部报告的有效性、及时性和安全性，促进内部报告的有效生成和利用，充分发挥内部报告的作用。

二、内部信息传递的主要风险点

企业内部信息传递至少应当关注下列风险。

（1）内部报告系统缺失、功能不健全、内容不完整，可能影响生产经营有序运行。

（2）内部信息传递不通畅、不及时，可能导致决策失误、相关政策措施难以落实。

（3）在内部信息传递中泄露商业秘密，可能削弱企业核心竞争力。

内部信息传递控制的根本目的在于设计与实施内部信息传递控制，避免发生以上风险。

三、内部信息传递的内部控制

（一）内部信息传递的原则

为服务企业生产经营和管理决策，做好各项内部报告工作，企业管理人员需要从各种渠道获取相应的信息。尽管信息的来源、内容、提供者、传递方式和渠道等各不相同，但收集和传递相关信息一般应遵循以下原则。

1. 真实、准确性原则

虚假或不准确的信息将严重误导信息使用者，甚至导致决策失误，造成巨大的经济损失。内部报告的信息应当与所要表述的现象和状况保持一致，若不能真实反映所计量的经济事项，就不具有可靠性。

2. 及时、有效性原则

如果信息未能及时提供，或者及时提供的信息不具有相关性，或者提供的相关信息未被有效利用，都可能导致企业决策延误、经营风险增加，甚至可能使企业管理陷入困境，不仅不利于对实际情况进行及时、有效的控制和矫正，也将大大降低内部报告的决策相关性。

3. 保密原则

企业内部的运营情况、技术水平、财务状况及有关重大事项等通常涉及商业机密，内部信息知情者都担负保密义务。这些内部信息一旦泄露，极有可能导致企业的商业秘密被竞争对手获知，使企业陷于被动境地，造成重大损失。

（二）内部报告形成的控制要素

1. 规范内部报告指标体系及报告形成

企业应当根据发展战略、风险控制和业绩考核要求，科学规范不同层级内部报告的指标体系，采用经营快报等多种形式，全面反映与企业生产经营管理相关的各种内外部信息。

内部报告指标体系的设计应当与全面预算管理相结合，并随着环境和业务的变化不断修订和完善。设计内部报告指标体系时，企业应当关注成本、费用预算的执行情况。

内部报告应当简洁明了、通俗易懂、传递及时，便于企业各管理层级和全体员工掌握相关信息，正确履行职责。

2. 科学设计内部报告流程，规范责任人及审批制度

企业应当制定严密的内部报告流程，充分利用信息技术，强化内部报告信息集成和共享，将内部报告纳入企业统一信息平台，构建科学的内部报告网络体系。

企业内部各管理层级均应当指定专人负责内部报告工作，重要信息应及时上报，并可以直接报告高级管理人员。企业应当建立内部报告审核制度，确保内部报告信息质量。

3. 收集与传递外部信息

企业应当关注市场环境、政策变化等外部信息对企业生产经营管理的影响，广泛收集、分析、整理外部信息，并通过内部报告传递到企业内部相关管理层级，以便采取应对策略。

4. 收集建议，强化反舞弊机制

企业应当拓宽内部报告渠道，通过落实奖励措施等多种有效方式，广泛收集合理化建议。

企业应当重视和加强反舞弊机制建设，通过设立员工信箱、投诉热线等方式，鼓励员工及企业利益相关方举报和投诉企业内部的违法、违规、舞弊和其他有损企业形象的行为。

（三）内部报告使用的控制要素

1. 充分利用内部报告管理和指导生产经营活动

企业各级管理人员应当充分利用内部报告管理和指导企业的生产经营活动，及时反映全面预算执行情况，协调企业内部相关部门和各单位的运营进度，严格绩效考核和责任追究，确保企业实现发展目标。

2. 有效利用内部报告进行风险管理

企业应当有效利用内部报告进行风险评估，准确识别和系统分析企业生产经营活动中的内外部风险，确定风险应对策略，实现对风险的有效控制。

企业对于内部报告反映出的问题应当及时解决；涉及突出问题和重大风险的，应当启动应急预案。

3. 制定严格的内部报告保密制度

企业应当制定严格的内部报告保密制度，明确保密内容、保密措施、密级程度和传递范围，防止商业秘密泄露。

4. 建立内部报告的评估制度

企业应当建立内部报告的评估制度，定期对内部报告的形成和使用进行全面评估，重点关注内部报告的及时性、安全性和有效性。

第三节 信息系统内部控制

《企业内部控制应用指引第 18 号——信息系统》第一章"总则"规定:"为了促进企业有效实施内部控制,提高企业现代化管理水平,减少人为因素,根据有关法律法规和《企业内部控制基本规范》,制定本指引。"

一、信息系统概述

信息系统是指企业利用计算机和通信技术,对内部控制进行集成、转化和提升所形成的信息化管理平台。信息系统内部控制的目标是促进企业有效实施内部控制,提高企业现代化管理水平,减少人为操纵因素,同时增强信息系统的安全性、可靠性和合理性,以及确保相关信息的保密性、完整性和可用性,为建立有效的信息与沟通机制提供支持保障。信息系统内部控制的主要对象是信息系统,由计算机硬件、软件、人员、信息流和运行规程等要素组成。

企业应当指定专门机构对信息系统建设实施归口管理,明确相关单位的职责权限,建立有效的工作机制。企业可委托专业机构从事信息系统的开发、运行和维护工作。企业负责人对信息系统建设工作负责。

二、信息系统的主要风险点

企业利用信息系统实施内部控制至少应当关注下列风险。

(1)信息系统缺乏或规划不合理,可能造成信息孤岛或重复建设,导致企业经营管理效率低下。

(2)系统开发不符合内部控制要求,或授权管理不当,可能导致企业无法利用信息技术实施有效控制。

(3)系统运行维护和安全措施不到位,可能导致信息泄露或毁损,系统无法正常运行。对信息系统实施控制的基本目的,是避免发生以上风险。

三、信息系统的内部控制

企业应当重视信息系统在内部控制中的作用,根据内部控制要求,结合组织架构、业务范围、地域分布、技术能力等因素,制定信息系统建设整体规划,加大投入力度,有序组织信息系统的开发、运行与维护,优化管理流程,防范经营风险,全面提升企业现代化管理水平。

(一)信息系统开发的控制要素

1. 提出项目建设方案,规范开发流程,选择开发方式

企业应当根据信息系统建设整体规划提出项目建设方案,明确建设目标、人员配备、职责分工、经费保障和进度安排等相关内容,按照规定的权限和程序经审批后实施。

企业信息系统归口管理部门应当组织内部各单位提出开发需求和关键控制点,规范开发流程,明确系统设计、编程、安装、调试、验收、上线等全过程的管理要求,严格按照项目建设方案、开发流程和相关要求组织开发工作。

企业开发信息系统,可以采取自行开发、外购调试、业务外包等开发方式。选定外购调试或业务外包方式的,应当采用公开招标等形式择优确定供应商或开发单位。

2. 嵌入业务流程、控制用户操作权限和设置操作日志功能

企业开发信息系统,应当将生产经营管理业务流程、关键控制点和处理规则嵌入系统程序,实现手工环境下难以实现的控制功能。

企业在系统开发过程中,应当按照不同业务的控制要求,通过信息系统中的权限管理功能控制用户操作权限,避免将不相容职务的处理权限授予同一用户。

企业应当针对不同数据的输入方式,考虑对系统数据的检查和校验功能。对于必需的后台操作,应当加强管理,建立规范的流程制度,对操作情况进行监控或者审计。

企业应当在信息系统中设置操作日志功能,确保操作的可审计性。对异常或者违背内部控制要求的交易和数据,应当设计由系统自动报告的机制,并设置跟踪处理机制。

3. 加强开发全过程的跟踪管理

企业信息系统归口管理部门应当加强对信息系统开发全过程的跟踪管理,组织开发单位与内部各单位的日常沟通和协调,督促开发单位按照建设方案、计划进度和质量要求完成编程工作,对配备的硬件设备和系统软件进行检查验收,组织系统上线运行等。

4. 组织独立于开发单位的机构进行测试验收

企业应当组织独立于开发单位的专业机构对开发完成的信息系统进行验收测试,确保功能、性能、控制要求和安全性等符合开发需求。

5. 做好信息系统上线的各项准备工作

企业应当切实做好信息系统上线的各项准备工作,培训业务操作和系统管理人员,制订科学的上线计划和新旧系统转换方案,考虑应急预案,确保新旧系统顺利切换和平稳衔接。信息系统上线涉及数据迁移的,还应制订详细的数据迁移计划。

(二)信息系统运行与维护的控制要素

1. 制定信息系统工作程序、信息管理制度及具体操作规范,确保信息系统稳定运行,加强变更管理

企业应当加强信息系统运行与维护的管理,制定信息系统工作程序、信息管理制度及各模块子系统的具体操作规范，及时跟踪、发现和解决系统运行中存在的问题，确保信息系统按照规定的程序、制度和操作规范持续稳定运行。

企业应当建立信息系统变更管理流程，信息系统变更应当严格遵照管理流程进行操作。信息系统操作人员不得擅自进行系统软件的删除、修改等操作；不得擅自升级、改变系统软件版本；不得擅自改变软件系统的环境配置。

2. 建立授权使用制度、保密制度及防病毒措施

企业应当根据业务性质、重要性程度、涉密情况等确定信息系统的安全等级，建立不同等级信息的授权使用制度，采用相应技术手段保证信息系统运行安全有序。

企业应当建立信息系统安全保密和泄密责任追究制度。企业委托专业机构进行系统运行与维护管理的，应当审查该专业机构的资质，并与其签订服务合同和保密协议。

企业应当采取安装安全软件等措施防范信息系统受到病毒等恶意软件的感染和破坏。

3. 企业应当建立用户管理制度

企业应当建立用户管理制度，加强对重要业务系统的访问权限管理，定期审阅系统账号，避免授权不当或存在非授权账号，禁止不相容职务用户账号的交叉操作。

4. 加强网络安全，防范非法入侵和采取加密措施

企业应当综合利用防火墙、路由器等网络设备，漏洞扫描、入侵检测等软件技术及远程访问安全策略等手段，加强网络安全，防范来自网络的攻击和非法入侵。

企业对于通过网络传输的涉密或关键数据，应当采取加密措施，确保信息传递的保密性、准确性和完整性。

5. 建立定期备份制度

企业应当建立系统数据定期备份制度，明确备份范围、频度、方法、责任人、存放地点、有效性检查等内容。

6. 加强设备管理

企业应当加强服务器等关键信息设备的管理，建立良好的物理环境，指定专人负责检查，及时处理异常情况。未经授权，任何人不得接触关键信息设备。

▶复习思考题

一、单项选择题

1. 下面属于财务报告的总体要求的是（　　）。
   A. 抓住关键控制点　　　　　　B. 规范各环节工作流程
   C. 充分利用信息技术　　　　　D. 明确职责权限和不相容岗位分离

2. 财务报告控制的总体要求不包括（　　）。
   A. 规范财务报告控制流程　　　B. 健全各环节的授权批准制度
   C. 明确职责权限和不相容岗位分离　D. 加强信息核对

3. 内部传递的信息能否满足使用者的需要，取决于信息是否（　　）。

A. 安全可靠 B. 及时、相关
C. 有高价值 D. 真实、准确

4. 内部报告指标体系的设计，最重要的依据是（   ）。
A. 社会公众的需求 B. 企业内部报告使用者的需求
C. 企业的外部环境 D. 企业财务状况

5. 关于内部报告的传递过程，下列说法正确的是（   ）。
A. 内部报告的传递过程需有严密的流程和安全的渠道
B. 内部报告的传递过程要有公众监督
C. 内部报告的传递要公开透明
D. 内部报告的传递不需要设置专门的保密措施

6. 信息系统发挥作用的阶段是（   ）。
A. 开发建设阶段 B. 规划阶段
C. 运行阶段 D. 维护阶段

7. 在信息系统运行与维护阶段，日常运行维护的目标是（   ）。
A. 保证系统正常运转 B. 硬件的升级扩容、软件的修改与升级
C. 保障信息系统安全 D. 信息系统将停止运行

8. 沟通按照其渠道可以分为（   ）。
A. 自下而上沟通、自上而下沟通 B. 单向沟通、双向沟通
C. 内部沟通、外部沟通 D. 正式沟通、非正式沟通

9. 内部信息沟通是指（   ）。
A. 在企业正式结构、层次系统进行的沟通
B. 通过正式系统以外的途径进行的沟通
C. 企业经营、管理所需的内部信息、外部信息在企业内部的传递与共享
D. 企业与利益相关者之间信息的沟通

二、多项选择题

1. 财务报告的业务流程包括（   ）。
A. 制订财务报告编制方案 B. 确定重大事项会计处理方法
C. 查实资产和负债 D. 编制财务报告
E. 对外提供及分析利用等

2. 内部信息传递至少包括（   ）。
A. 信息输入阶段 B. 信息输出阶段
C. 信息形成阶段 D. 信息使用阶段
E. 信息分析阶段

3. 关于内部信息传递的预测性原则，下列说法正确的是（   ）。
A. 预测性原则是指企业传递和使用的经营决策信息需要具备预测性的功能
B. 信息预测性的功能在于提供提高决策水平所需的发现差别、分析和解释差别，从而在差别中减少不确定的信息
C. 预测性是说提供给使用者的信息不一定就是真实的未来信息

D. 预测信息与未来的信息必须有着密切的关联，必须具有符合未来变化趋势的可预测的特征，即具有相关性

E. 预测信息要有相关性，同时还要注意排除过多的、相关的冗余信息

4. 提供信息带来的可计量收益包括（　　）。

A. 增加营业收入　　　　　　B. 降低人工成本，降低物料成本

C. 改善产品质量　　　　　　D. 提高生产能力

E. 降低管理费用，提高资金周转率

5. 关于信息系统，以下说法正确的是（　　）。

A. 信息系统由计算机硬件、软件、人员、信息流和运行规程等要素组成

B. 信息系统的实施触发了企业管理模式、生产方式、交易方式、作业流程的变革

C. 信息系统的实施使企业原有的内部控制开始不适应企业的业务发展和管理的提升

D. 信息系统在改变企业传统运营模式的同时，并未对传统的内部控制观点和控制方法产生深远的影响

E. 信息系统的实施为管理工作的重心从经营成果的反映向经营过程的控制转移创造了技术条件

6. 信息系统内部控制的目标是（　　）。

A. 促进企业有效实施内部控制

B. 提高企业现代化管理水平，减少人为操纵因素

C. 增强信息系统的安全性、可靠性和合理性

D. 确保相关信息的保密性、完整性和可用性

E. 为建立有效的信息与沟通机制提供支持保障

7. 在信息系统运行与维护阶段，安全管理的关键风险点包括（　　）。

A. 硬件设备分布物理范围广，种类繁多，安全管理难度大，可能导致设备生命周期短

B. 业务部门信息安全意识薄弱，对系统和信息安全缺乏有效的监管手段

C. 对各种计算机病毒防范清理不力，导致系统运行不稳定甚至瘫痪

D. 缺乏对信息系统操作人员的严密监控，可能导致舞弊和利用计算机犯罪

E. 对系统程序的缺陷或漏洞安全防护不够，导致遭受黑客攻击，造成信息泄露

8. 良好的外部沟通有利于企业（　　）。

A. 对外部有关方面的建议、投诉和收到的其他信息进行记录，并及时处理、予以反馈

B. 通过开放的沟通渠道，让客户和供应商对产品或服务的设计或质量提供非常重要的信息，从而能够应对不断变化的客户需求和偏好

C. 扩大影响力

D. 获得很多内部控制的有效重要信息

E. 实现良好的内部控制体系

三、判断题

1. 企业在充分利用信息技术的同时也应当注意防范信息技术带来的特有风险。（　　）

2. 传递的信息以不同种形式或载体呈现，其中，对于企业最为重要的、最普遍的信息传递形式就是内部报告。（　　）

3. 内部信息传递流程根据企业生产经营管理的特点来确定,虽然形式千差万别,但总有一个最优的方案。（　　）

4. 企业做出决策时需要提供相关预测性的信息,信息越多越好,不用考虑传递成本等,因为信息无成本。（　　）

5. 根据信息提供的预测性原则,提供给使用者的信息一定是真实的未来信息,才能做出与未来相关的确定的决策。（　　）

6. 内部报告的组成和内容不用配合企业内部管理控制的程序和方法,也可以使得内部报告更好地为企业管理控制服务。（　　）

7. 内部报告指标体系形成以后,要根据企业内外部环境因素的变化进行适时的调整,更好地为企业服务。（　　）

8. 信息系统是由计算机硬件、软件、人员、信息流四个要素组成的。（　　）

9. 在信息系统运行与维护阶段,系统变更的主要工作内容包括系统的日常操作、系统的日常巡检和维修、系统运行状态监控、异常事件的报告和处理等。（　　）

四、简答题

1. 财务报告对外提供前应经过哪些人员的审核？其审核的目的分别是什么？
2. 什么是内部报告？它有什么作用？
3. 针对企业信息系统内部控制及利用信息系统实施内部控制,应关注哪些风险点？
4. 内部信息传递时,编制及审核内部报告环节的主要风险有哪些？有什么相应的控制措施？

▶案例分析题

某银行进行信用卡客户信息管理的信息系统设计开发,考虑到成本效益问题,该银行采用业务外包的方式进行该项业务的开发。在开发过程中,银行派出一名信用卡管理部门的工作人员王某同承包方一起进行该项工作,为承包方提供关于银行需求的详细信息,同时也参与信息系统开发的程序设计工作。双方沟通融洽,合作顺利,在合约时间内很好地完成了该项工作。开发完成的信息系统交由银行进行系统的初始化录入工作。由于王某参与了系统开发,对该系统比较了解,银行决定仍由他主持参与该系统的初始化工作。在录入过程中,王某利用自己对系统程序的掌握,在信用卡透支限额扫描、超额锁卡等的信息录入中,篡改了程序,使系统扫描跳过了对自己的信用卡的检测,使自己的信用卡不会因透支限额限制而被停止使用。之后,王某的信用卡就成了没有任何透支限额的"至尊卡"。但是,一年多以后,由于一次偶发的停电事故,银行不得不对信用卡透支额度做人工扫描,这时才发现王某的信用卡已存在巨额透支,并且仍可以正常使用,而系统却从未检测到。有关部门经过调查取证,最终对王某进行了相应处罚,银行最终也修护了信用卡信息系统。

要求：

根据材料,分析在信息系统开发、维护等阶段存在何种风险,应如何应对。

第八章

企业内部控制评价

【学习目标】
1. 了解企业内部控制评价的含义、企业内部控制评价的原则、企业内部控制缺陷的认定流程、企业内部控制评价报告的含义等。
2. 掌握企业内部控制评价的程序,企业内部控制评价的方法。
3. 掌握企业内部控制缺陷的认定标准。
4. 理解和掌握企业内部控制评价报告与披露。

【导入案例】

内部控制评价方案设计

甲公司系境内外同时上市的公司,其A股在上海证券交易所上市。根据财政部等五部委联合发布的《企业内部控制基本规范》《企业内部控制配套指引》,以及据此修改后的《公司内部控制手册》,甲公司应于2011年起实施内部控制评价制度。鉴于甲公司在2008年5月《企业内部控制基本规范》发布后就已经着手建立、完善公司内部控制体系并取得了较好效果,甲公司决定从2010年开始提前实施内部控制评价制度,并由公司审计部门牵头拟订内部控制评价方案。该方案摘要如下。

(1)关于内部控制评价的组织领导和职责分工。董事会及其审计委员会负责内部控制评价的领导和监督。经理层负责实施内部控制评价,并对公司内部控制有效性负责。审计部门具体组织实施内部控制评价工作,拟订评价计划、组成评价工作组、实施现场评价、审定内部控制重大缺陷、草拟内部控制评价报告,并及时向董事会、监事会或经理层报告。其他有关业务部门负责组织本部门的内部控制自查工作。

(2)关于内部控制评价的内容和方法。内部控制评价围绕内部环境、风险评估、控制活动、信息与沟通、内部监督等五要素展开。鉴于公司已按《公司法》和公司章程建立了科学规范的组织架构,组织架构相关内容不再纳入公司层面评价范围。同时,本着重要性原则,在实施业务层面评价时,主要评价上海证券交易所重点关注的对外担保、关联交易和信息披露等业务或事项。在内部控制评价中,可以采用个别访谈法、调查问卷法、专题讨论法、穿行性测试法、实地查验法、抽样法和比较分析法等。考虑到公司经营压力较大,为了减轻评价工作对正常经营活动的影响,在该次内部控制评价中,仅采用调查问卷法和专题讨论法实施测试和评价。

(3)关于实施现场评价。评价工作组应与被评价单位进行充分沟通,了解被评价单位的基本情况,合理调整已确定的评价范围、检查重点和抽样数量。评价人员要依据《企业内部控制基本规范》、《企业内部控制配套指引》和《公司内部控制手册》实施现场检查测试,按要求填写评价工作底稿,记录测试过程及结果,并对发现的内部控制缺陷进行初步认定。现场评价结束后,评价工作组汇总评价人员的工作底稿,形成现场评价报告。现场评价报告无须和被评价单位沟通,只需评价工作组负责人审核、签字确认后报审计部门。审计部门应编制内部控制缺陷认定汇总表,对内部控制缺陷进行综合分析和全面复核。

(4)关于内部控制评价报告。审计部门在完成现场评价和缺陷汇总、复核后,负责起草内部控制评价报告。评价报告应当包括董事会对内部控制评价报告真实性的声明、内部控制评价工作的总体情况、内部控制评价的依据、内部控制评价的范围、内部控制评价的程序和方法、内部控制缺陷及其认定情况、内部控制缺陷的整改情况、内部控制有效性的结论等内容。对于重大缺陷及其整改情况,公司只进行内部通报,不对外披露。内部控制评价报告报董事会审定后对外披露。

(5)关于内部控制审计。聘请某具有证券期货业务资格的大型会计师事务所对公司内部控制有效性进行审计。鉴于公司在2008年5月《企业内部控制基本规范》发布后就已建立内部控制体系并取得较好效果,内部控制审计自2010年起,重点审计公司内部控制评价的范围、内容、程序和方法等,并出具相关审计意见。

试分析评价甲公司的内部控制方案。

第一节 企业内部控制评价概述

一、企业内部控制评价的含义

《企业内部控制评价指引》指出:"为了促进企业全面评价内部控制的设计与运行情况,规范内部控制评价程序和评价报告,揭示和防范风险,根据有关法律法规和《企业内部控制基本规范》,制定本指引。"

内部控制评价,是指企业董事会或类似权力机构对内部控制的有效性进行全面评价、形成评价结论、出具评价报告的过程。

进行内部控制评价,不仅对企业单位是有益的,而且对政府单位也是十分必要的。

内部控制评价有两个非常明确的目标：一是为改进内部控制提供有价值的建议，从而提高整个管理水平；二是决定效益审计和财务审计的检查范围。无论是单位的管理层，还是国家审计机关，部门审计或单位审计均应该关注上述两个评价目标。

二、企业内部控制评价的原则

企业实施内部控制评价至少应当遵循下列原则。

（1）全面性原则。评价工作应当包括内部控制的设计与运行，涵盖企业及其所属单位的各种业务和事项。

（2）重要性原则。评价工作应当在全面评价的基础上，关注重要业务单位、重大业务事项和高风险领域。

（3）客观性原则。评价工作应当准确地揭示经营管理的风险状况，如实反映内部控制设计与运行的有效性。

企业应当根据《企业内部控制评价指引》，结合内部控制设计与运行的实际情况，制定具体的内部控制评价办法，规定评价的原则、内容、程序、方法和报告形式等，明确相关机构或岗位的职责权限，落实责任制，按照规定的办法、程序和要求，有序开展内部控制评价工作。

企业董事会应当对内部控制评价报告的真实性负责。

三、企业内部控制评价的内容

企业应当根据《企业内部控制基本规范》《企业内部控制应用指引》及企业的内部控制制度，围绕内部控制环境、风险评估、控制活动、信息与沟通、内部监督等要素，确定内部控制评价的具体内容，对内部控制设计与运行情况进行全面评价。

（一）对内部控制环境的评价

企业组织开展内部环境评价，应当以组织架构、发展战略、人力资源、企业文化、社会责任等应用指引为依据，结合企业的内部控制制度，对内部控制环境的设计及实际运行情况进行认定和评价。

（二）对风险评估机制进行评价

企业组织开展风险评估机制评价，应当以《企业内部控制基本规范》有关风险评估的要求，以及《企业内部控制应用指引》中所列主要风险为依据，结合企业的内部控制制度，对日常经营管理过程中的风险识别、风险分析、应对策略等进行认定和评价。

（三）对内部控制活动进行评价

企业组织开展内部控制活动评价，应当以《企业内部控制基本规范》和《企业内部控制应用指引》中的控制措施为依据，结合企业的内部控制制度，对相关内部控制措施的设计和运行情况进行认定和评价。

（四）对信息与沟通进行评价

企业组织开展信息与沟通评价，应当以内部信息传递、财务报告、信息系统等相关《企业内部控制应用指引》为依据，结合企业的内部控制制度，对信息收集、处理和传递的及时性、反舞弊机制的健全性、财务报告的真实性、信息系统的安全性，以及利用信息系统实施内部控制的有效性等进行认定和评价。

（五）对内部监督进行评价

企业组织开展内部监督评价，应当以《企业内部控制基本规范》中有关内部监督的要求，以及《企业内部控制应用指引》中有关日常管理控制的规定为依据，结合企业的内部控制制度，对内部监督机制的有效性进行认定和评价，重点关注监事会、审计委员会、内部审计机构等是否在内部控制设计和运行中有效发挥监督作用。

内部控制评价工作应当形成工作底稿，详细记录企业执行评价工作的内容，包括评价要素、主要风险点、采取的控制措施、有关证据资料及认定结果等。评价工作底稿应当设计合理、证据充分、简便易行、便于操作。

四、企业内部控制评价的程序

企业应当按照内部控制评价办法规定的程序，有序开展内部控制评价工作。内部控制评价的程序一般包括制订评价工作方案、组成内部控制评价工作组、实施现场测试、认定内部控制缺陷、汇总评价结果、编报内部控制评价报告等环节。

企业可以授权内部审计部门或专门机构（以下简称内部控制评价部门）负责内部控制评价的具体组织实施工作。

（一）拟订评价工作方案

企业内部控制评价部门应当拟订评价工作方案，明确评价范围、工作任务、人员组织、进度安排和费用预算等相关内容，报经董事会或其授权机构审批后实施。

（二）组成内部控制评价工作组

企业内部控制评价部门应当根据经批准的评价工作方案，组成内部控制评价工作组，具体实施内部控制评价工作。内部控制评价工作组应当吸收企业内部相关机构熟悉情况的业务骨干参加。内部控制评价工作组成员对本部门的内部控制评价工作应当实行回避制度。

企业可以委托中介机构实施内部控制评价。为企业提供内部控制审计服务的会计师事务所，不得同时为同一企业提供内部控制评价服务。

（三）实施现场测试

内部控制评价工作组应当对被评价单位进行现场测试，综合运用个别访谈法、调查问卷法、专题讨论法、穿行测试法、实地查验法、抽样法和比较分析法等，充分收集被评价单位内部控制设计和运行是否有效的证据，按照评价的具体内容，如实填写评价工作底稿，研究分析内部控制缺陷。

（四）认定内部控制缺陷

内部控制缺陷包括设计缺陷和运行缺陷。企业对内部控制缺陷的认定，应当以日常监督和专项监督为基础，结合年度内部控制评价，由内部控制评价部门进行综合分析后提出认定意见，按照规定的权限和程序进行审核后予以最终认定。

企业在日常监督、专项监督和年度评价工作中，应当充分发挥内部控制评价工作组的作用。

企业内部控制评价工作组应当建立评价质量交叉复核制度，内部控制评价工作组负责人应当对评价工作底稿进行严格审核，并对所认定的评价结果签字确认后，提交企业内部控制评价部门。

（五）汇总评价结果

企业内部控制评价部门应当编制内部控制缺陷认定汇总表，结合日常监督和专项监督发现的内部控制缺陷及其持续改进情况，对内部控制缺陷及其成因、表现形式和影响程度进行综合分析和全面复核，提出认定意见，并以适当的形式向董事会、监事会或者经理层报告。重大缺陷应当由董事会予以最终认定。

企业对于认定的重大缺陷，应当及时采取应对策略，切实将风险控制在可承受度之内，并追究有关部门或相关人员的责任。

（六）编报内部控制评价报告

内部控制评价报告是内部控制评价工作的重要组成部分。内部控制评价报告是企业董事会或类似权力机构以报告的形式对内部控制评价状况出具评价意见，并提供给相关信息使用者的一种书面文件。

企业应当根据《企业内部控制基本规范》、《企业内部控制应用指引》和《企业内部控制评价指引》，设计内部控制评价报告的种类、格式和内容，明确内部控制评价报告编制程序和要求，按照规定的权限报经批准后对外报出。

五、企业内部控制评价的方法

从内部控制评价本身及目前的发展情况来看，企业内部控制评价的方法主要存在详细评价法和风险基础评价法两种。

（一）详细评价法

在《内部控制——整合框架》中，COSO 指出，确定某一内部控制系统是否有效是一种在评估内部环境、风险评估、控制活动、信息与沟通、内部监督五个要素是否存在及是否有效发挥作用基础上的主观判断，这些要素也是有效内部控制的标准。在美国证券交易委员会 2003 年 6 月通过的实施 SOX 法案 404 节的规则及后来发布的管理层评价指南中，都强调内部控制评价的程序必须足以既能评价财务报告内部控制的设计，又能测试运行的有效性。因此，遵循这个思路，很多企业和会计师事务所都曾经采用过详细评价法。这种方法的基本思路以内部控制框架或标准为参照物，根据内部控制框架的构成要素评价内部控制设计的有效性，测试内部控制的运行有效性，最后综合设计和运行的评价结果对内部控制的有效性做出总体评价，评估内部控制目标实现的风险，判断是否存在重大漏洞，确定内部控制是否有效。

（二）风险基础评价法

企业内部控制的另一种思路和方法不是从控制到风险，而是从风险到控制，即从内部控制相关目标实现的风险到内部控制。首先，要评估相关目标实现的风险；其次，识别和确定企业充分应对这些风险的内部控制是否存在，即评价内部控制的设计应对相关目标实现风险的有效性；再次，识别和确定内部控制运行有效性的证据，评价现有的控制是否得到有效运行；最后，对控制缺陷进行评估，判定是否构成实质性漏洞，确定内部控制是否有效。对于不同的目标来说，目标风险的含义、内部控制重大漏洞的含义是不相同的，在评价每一类目标时都需要做出具体设定。

《企业内部控制评价指引》第十五条规定："内部控制评价工作组对被评价单位进行现场测试，综合运用个别访谈、调查问卷、专题讨论、穿行测试、实地查验、抽样和比较分析等方法，充分收集被评价单位内部控制设计和运行是否有效的证据，按照评价的具体内容，如实填写评价工作底稿，研究分析内部控制缺陷。"

1. 个别访谈法

个别访谈法主要用于了解企业内部控制的现状，在企业层面评价及业务层面评价的了解阶段经常被使用。访谈前应根据内部控制评价需求形成访谈提纲，撰写访谈纪要，记录访谈的内容。为了保证访谈结果的真实性，应尽量访谈不同岗位的人员以获得更可靠的证据，如分别访谈人力资源部主管和基层员工，了解企业是否建立了员工培训长效机制，培训是否能满足员工和业务岗位的需要，等等。

2. 调查问卷法

调查问卷法主要用于企业层面评价。调查问卷应尽量扩大对象范围，包括企业各个层级员工，应注意事先保密性，题目尽量简单易答（如答案只需为"是""否""有""没有"等）。例如，"你对企业的核心价值观是否认同？""你对企业未来的发展是否有信心？"

3. 专题讨论法

专题讨论法主要是集合有关专业人员就内部控制执行情况或控制问题进行分析，既是控制评价的手段，也是形成缺陷整改方案的途径。对于同时涉及财务、业务、信息技术等方面的控制缺陷，往往需要由内部控制管理部门组织召开专题讨论会议，综合内部各机构、各方面的意见，研究确定控制缺陷整改方案。

4. 穿行测试法

穿行测试法是指在内部控制流程中任意选取一笔交易作为样本，追踪该交易从起源到最终在财务报表或其他经营管理报告中反映出来的过程，即该流程从起点到终点的全过程，以此了解控制措施设计的有效性，并识别出关键控制点。例如，针对销售交易，选取一批订单，追踪从订单处理—核准信用状况及赊销条款—填写订单并准备发货—编制货运单据—订单运送/递送追踪至客户或由客户提货—开具销售发票—复核发票的准确性并邮寄/送至客户—生成销售明细账—汇总销售明细账，并过账至总账和应收账款明细账等交易的整个流程，考虑之前对相关控制的了解是否正确和完整，确定相关控制是否得到执行。

5. 实地查验法

实地查验法主要针对业务层面控制，它通过使用统一的测试工作表，与实际的业务、财务单证进行核对的方法进行控制测试。例如，实地盘点某种存货。

6. 抽样法

抽样法分为随机抽样和其他抽样。随机抽样是指按随机原则从样本库中抽取一定数量的样本；其他抽样是指人工任意选取或按某一特定标准从样本库中抽取一定数量的样本。使用抽样法时首先要确定样本库的完整性，即样本库应包含符合控制测试的所有样本；其次，要确定所抽取样本的充分性，即样本的数量应当能检验所测试的控制点的有效性；最后，要确定所抽取样本的适当性，即获取的证据应当与所测试控制点的设计和运行相关，并能可靠地反映控制的实际运行情况。

7. 比较分析法

比较分析法是指通过数据分析，识别评价关注点的方法。数据分析可以与历史数据、行业（企业）标准数据或行业最优数据等进行比较。例如，针对具体客户的应收账款周转率进行横向或纵向比较，分析存在异常的客户应收账款，进而对这些客户的赊销管理控制进行检查。

在实际评价工作中，以上这些方法可以配合使用。此外，还可以使用观察法、检查法、重新执行法等，也可以利用信息系统开发检查方法，或利用实际工作和检查测试经验。企业通过系统采用自动控制、预防控制的，应在方法上注意与人工控制、发现性控制的区别。

第二节　企业内部控制缺陷的认定

一、企业内部控制缺陷的含义

内部控制缺陷包括设计缺陷和运行缺陷。

设计缺陷，是指缺少为实现控制目标所必需的控制，或现存控制设计不适当，即使正常运行也难以实现控制目标。

运行缺陷，是指现存设计完好的控制没有按设计意图运行，或执行者没有获得必要授权或缺乏胜任能力以有效地实施控制。

二、企业内部控制缺陷的认定标准

企业对内部控制评价过程中发现的问题，应当从定量和定性等方面进行衡量，判断是否构成内部控制缺陷。根据内部控制缺陷影响整体控制目标实现的严重程度，将内部控制缺陷分为重大缺陷、重要缺陷和一般缺陷。

重大缺陷，是指一个或多个控制缺陷的组合，可能导致企业严重偏离控制目标。

重要缺陷，是指一个或多个控制缺陷的组合，其严重程度和经济后果低于重大缺陷，但仍有可能导致企业偏离控制目标。

一般缺陷，是指除重大缺陷、重要缺陷之外的其他缺陷。

内部控制缺陷的认定，特别是非财务报告内部控制缺陷的认定，还缺乏一个统一的数量标准。《企业内部控制评价指引》第十七条规定："重大缺陷、重要缺陷和一般缺陷的具体认定标准，由企业根据上述要求自行确定。"对缺陷的严重性评估应当包括定量分析和定性分析两个方面。

（一）定性分析认定

定性分析就是对评价对象从总体上运用归纳和演绎、分析与综合、抽象与概括等方法进行"质"的方面的分析与把握，以确定内部控制缺陷的程度。

根据各类内部控制缺陷的定义，以及国际上对各种可能性的规定，表 8-1 列示了三种类型内部控制缺陷的定性认定标准。

表 8-1　三种类型内部控制缺陷的定性认定标准

内部控制缺陷分类	影响内部控制的可能性	且/或	影响的严重程度
重大缺陷	可能或很可能	且	严重影响
重要缺陷	可能或很可能	且	介于重大缺陷与一般缺陷之间
一般缺陷	极小可能	或	一般

（二）定量分析认定

定量分析就是对评价对象进行量化处理与分析。例如，对于财务报告内部控制缺陷，可由该缺陷可能导致财务报表错报的重要程度来确定，这种重要程度主要取决于两方面因素：一是该内部控制缺陷是否具备合理可能性导致内部控制不能及时防止、发现并纠正财务报表错报；二是该内部控制缺陷单独或连同其他内部控制缺陷可能导致的潜在错报金额的大小。错报的量化工作可以借鉴《企业会计准则第 13 号——或有事项》应用指南中的相关规定：基本确定对应的概率区间为大于 95%但小于 100%；很可能对应的概率区间为大于 50%但小于等于 95%；可能对应的概率区间为大于 5%但小于或等于 50%；极小可能对应的概率区间为大于 0 但小于或等于 5%。

三、企业内部控制缺陷的认定流程

根据《企业内部控制评价指引》第四章"内部控制缺陷的认定"的有关规定，可以总结出企业内部控制缺陷的认定流程，具体如下。

（一）内部控制评价工作组初步认定阶段

在该阶段，内部控制评价工作组根据现场测试获取的证据，对内部控制缺陷进行初步认定，并按其影响程度分为重大缺陷、重要缺陷和一般缺陷。

（二）内部控制评价工作组负责人审核阶段

首先，企业内部控制评价工作组依据评价质量交叉复核制度对评价结果进行复核；其次，内部控制评价工作组负责人对评价工作底稿进行严格审核，并对认定的评价结果签字确认后，提交企业内部控制评价部门。

（三）内部控制评价部门综合分析和全面复核阶段

在该阶段，企业内部控制评价部门应当编制内部控制缺陷认定汇总表，结合日常监督和专项监督发现的内部控制缺陷及其持续改进情况，对内部控制缺陷及其成因、表现形式和影响程度进行综合分析和全面复核，提出认定意见，并以适当的形式向董事会、监事会或者经理层报告。重大缺陷应当由董事会予以最终认定。企业对于认定的重大缺陷，应当及时采取应对策略，切实将风险控制在可承受度之内，并追究有关部门或相关人员的责任。

第三节　企业内部控制评价报告

一、内部控制评价报告的含义

内部控制评价报告是内部控制评价工作的重要组成部分。内部控制评价报告就是企业董事会或类似权力机构以报告的形式对内部控制评价状况出具评价意见，并提供给相关信息使用者的一种书面文件。

二、内部控制评价报告的质量特征

（一）相关性

相关的内部控制信息不仅应该反映企业内部控制的建立和执行情况，还应该针对企业内部控制缺陷提出可行的改进建议，以发挥其对提高内部控制、改善经营管理、提高经济效益的作用，促进组织目标的实现。

（二）可靠性

内部控制评价报告应该实事求是，既不夸大，也不缩小，客观、公正地反映企业内部控制情况。内部控制评价报告描述的内容应该以充分的事实为依据，根据内部控制评价的标准做出；内部控制评价报告做出的意见应该符合客观实际，没有出于个人的好恶而做出有失公正的结论。

（三）可比性

企业提供的内部控制报告应当按照国家相关部门制定的内部控制评价标准进行评价，并按照规定的统一格式进行披露，以便不同企业之间信息的可比和同一企业不同时期信息的可比。

（四）清晰性

内部控制报告力求语言清晰、观点清楚，尽量避免使用不必要的技术术语，各段内容要层次分明，有逻辑联系。内部控制评价报告既要简明扼要、文字简练，又要完整地表达企业管理层的观点，防止空泛的议论和对琐事进行的阐述，力避行文冗长、费解。

（五）完整性

内部控制评价报告要求管理层不得在内部控制报告中故意隐瞒或有重大遗漏的事项。企业不仅要按照规定的格式编制内部控制报告，做到要素齐全、格式规范，而且披露的信息不遗漏。

（六）重要性

如果某项内部控制信息的重要性大到足以影响投资者决策，企业就应当对其进行披露。内部控制报告披露的内容应当充分考虑对企业内部控制的重要性和风险水平。

三、内部控制评价报告的内容

内部控制评价报告应当分别对内部环境、风险评估、控制活动、信息与沟通、内部监督等要素进行设计，对内部控制评价过程、内部控制缺陷认定及整改情况、内部控制有效性的结论等相关内容做出披露。

内部控制评价报告至少应当披露下列内容。

（1）董事会对内部控制评价报告真实性的声明。
（2）内部控制评价工作的总体情况。
（3）内部控制评价的依据。
（4）内部控制评价的范围。
（5）内部控制评价的程序和方法。
（6）内部控制缺陷及其认定情况。
（7）内部控制缺陷的整改情况及重大缺陷拟采取的整改措施。
（8）内部控制有效性的结论。

四、企业内部控制评价报告的披露

内部控制评价报告应当报经董事会或类似权力机构批准后对外披露或报送相关部门。

企业内部控制评价部门应当关注内部控制评价报告基准日至内部控制评价报告发出日之间是否发生影响内部控制有效性的因素，并根据其性质和影响程度对评价结论进行相应调整。

企业应当以12月31日作为年度内部控制评价报告的基准日。年度内部控制评价报告应于基准日后4个月内报出。

企业应当建立内部控制评价工作档案管理制度，企业应当妥善保管内部控制评价的有关文件资料、工作底稿和证明材料等。

附：内部控制评价报告样式

2015年度内部控制评价报告

一、公司声明

按照公司内部控制规范体系的有关规定，建立、健全和有效实施内部控制，评价其有效性，并如实披露内部控制评价报告是公司董事会的责任。监事会对董事会建立和实施内部控制进行监督。经理层负责组织领导公司内部控制的日常运行。董事会、监事会及董事、监事、高级管理人员保证本报告内容不存在任何虚假记载、误导性陈述或重大遗漏,并对报告内容的真实性、准确性和完整性承担个别及连带法律责任。

公司内部控制的目标是合理保证经营管理合法合规、资产安全、财务报告及相关信息真实完整,提高经营效率和效果,促进实现发展战略。内部控制存在固有的局限性,故仅能为实现上述目标提供合理保证。此外,情况的变化可能导致内部控制变得不恰当,或对控制政策和程序遵循的程度降低,根据内部控制评价结果推测未来内部控制的有效性具有一定的风险。

二、内部控制评价工作的总体情况

集团公司授权内部控制评价工作组负责内部控制评价的具体组织实施工作,对纳入评价范围的高风险领域和单位进行评价。内部控制评价工作组负责具体组织开展内部控制评价工作。内部控制评价工作组负责现场测试工作。内部控制评价工作组就内部控制评价工作的进展情况向董事会及集团公司进行汇报,董事会、集团公司根据职责划分对内部控制评价重大事项进行决策。

三、内部控制评价的范围

纳入内部控制评价范围的主要业务和事项涵盖内部控制五要素所有业务及管理事项,包括资金管理、资产管理、网络建设与维护管理、市场营销管理、人力资源管理、全面预算管理、合同管理、采购管理、财务报告等方面。纳入内部控制评价范围的业务和事项涵盖了公司经营管理的主要方面,不存在重大遗漏。

四、内部控制评价的程序

内部控制评价的程序主要分为内控评价培训、前期准备阶段、现场测试阶段、汇总评价结果及出具报告阶段、缺陷整改阶段、工作底稿归档阶段。

五、内部控制缺陷及其认定情况

根据内部控制缺陷认定标准,未发现内部控制重大缺陷、重要缺陷,存在个别管理制度修订不及时,局部内容不适用及执行不严格等情况。为了保证财务报告真实、准确,提升财务报告相关工作效率和效果,公司将继续强化、优化各业务的内部控制。

六、内部控制缺陷的整改情况

公司已按照内部控制规范体系的要求,制定制度体系及业务程序修订计划,以风险和内部控制建设框架为基础,及时修订和完善制度,并抓紧推进制度管理的机制建设,规范制度管理的相关活动。同时,通过日常监督检查、审计、内部控制评价等工作加强制度执行情况的监督检查,确保各项管理制度、标准得到严格、有效的贯彻执行。公司将持续关注制度体系的建立、健全,促进各项业务管理制度的持续修订、完善,不断提升管理制度化水平。

七、内部控制有效性的结论

根据公司财务报告内部控制重大缺陷的认定情况,于内部控制评价报告基准日,公司未发现财务报告内部控制重大缺陷,已按照公司内部控制规范体系和相关规定的要求在所有重大方面保持了有效的财务报告内部控制。

根据公司非财务报告内部控制重大缺陷认定情况,于内部控制评价报告基准日,公司未发现非财务报告内部控制重大缺陷。

自内部控制评价报告基准日至内部控制评价报告发出日之间未发生影响内部控制有效性评价结论的因素。

▶复习思考题

一、单项选择题

1. 企业内部控制评价的主体是（　　）。
   A. 政府机关　　　　　　　B. 会计师事务所
   C. 董事会或类似权力机构　　D. 财务部门
2. 企业内部控制评价的对象是（　　）。
   A. 内部控制规章制度　　　B. 内部控制有效性
   C. 财务报告的公允性　　　D. 内部控制环境
3. 对内部控制评价承担最终责任的内部控制评价责任主体是（　　）。
   A. 董事会　　B. 经理层　　C. 监事会　　D. 审计委员会
4. 企业内部控制评价工作的起点是（　　）。
   A. 明确内部控制目标　　　B. 制订内部控制评价方案
   C. 组成内部控制评价工作组　D. 确定内部控制评价方法
5. 内部控制评价工作的最终表现为（　　）。
   A. 财务报告　　　　　　　B. 审计报告
   C. 内部控制评价工作底稿　D. 内部控制评价报告
6. 企业年度内部控制评价报告报出的时限是基准日后（　　）内。
   A. 一个月　　B. 两个月　　C. 三个月　　D. 四个月
7. 审议内部控制评价报告，对董事会建立与实施内部控制进行监督的机构是（　　）。
   A. 经理层　　B. 各专业部门　　C. 监事会　　D. 企业所属单位
8. 适当分离内部控制设计部门与内部控制评价部门是为了保证内部控制评价工作的（　　）。
   A. 全面性　　B. 重要性　　C. 客观性　　D. 独立性
9. 一般而言，如果一项内部控制缺陷单独或连同其他缺陷具备合理可能性导致内部控制不能及时防止或发现并纠正财务报告中的重大错报，就应将该缺陷认定为（　　）。
   A. 重大缺陷　　B. 重要缺陷　　C. 一般缺陷　　D. 严重缺陷
10. 下列有关内部控制评价的说法中错误的是（　　）。
    A. 内部控制评价应紧紧围绕内部控制环境、风险评估、控制活动、信息与沟通、内部监督五要素进行
    B. 内部控制的有效性是指企业建立与实施内部控制对实现控制目标提供合理保证的程度
    C. 企业实施内部控制评价，仅包括对内部控制设计有效性的评价，不包括对运行有效性的评价

D. 董事会可以通过审计委员会来承担对内部控制评价的组织、领导、监督职责

11. 如果某企业更正已公布的财务报告通常表明该企业内部控制可能存在（   ）。
   A. 重大缺陷　　　B. 重要缺陷　　　C. 一般缺陷　　　D. 严重缺陷

12. 通常表明企业财务报告内部控制可能存在重大缺陷的是（   ）。
   A. 企业决策失误，导致并购不成功
   B. 董事、监事和高级管理人员舞弊
   C. 管理人员或技术人员流失
   D. 媒体负面新闻频现

二、多项选择题

1. 从控制目标的角度来看，内部控制的有效性可分为（   ）。
   A. 合规目标内部控制的有效性　　　B. 资产目标内部控制的有效性
   C. 报告目标内部控制的有效性　　　D. 经营目标内部控制的有效性
   E. 战略目标内部控制的有效性

2. 企业实施内部控制评价至少应当遵循的原则包括（   ）。
   A. 全面性原则　　　B. 重要性原则　　　C. 客观性原则
   D. 有效性原则　　　E. 时效性原则

3. 根据《企业内部控制评价指引》的有关规定，内部控制评价工作组对被评价单位进行现场测试时，可以单独或者综合运用的方法有（   ）。
   A. 个别访谈法　　　B. 调查问卷法　　　C. 专题讨论法
   D. 穿行测试法　　　E. 实地查验法

4. 按照内部控制缺陷的性质，即影响内部控制目标实现的严重程度分类，内部控制缺陷分为（   ）。
   A. 重大缺陷　　　B. 重要缺陷　　　C. 一般缺陷
   D. 设计缺陷　　　E. 运行缺陷

5. 可认定为内部控制存在运行缺陷的情况有（   ）。
   A. 由不恰当的人员执行　　　B. 未按设计的方式运行
   C. 运行的时间或频率不当　　　D. 没有得到一贯有效运行
   E. 制度设计存在漏洞

6. 内部控制评价方法包括（   ）。
   A. 个别访谈法　　　B. 调查问卷法　　　C. 观察法
   D. 抽样法　　　E. 实地查验法

7. 个别访谈法具体的运用流程包括（   ）。
   A. 集合有关专业人员　　B. 形成访谈提纲　　C. 撰写访谈纪要
   D. 记录访谈的内容　　　E. 任意选取一笔交易作为样本

8. 内部控制评价的内容主要包括（   ）。
   A. 内部环境评价　　　B. 风险评估评价　　　C. 控制活动评价
   D. 信息与沟通评价　　　E. 内部监督评价

9. 出现（   ）迹象之一则通常表明财务报告内部控制可能存在重大缺陷。

A. 企业决策失误，导致并购不成功　　B. 董事、监事和高级管理人员舞弊
C. 管理人员或技术人员纷纷流失　　　D. 媒体负面新闻频现
E. 企业更正已公布的财务报告

10. 考察内部控制运行的有效性包括（　　）。
A. 相关控制在评价期内是如何运行的
B. 相关控制是否覆盖了所有关键的业务与环节
C. 相关控制是否得到了持续一致的运行
D. 实施控制的人员是否具备必要的权限和能力
E. 相关控制是否与企业自身经营特点、业务模式及风险管理要求相匹配

三、判断题

1. 董事会可以聘请会计师事务所对其内部控制的有效性进行审计，但其承担的责任不能因此减轻或消除。（　　）
2. 内部控制评价能为内部控制目标的实现提供绝对保证。（　　）
3. 为节省成本，为企业提供内部控制审计的会计师事务所，可以同时为同一家企业提供内部控制评价服务。（　　）
4. 内部控制缺陷一经认定为重大缺陷，内部控制评价报告将会被出具"否定意见"。（　　）
5. 对于有下属单位的集团公司，如果下属单位存在重大缺陷，并不能表明集团公司存在重大缺陷。（　　）
6. 内部控制缺陷的严重程度并不取决于该内部控制不能及时防止、发现并纠正潜在缺陷的可能性，而是取决于是否实际发生了错报。（　　）
7. 内部控制评价报告可分为对内报告和对外报告，对外报告一般采用定期方式，对内报告一般采用不定期方式。（　　）
8. 对于内部控制评价报告基准日至内部控制评价报告报出日之间发生的影响内部控制有效性的因素，内部控制评价部门可以不予关注。（　　）
9. 企业内部控制缺陷认定一般可采用绝对金额法或者相对比例法确定重要性水平和一般水平，以此作为判断缺陷类型的临界值。（　　）
10. 如果难以区分一项缺陷应属于财务报告缺陷还是非财务报告缺陷，制定标准时应本着是否影响财务报告目标的原则来区分。（　　）

四、简答题

1. 企业内部控制评价的内容是什么？
2. 企业内部控制评价的原则有哪些？
3. 试说出几种常见的内部控制评价方法。
4. 企业内部控制评价的程序是什么？
5. 内部控制缺陷有几种类型？

▶案例分析题

上海宝钢国际经济贸易有限公司（以下简称宝钢国际）是上海宝钢集团公司的全资

子公司,原名为宝钢集团国际经济贸易总公司,负责宝钢股份和集团内其他公司的购销、进出口业务,是钢铁产业链中重要的一环。

宝钢国际由审计部门人员与被评估业务单元的管理人员共同组成评价小组,在外部咨询顾问——德勤会计师事务所的指导下,协同事业部、管理部,从内部控制特别是内部控制环境和业务流程入手关注岗位设置有无牵制,业务模式有无缺陷,执行者是否了解、遵循制度,有无超越授权范围,有无不在会计报告和公开的业务台账上反映的违规违法业务等高风险环节,帮助各业务单元自发提出切实可行的改善建议,并明确责任人和改善时间。宝钢国际按以下步骤实施内部控制自我评价。

(1)前期计划工作。在取得管理层的支持后,宝钢国际选择德勤会计师事务所的风险管理部作为合作方,由其在工作方法和智库方面提供帮助;组织内部控制评价小组,并对事业部中高级管理者和内部控制评价小组成员进行讲解和培训。

(2)风险初步确定。通过访谈和穿行测试,宝钢国际确定了内部控制评价范围,设计并发放调查问卷。通过反馈的调查问卷,宝钢国际分析内部控制的薄弱环节,列入研讨会讨论重点。

(3)研讨会的组织与召开。确定参加人员和会议时间,提前通知参加人员并提供讨论大纲。使用独立的会议室,使用电子投票设备或其他匿名投票方式以最大限度保证与会人员的意见不受他人影响。每次召开研讨会时,内部控制评价小组都指定一位会议主席主持研讨会,并安排书记员及时记录。所提的问题和讨论均紧紧围绕高风险的内部控制薄弱环节。会议主席让所有与会人员充分发表意见,独立思考,并针对内部控制缺陷提出建设性的改善建议。会议主席还会控制会议进程,避免跑题和陷入互相指责、争吵的混乱局面。

(4)出具内部控制自我评估报告。内部控制评价小组把讨论的问题归类整理,认真分析,并适当做出中肯的评论。

(5)落实整改措施。落实整改措施是内部控制持续完善的关键一步,也是开展内部控制评价的最终目的。审计部门在业务人员实施整改后安排后续跟踪。同时,审计部门还运用调查问卷的方法了解员工对内部控制评价的认知度,以及对该次内部控制评价的看法和建议,以便在下一次内部控制评价活动中进一步完善工作方法。

要求:

(1)指出宝钢国际在内部控制评价过程中运用了哪些方法。

(2)指出内部控制评价的基本流程。结合案例,试分析宝钢国际是如何开展内部控制评价工作的。

第九章

企业内部控制审计

【学习目标】
1. 了解企业内部控制审计的定义、企业内部控制审计的责任、企业内部控制审计的范围、企业内部控制审计的目标。
2. 掌握企业内部控制审计的方法、企业内部控制审计报告与披露。

【导入案例】

内部控制审计工作底稿

X 会计师事务所的 A 注册会计师和 B 注册会计师接受委派，对 Y 集团股份有限公司（以下简称 Y 公司）2010 年 12 月 31 日与会计报表相关的内部控制有效性的认定进行审核。Y 公司采用手工记账。A 注册会计师和 B 注册会计师于 2009 年 11 月 12~18 日对 Y 公司的内部控制制度进行了解和测试，并在相关审核工作底稿中记录了解、评价和测试的事项，摘录如下：

（1）Y 公司产成品发出时，由销售部填制一式四联的出库单。仓库发出产成品后，将第一联出库单留存登记产品卡片，第二联交销售部留存，第三联和第四联交会计部会计乙登记产成品总账和明细账。

（2）会计人员戊负责开具销售发票。在开具销售发票之前，先核对装运凭证和相应的经批准的销售单，并根据已授权批准的商品价目表填写销售发票价格，根据装运凭证上的数量填写销售发票的数量。

（3）Y 公司的材料采购需要经授权批准后方可进行。采购部根据经批准的请购单发出订购单。货物运达后，验收部根据订购单的要求验收货物并编制一式多联的未连续编号的验收单。仓库根据验收单验收货物，在验收单上签字后，将货物移入仓库加以保管。验收单上有数量、单价等要素。验收单一联交采购部登记采购明细账和编制付款凭单，付款凭单经批准后，月末交会计部；一联交会计部登记材料明细账；一联由仓库保留并登记材料明细账。会计部只根据附验收单的付款凭单登记有关账簿。

（4）会计部审核付款凭单后，支付采购款项。Y公司授权会计部的经理签署支票，经理将其授权给会计人员丁，但保留了支票印章。会计人员丁根据已报经批准的凭单，在确定支票收款人名称与凭单内容一致后签署支票，并在凭单上加盖"已支付"的印章。

（5）Y公司设立了内部审计部，直接对董事长负责，每年对子公司和各业务部进行审计，并出具内部审计报告。

（6）Y公司设立现金出纳员和银行出纳员。银行出纳员负责到银行取送业务等票据，并登记银行存款日记账。每月月底银行出纳员取得银行对账单并编制银行存款余额调节表。

（7）Y公司员工根据公司的批准手续进行报销，会计部对报销单据加以审核，现金出纳员见到加盖核准印章的支出凭据后付款。

试分析A注册会计师和B注册会计师编写的内部控制审计工作底稿存在的问题。

资料来源：池国华.2014.内部控制习题与案例.大连：东北财经大学出版社.

第一节 企业内部控制审计概述

《企业内部控制审计指引》指出："为了规范注册会计师执行企业内部控制审计业务，明确工作要求，保证执业质量，根据《企业内部控制基本规范》、《中国注册会计师鉴证业务基本准则》及相关执业准则，制定本指引。"

一、企业内部控制审计的定义

内部控制审计就是确认、评价企业内部控制有效性的过程，包括确认和评价企业控制设计和控制运行缺陷和缺陷等级，分析缺陷形成原因，提出改进内部控制建议。

《企业内部控制审计指引》中所称的内部控制审计，是指会计师事务所接受委托，对特定基准日内部控制设计与运行的有效性进行审计。

内部控制审计业务是一项专门鉴证业务，注册会计师执行这一业务时，应当事先与委托人就内部控制审核范围达成一致意见。凡是业务约定书确定的内部控制审核范围，注册会计师都要进行审核。

二、企业内部控制审计的责任

审计责任是注册会计师执行审计业务、出具审计报告应负的责任，包括注册会计师的审计法律责任和审计职业责任。审计法律责任是指注册会计师出现工作失误或欺诈时，在法律上应承担的责任；审计职业责任是指注册会计师在承办审计业务时应履行的义务和职责。审计法律责任和审计职业责任是审计责任的两个方面，两者是互相补充、紧密相连的，审计法律责任一般建立在审计职业责任基础上，即注册会计师首先应当违反了审计职业责任，并给相关利益人造成了经济损失，才有承担审计法律责任的可能。

建立、健全和有效实施内部控制，评价内部控制的有效性是企业董事会的责任。按照《企业内部控制审计指引》的要求，在实施审计工作的基础上对内部控制的有效性发表审计意见，是注册会计师的责任。

注册会计师执行内部控制审计工作，应当获取充分、适当的证据，为发表内部控制审计意见提供合理保证。注册会计师应当对财务报告内部控制的有效性发表审计意见，并对内部控制审计过程中注意到的非财务报告内部控制的重大缺陷，在内部控制审计报告中增加"非财务报告内部控制重大缺陷描述段"予以披露。

三、企业内部控制审计的方法

注册会计师可以单独进行内部控制审计，也可将内部控制审计与财务报表审计整合进行（以下简称整合审计）。在整合审计中，注册会计师应当对内部控制设计与运行的有效性进行测试，以同时实现下列目标。

（1）获取充分、适当的证据，支持其在内部控制审计中对内部控制有效性发表的意见。

（2）获取充分、适当的证据，支持其在财务报表审计中对控制风险的评估结果。

在进行内部控制审计的时候，注册会计师可以采用询问相关人员、观察经营活动、检查相关文件、穿行测试、重新执行等方法。

注册会计师进行内部控制审计，一般包括计划审计工作、实施审计工作、评价控制缺陷、完成审计工作、出具审计报告、记录审计工作等环节。

第二节 企业内部控制审计的范围与目标

一、企业内部控制审计的范围

在计划审计工作时，注册会计师应当评价下列事项对内部控制、财务报表及审计工作的影响。

（1）与企业相关的风险。
（2）相关法律法规和行业概况。
（3）企业组织结构、经营特点和资本结构等相关重要事项。
（4）企业内部控制最近发生变化的程度。
（5）与企业沟通过的内部控制缺陷。

（6）重要性、风险等与确定内部控制重大缺陷相关的因素。
（7）对内部控制有效性的初步判断。
（8）可获取的、与内部控制有效性相关的证据的类型和范围。

注册会计师应当以风险评估为基础，选择拟测试的内部控制，确定测试所需收集的证据。

内部控制的特定领域存在重大缺陷的风险越高，给予该领域的审计关注就越多。

二、企业内部控制审计的目标

企业内部控制审计的目标是检查并评价内部控制的合法性、充分性、有效性及适宜性。内部控制的合法性、充分性、有效性及适宜性，具体表现为其能够保障资产和资金的安全，即保障资产和资金的存在、完整、为我所有、金额正确、处于增值状态。因此，可以将内部控制审计的具体目标概括如下：检查并评价内部控制能否确保资产和资金的安全，即检查并评价内部控制能否保障资产和资金的存在、完整、为我所有、金额正确、处于增值状态。

内部控制审计与财务报表审计在具体审计目标上的不同主要体现为以下两点。

（1）财务报表审计直接评价的是财务报表，或者说直接评价资产和资金本身的安全状态，其目标对象是资产和资金本身，而内部控制审计直接评价的是内部控制能否保障资产和资金的安全，其目标对象是内部控制，而资产和资金只是作为中间的观察对象而存在。

（2）财务报表审计主要评价财务报表所反映的存量资产和资金的"静的安全"，一般不评价资产和资金的"动的安全"，即不评价资产和资金在流转中的增值性；内部控制既要保障资产和资金"静的安全"，又要保障其"动的安全"，故内部控制审计既检查资产和资金的"静的安全"，又检查资产和资金的"动的安全"。

第三节 企业内部控制审计报告

注册会计师在完成内部控制审计工作后，应当出具内部控制审计报告。

审计报告是指审计人员根据审计计划对被审计单位实施必要的审计程序，就被审计事项做出审计结论，提出审计意见和审计建议的书面文件。

标准内部控制审计报告应当包括下列要素：①标题；②收件人；③引言段；④企业对内部控制的责任段；⑤注册会计师的责任段；⑥内部控制固有局限性的说明段；⑦财务报告内部控制审计意见段；⑧非财务报告内部控制重大缺陷描述段；⑨注册会计师的签名和盖章；⑩会计师事务所的名称、地址及盖章；⑪报告日期。

一、企业内部控制审计报告的类型

企业内部控制审计报告按照出具的审计意见的不同，可分为以下几种类型。

（一）无保留意见的内部控制审计报告

符合下列所有条件的，注册会计师应当对财务报告内部控制出具无保留意见的内部控制审计报告。

（1）企业按照《企业内部控制基本规范》《企业内部控制应用指引》《企业内部控制评价指引》及企业自身内部控制制度的要求，在所有重大方面保持了有效的内部控制。

（2）注册会计师已经按照《企业内部控制审计指引》的要求计划和实施了审计工作，在审计过程中未受到限制。

（二）带有强调事项段的无保留意见的内部控制审计报告

注册会计师认为财务报告内部控制虽不存在重大缺陷，但仍有一项或者多项重大事项需要提请内部控制审计报告使用者注意的，应当在内部控制审计报告中增加强调事项段予以说明。

注册会计师应当在强调事项段中指明，该段内容仅用于提醒内部控制审计报告使用者关注，并不影响对财务报告内部控制发表的审计意见。

（三）否定意见的内部控制审计报告

注册会计师认为财务报告内部控制存在一项或多项重大缺陷的，除非审计范围受到限制，应当对财务报告内部控制发表否定意见。

注册会计师出具否定意见的内部控制审计报告，还应当包括下列内容。

（1）重大缺陷的定义。

（2）重大缺陷的性质及其对财务报告内部控制的影响程度。

（四）无法表示意见的内部控制审计报告

注册会计师审计范围受到限制的，应当解除业务约定或出具无法表示意见的内部控制审计报告，并就审计范围受到限制的情况，以书面形式与董事会进行沟通。

注册会计师在出具无法表示意见的内部控制审计报告时，应当在内部控制审计报告中指明审计范围受到限制，无法对内部控制的有效性发表意见。

注册会计师在已执行的有限程序中发现财务报告内部控制存在重大缺陷的，应当在内部控制审计报告中对重大缺陷做出详细说明。

（五）非财务报告内部控制缺陷的处理

注册会计师对在审计过程中注意到的非财务报告内部控制缺陷，应当区别具体情况予以处理。

（1）注册会计师认为非财务报告内部控制缺陷为一般缺陷的，应当与企业进行沟通，提醒企业加以改进，但无须在内部控制审计报告中说明。

（2）注册会计师认为非财务报告内部控制缺陷为重要缺陷的，应当以书面形式与企业董事会和经理层沟通，提醒企业加以改进，但无须在内部控制审计报告中说明。

（3）注册会计师认为非财务报告内部控制缺陷为重大缺陷的，应当以书面形式与企业董事会和经理层沟通，提醒企业加以改进；应当在内部控制审计报告中增加"非财务报告内部控制重大缺陷描述段"，对重大缺陷的性质及其对实现相关控制目标的影响程度进行披露，提示内部控制审计报告使用者注意相关风险。

二、企业内部控制审计报告的披露

注册会计师应当按照《中国注册会计师审计准则第1131号——审计工作底稿》的规定，编制内部控制审计工作底稿，完整记录审计工作情况。

注册会计师应当在审计工作底稿中记录下列内容。

（1）内部控制审计计划及重大修改情况。

（2）相关风险评估和选择拟测试的内部控制的主要过程及结果。

（3）测试内部控制设计与运行有效性的程序及结果。

（4）对识别的内部控制缺陷的评价。

（5）形成的审计结论和意见。

（6）其他重要事项。

附：内部控制审计报告参考样式

内部控制审计报告

××股份有限公司全体股东：

按照《企业内部控制审计指引》及《中国注册会计师执业准则》的相关要求，我们审计了××股份有限公司（以下简称××公司）2018年12月31日的财务报告内部控制的有效性。

一、企业对内部控制的责任

按照《企业内部控制基本规范》《企业内部控制应用指引》《企业内部控制审计指引》的规定，建立、健全和有效实施内部控制，并评价其有效性是企业董事会的责任。

二、注册会计师的责任

我们的责任是在实施审计工作的基础上，对财务报告内部控制的有效性发表审计意见，并对注意到的非财务报告内部控制重大缺陷进行披露。

三、内部控制的固有局限性

内部控制具有固有局限性，存在不能防止和发现错报的可能性。此外，情况的变化可能导致内部控制变得不恰当，或对控制政策和程序遵循的程度降低，根据内部控制审计结果推测未来内部控制的有效性具有一定风险。

四、财务报告内部控制审计意见

我们认为，××公司按照《企业内部控制基本规范》和相关规定在所有重大方面保持了有效的财务报告内部控制。

五、非财务报告内部控制的重大缺陷

在内部控制审计过程中，我们注意到××公司的非财务报告内部控制存在重大缺陷（描述该缺陷的性质及其对实现相关内部控制目标的影响程度）。由于存在上述重大缺陷，我们提醒本报告使用者注意相关风险。需要指出的是，我们并不对××公司的非财务报告内部控制发表意见或提供保证。本段内容不影响对财务报告内部控制有效性发表的审计意见。

××会计师事务所　　　　　　　　　　　　　　　　　中国注册会计师：
（盖章）　　　　　　　　　　　　　　　　　　　　　（签名并盖章）
　　　　　　　　　　　　　　　　　　　　　　　　　中国注册会计师：
　　　　　　　　　　　　　　　　　　　　　　　　　（签名并盖章）
　　　　　　　　　　　　　　　　　　　　　　　　　中国××市
　　　　　　　　　　　　　　　　　　　　　　　　　2019年3月15日

▶ 复习思考题

一、单项选择题

1. 内部控制审计的对象包括（　　）。
   A. 特定基准日财务报告内部控制设计与运行的有效性
   B. 整个期间财务报告内部控制设计与运行的有效性
   C. 被审计单位编制的内部控制评价报告
   D. 被审计单位的财务报告

2. 在内部控制审计中，注册会计师应当以（　　）为基础。
   A. 计划审计　　　　　　　　　　B. 风险评估
   C. 评价控制缺陷　　　　　　　　D. 了解内部控制环境

3. 注册会计师对在审计过程中注意到的非财务报告内部控制缺陷如果是（　　），应当以书面形式与企业董事会和经理层沟通，提醒企业加以改进，但无须在内部控制审计报告中说明。
   A. 重要缺陷　　　　　　　　　　B. 重大缺陷
   C. 设计缺陷　　　　　　　　　　D. 运行缺陷

4. 下列关于内部控制缺陷的提法中，不正确的是（　　）。
   A. 内部控制的缺陷包括设计缺陷和运行缺陷
   B. 企业对内部控制缺陷的认定，应当以日常监督和专项监督为基础，结合年度内部控制评价，由内部控制评价部门进行综合分析后提出认定意见，按照规定的权限和程序进行审核后予以最终认定

C. 内部控制缺陷按其影响程度分为重大缺陷和一般缺陷
D. 内部控制的重大缺陷可能导致企业严重偏离控制目标

5. 企业年度内部控制评价报告的基准日是（   ）。
A. 1月1日   B. 12月31日   C. 3月31日   D. 6月30日

6. 审计报告中需要删除注册会计师责任段的是（   ）内部控制审计报告。
A. 无保留意见   B. 带有强调事项段的无保留意见
C. 否定意见   D. 无法表示意见

7. 注册会计师审计范围受到限制的，需要出具（   ）内部控制审计报告。
A. 无保留意见   B. 带有强调事项段的无保留意见
C. 否定意见   D. 无法表示意见

8. 注册会计师知悉对企业内部控制自我评价基准日内部控制有效性有重大负面影响的期后事项的，需要对财务报告的内部控制发表（   ）。
A. 无保留意见   B. 带有强调事项段的无保留意见
C. 否定意见   D. 无法表示意见

二、多项选择题

1. 确定内部控制审计的范围应考虑的因素有（   ）。
A. 与企业相关的风险   B. 相关法律法规和行业概况
C. 与企业沟通过的内部控制缺陷 D. 对内部控制有效性的初步判断
E. 企业内部控制最近发生变化的程度

2. 关于注册会计师对非财务报告内部控制重大缺陷的责任，下列说法错误的有（   ）。
A. 注册会计师没有任何责任发现和报告非财务报告内部控制存在的重大缺陷
B. 对财务报告内部控制审计过程中注意到的非财务报告内部控制重大缺陷，注册会计师应当在内部控制审计报告中增加"非财务报告内部控制重大缺陷描述段"予以披露
C. 注册会计师应当对非财务报告内部控制是否存在重大缺陷提供合理保证
D. 注册会计师应当实施有限的审计程序以识别非财务报告内部控制存在重大缺陷

3. 内部控制审计与财务报表审计的（   ）不同。
A. 审计目标   B. 测试范围
C. 测试样本量   D. 报告结果
E. 测试时间

4. 在财务报表审计与财务报告内部控制审计中，注册会计师均需评价内部控制，下列说法正确的有（   ）。
A. 财务报表审计中对内部控制的了解与测试工作，足以支持对财务报告内部控制审计发表审计意见，不需执行额外工作
B. 两者评价内部控制可以选用的审计程序相同，都可能用到询问、观察、检查、重新执行等程序
C. 两者评价内部控制的目的不同，前者是为了支持注册会计师对控制风险的评估结果，进而确定实质性程序的性质、时间安排和范围；后者是为了支持对内部控制有效性

发表的意见

D. 两者对控制缺陷的评价要求不同，后者要求比前者更严

5. 财务报告内部控制的有效性包括（　　）。

A. 设计有效性　　　　　　　B. 实验有效性
C. 运行有效性　　　　　　　D. 测试有效性
E. 评价有效性

6. 在计划审计工作中，注册会计师需要评价对财务报表和内部控制是否有重要影响的事项有（　　）。

A. 相关法律法规和行业概况　B. 与企业相关的风险
C. 企业的组织结构　　　　　D. 与企业沟通过的内部控制缺陷
E. 对内部控制有效性的初步判断

7. 如果拟利用他人的工作，注册会计师需要评价该人员的（　　）。

A. 专业胜任能力　　　　　　B. 客观性
C. 保密性　　　　　　　　　D. 独立性
E. 职业道德

8. 注册会计师应当在审计工作底稿中记录的内容有（　　）。

A. 内部控制审计计划及重大修改情况
B. 对识别的内部控制缺陷的评价
C. 相关风险评估过程
D. 形成的审计结论和意见
E. 其他重要事项

三、判断题

1. 内部控制审计是指会计师事务所接受委托，对特定基准日内部控制设计与运行的有效性进行审计。（　　）

2. 财务报告内部控制是指企业为了合理保证财务报告及相关信息真实完整而设计和执行的内部控制，以及用于保护资产安全的内部控制中与财务报告可靠性目标相关的控制。（　　）

3. 内部控制审计的范围主要指注册会计师对企业所有内部控制进行审计。（　　）

4. 注册会计师的责任是对财务报告内部控制的有效性发表审计意见，并对内部控制审计过程中注意到的非财务报告内部控制重大缺陷，在内部控制审计报告中增加"非财务报告内部控制重大缺陷描述段"予以披露。（　　）

5. 财务报告内部控制审计的目标是对公司财务报告内部控制的有效性发表意见。（　　）

6. 对于某一被审计单位，会计师事务所既从事财务报表审计业务，又从事内部控制审计业务，会计师事务所应当与被审计单位签订单独的内部控制审计业务约定书。（　　）

7. 如果企业的财务报告内部控制为财务报告的可靠性和对外财务报表的编制符合公认会计原则提供了合理保证，就可认为其是有效的。（　　）

8. 注册会计师只能将内部控制审计与财务报表审计整合进行（即整合审计）。（　　）

9. 内部控制不能防止、发现并纠正错误导致的错报风险，通常高于其不能防止、发现并纠正舞弊导致的错报风险。（　　）

10. 尽管《企业内部控制审计指引》中规定，注册会计师可以单独进行内部控制审计，也可以将内部控制审计与财务报表审计整合进行（即整合审计），但在实务中，由于内部控制审计和财务报表审计的关联性，注册会计师更适合进行整合审计。（　　）

四、简答题

1. 内部控制审计的范围需要考虑什么因素？
2. 内部控制审计的目标是什么？
3. 实施内部控制审计工作共分为哪几个环节？
4. 注册会计师如何对内部控制缺陷进行处理？
5. 内部控制审计报告共分为几种类型？分别应在何种情况下出具？

▶案例分析题

A股份有限公司是B集团公司的下属公司，经营石油业务。注册会计师甲经过内部控制审计得知：A股份有限公司总裁陈某在获知A股份有限公司于20×8年第一季度出现580万美元的账面亏损后，决定不按照内部风险控制的规则进行斩仓止损，也不对市场做出任何信息披露，而是继续扩大仓位。为了避免实际亏损，陈某将交割日延后至20×9年，并不断加大仓位，但对风险未做必要的对冲处理，也没有对交易设立上限，而是孤注一掷地赌油价回落。但到20×8年10月，A股份有限公司亏损累计达到18 000万美元，A股份有限公司流动资产耗尽。于是，陈某向B集团公司汇报亏损并请求救助。而B集团公司竟没有阻止A股份有限公司的违规行为，也不对风险进行评估就以私募方式卖出部分股份来挽救A股份有限公司。

要求：

（1）试分析针对这一情况注册会计师应出具何种意见的内部控制审计报告。

（2）代注册会计师甲编制A股份有限公司的内部控制审计报告。

参考文献

池国华,樊子君.2017.内部控制学[M].3版.北京:北京大学出版社.
刘胜强,陈新旭.2018.企业内部控制[M].2版.北京:清华大学出版社.
企业内部控制编审委员会.2020.企业内部控制基本规范及配套指引案例[M].上海:立信会计出版社.
上海国家会计学院.2012.内部控制与内部审计[M].北京:经济科学出版社.
张俊民.2015.内部控制[M].北京:高等教育出版社.
郑洪涛,张颖.2015.企业内部控制学[M].2版.大连:东北财经大学出版社.
中华会计网校.2008.新企业内部控制规范及相关制度应用指南[M].北京:人民出版社.

参考文献